U0555582

研精覃思　惟实励新

学术发表旨在分享科研硕果，
传播专业洞见，成就学术卓越，服务社会进步。

侯胜田教授
“健康经济与管理系列”总主编

健康经济与管理系列

学术专著

中药营销理论与实践

姜梦吟　侯胜田／著

中国商业出版社

图书在版编目（CIP）数据

中药营销理论与实践 / 姜梦吟，侯胜田著 . -- 北京：中国商业出版社，2023.12

ISBN 978-7-5208-2721-8

Ⅰ. ①中… Ⅱ. ①姜… ②侯… Ⅲ. ①中药材－市场营销学 Ⅳ. ① F724.73

中国国家版本馆 CIP 数据核字（2023）第 226779 号

责任编辑：管明林

中国商业出版社出版发行

（www.zgsycb. com 100053 北京广安门内报国寺 1 号）

总编室：010-63180647 编辑室：010-83114579

发行部：010-83120835/8286

新华书店经销

天津和萱印刷有限公司印刷

*

710 毫米 × 1000 毫米 16 开 16.5 印张 279 千字

2023 年 12 月第 1 版 2023 年 12 月第 1 次印刷

定价：79.00 元

*****

（如有印装质量问题可更换）

前 言

截至2021年年底，国内中药生产企业有4318家，其中成药企业2178家，饮片企业2140家。据国家统计局数据，全国中药材种植总面积2018年达3461.1万亩，2019年总产量近250万吨，中药资源品种达12807种。常用的600多种中药材中，有300多种已实现人工种养、栽培、养殖，中药材品种的产量占中药材供应量的70%以上。

客观地讲，中医药产业受消费者认知水平、研发与制造技术水平和市场营销能力的影响，尚不足以成为国人骄傲的资本，因为这个行业需要足够的时间去弥补与国际同业的差距，接受挑战；与此同时，有市场积累、文化积淀和国内外市场机会的支持，中医药产业还不至于沦落到令权威学者为其未来的存废而争论的地步。

中药营销管理的过程是中药企业对其经营的中药市场进行分析、企划、营销执行与评估控制的过程。本书基于这一基本理解，结合中药行业的实际状况，在争取全面覆盖这一过程的同时，根据重要程度，尤其是当前中药营销实践中的具体情况，做了繁简程度不同的安排。成功的中药营销策略企划，需要明确的战略指导，需要建立在专业的营销调研基础上的产品研发；渠道模式、招商策略、品牌建设与管理、市场沟通与广告是中药营销策略的重中之重，终端营销的组织与执行是决胜中药市场的关键，创新营销和国际市场营销是中药营销在地域和方法上的拓展和提升方向。本书对以上环节都作了比较详细的介绍，鉴于医药营销需要可操作性实战指导，编入了医药企业的经典营销案例，供读者在阅读过程中进行思考、分析和验证。随着医药市场营销的进一步深化，终端细分成为大势所趋，药店及第三终端的分销功能逐步走强，本书安排单独章节来介绍终端营销理论和实践上的最新突破。作为特殊行业，药品行业受政策影响较大，为此，本书收录了一些相关政策法规，以方便读者查询。

中药产业的成长依赖中医哲学、中医科学和中华文明的繁荣和发展。国家强则国药强，国人富则国药贵。与其说中医药是价值被严重低估的产业，毋宁说华夏文明和中国力量有待于在全球范围内得到认可和释放。中国是全球的中国，中药是世界的中药。从宏观上讲，中药营销首先是民族文化的营销，是中医药文化对国内外消费者的培育和熏陶过程。仅仅把中药作为商品去兜售显然过于狭隘和急功近利，同样地，中药营销完全照搬西方营销学的方法和技巧恐难完全解决问题。因此，本书的着眼点在于用现代市场营销学的理论系统地描述、分析和评估中药市场营销的现状、问题、策略和出路。书中的见解和观点仍然局限于专业营销学者的视野和资讯，真切希望今后的研究和实践以更加开阔的胸怀和眼界去触摸和感受中医药产业中蕴藏的能量和价值，热诚欢迎在这一领域有思想、有见地、有学问、有高度的学者、教授、实业家和行业管理部门资深人士共同关注、参与和分享独特发现和研究成果。

医药市场是专业化很强的领域，作为中国经济的朝阳行业，发展速度很快。几十年来，中国医药企业的经营管理者们本着不屈不挠的精神，在本行业内不断实践着适合中国国情的营销理论和营销思想，为中国营销理论的建立做出了不可磨灭的贡献。

本书在编写过程中，引用了国内外有关资料，在这里对有关资料的作者或机构表示感谢。很多资料收集多年，由于时间、检索、溯源等问题，有些未能征求原作者同意，对此表示歉意！撰写统稿中疏漏之处在所难免，敬请各位有识之士予以指正。

目 录

第一篇 中药市场与营销概述

第二篇 中药营销策略

第三篇 中药创新营销与国际市场营销

第一篇

中药市场与营销概述

第一章 中药市场概述

第一节　中药的概念与分类

一、中药及其相关概念

（一）中药

中药是指在中医药理论指导下，用于防治疾病的药物，包括植物药、动物药和矿物药。从广义上讲，还应包括具有传统应用历史的少数民族药。传统概念中，中药包括中药材、中药饮片和中成药三大类。

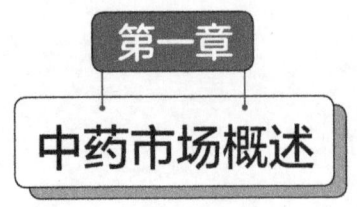

《中国药典》(2005 年，一部）规定：药材要指符合药品标准，一般指药材原植物、动物、矿物除去非药用部位的商品药材。药材未注明炮制要求的，均指生药材，应按照附录药材炮制通则的净制项进行处理；药材炮制是指将药材净制、切制、炮炙处理，制成一定规格的饮片，以适应医疗要求及调配、制剂的需要，保证用药安全有效。因此，在严格意义上，药品范畴内的中药材仅指经过净制处理后的药材。根据现代炮制理论的要求，净制、切制、炮炙统称为炮制，故“中药饮片”应该理解为直接应用于医疗调配及制剂的中药炮制品。中成药有两种概念：一种是狭义的中成药，它主要指由中药材按一定治病原则配方制成、随时可以取用的现成药品，如中成药中的各种丸剂、散剂、冲剂等，这便是生活中人们常说的中成药；另一种是广义的中成药，它除包括狭义中成药的概念外，还包括一切经过炮制而成的草药药材。由于科学进步和对中药资源综合利用，中药的用途和产品形式在不断扩展，已形成中药提取物、中药保健食品、中药化妆品及中药日用品等范围较广的系列产品。

（二）中药保健食品

中国中医理论中自古便有“药食同源”的学说。现代医学研究表明：现代社会大量的“现代病”，如冠心病、癌症、高血压、糖尿病等，都与人们的日常饮食有很大的关系。越来越多的人认识到，中药保健食品可以有保健甚至具有预防和治疗某些疾病的作用。

人类进入21世纪，生活节奏更快，竞争更加激烈，随着社会经济发展和人们对亚健康理论的认知，人们渴望得到纯天然、无污染、无添加化学成分，能够预防疾病和增进健康的功能性食品，以调节紧张的工作，提高生活的质量，预防疾病的发生。中药保健品是符合上述条件的最佳选择。

2016年12月6日，国务院新闻办发表《中国的中医药》白皮书。这是中国政府首次就中医药发展发表白皮书。白皮书系统介绍了中医药的发展脉络及其特点，充分介绍了中国发展中医药的国家政策和主要措施，展示了中医药的科学价值和文化特点。截至2016年，中医药已经传播到183个国家和地区，“中医热”已然形成。数据显示，全国年诊疗人次达9.1亿。

（三）中药保健茶

我国茶饮料市场总零售额由2003年的256.95亿元提升到2017年的1181.77亿元，年复合增长率高达11.52%。2021年，我国即饮茶零售市场规模达到1080.73亿元，占软饮料市场的18.54%，是仅次于瓶装水和碳酸饮料的第三大类目。中国市场上销售的保健茶有银杏茶、灵芝茶、冬凌草速溶茶、冬虫夏草速溶茶、枸杞茶、杜仲茶、桑葚五味茶、乌梅养胃茶、菊茶、枇杷竹味茶、山楂茶等十多个品种。

（四）中草药化妆品

由于回归自然热潮在全球范围内蓬勃兴起，以及化学合成的化妆品所产生的一些副作用已为越来越多的人所关注，全球出现了以中草药为原料开发化妆品的新趋向，国内外对含有中草药有效成分的化妆品的研究开发日趋活跃，新产品层出不穷。据了解，中国生产的各类化妆品就达千余种，如首乌洗发露、黄连浴皂、人参霜、白芷美容膏、芦荟清凉蜜、大黄祛斑霜、珍珠霜、当归浴液、芦荟洗发香波及芦荟护肤系列等。由于中草药化妆品兼有营养、消毒、消炎等多种功能，市场销售红火，很受中药消费者青睐。

由于中药消费者知识的增长和关注，世界药物化妆品市场已出现了明显的增长，每年增长速度在10%~15%。世界药物化妆品市场大致可分为护肤品（面部和人体）、护发品和化妆品。由于人们对抗衰老和抗老年斑产品需求明显增加，护肤品无疑是领先的领域，近几年中国药用化妆品行业利润率有逐渐升高的趋势，中药化妆品渗透率达到33%。近年来，中国药用化妆品行业的发展较为可观，药用化妆品市场增长速度在20%左右，中药化妆品为21%。中国中草药化妆品在整个药用化妆品行业市场的渗透率远远低于欧美、日本50%~60%的渗透率，药用化妆品产业潜力巨大。

中药成分化妆品在世界市场具有分布广泛、价格低廉的特点，中药消费者可在超市、药店或打折商店等场所购买到。另外，一些中高档中药成分化妆品选择的销售渠道为直销、沙龙或指定的经销商销售，还有少数含有特殊成分与精美包装的高档高价的品牌产品在专营店中出售。

二、中药与国外天然药物

天然药物是指以源于大自然（植物、动物、矿物）的原料而制成的药品及医疗保健品。国外天然药物产品主要来源于植物及其提取物，其产品形式包括植物粉末制剂和提取物制剂等，因此，也常称为植物药。其用途主要为治疗性药物（多为慢性病或轻浅病症）、饮食补充剂（滋补）和化妆品等。

中药与植物药的主要区别在于以下几点。

（1）中药有系统完整的理论，有浩瀚的文献，遣方用药有规律可循；西方植物药是零散的经验。

（2）早在两三千年前中医药就建立了一定的医事制度；到唐宋年间逐渐形成理论完整、结构合理、部门齐全的医疗、药品、教育、考核、选拔、管理等部门及相关制度、法规。中医药是一个历史悠久的行业，而西方植物药在近几十年之前从未形成过行业，用植物治病只是个别人的个人行为，而非职业行为。

（3）中药讲究炮制，讲究药物四性五味和归经；西方植物药仅应用生药，不懂炮制后药性之改变。

（4）中药多用复方，讲究君臣佐使；西方植物药一般用单味药，偶用复方。

（5）几千年来，中医药一直是中国唯一的医疗保健体系，直至今天，无论大病小病，急性病慢性病，中医药均可治疗；而西方植物药仅用于可以自我诊疗的轻浅病症，对症用药，无理论指导。

中药及其成方制剂在国外已有百余年的应用历史，尤以当地华裔和亚洲国家民众应用为主，因此，中药在不同的国家有不同的归类和名称，如在欧洲归为植物药，在美国被称为草药，在日本习称“汉方药”，在韩国称为“韩药”等。中药在国外各类产品的内涵与中药类产品内涵相似，包括草药药品、草药原料、草药制品（调味品、草药化妆品、洗涤用品、药酒、药茶）以及营养保健品等。中药与国外所应用的天然药来源基本相同，即来源于自然界中的植物、动物或矿物。但在应用历史、指导理论、应用的方式与方法、擅长治疗的疾病种类等方面均存在明显区别（表 1–1）。

表 1–1　中药与西方植物药比较

项目	中药	西方植物药
系统理论	有系统理论，强调辨证施治，有一整套性味归经理论原则指导临床用药	虽有一定的用药经验，但未形成较系统的理论
来源	植物、动物、矿物	以植物为主
方剂	强调配伍组方用药，即君臣佐使，七情和合，充分发挥药物之间的相互作用，故多为复方用药	大多为单方，少数为组合用药
炮制加工	有系统和经过数千年实践的炮制经验和工艺	无传统，无专门的炮制要求
临床使用情况	①丰富的实践，浩瀚文献，数千年实践考验；②对慢性病、疑难病、老年病尤为擅长；③对非器质性的功能性疾病有明显的疗效	①最长才几百年历史；②主要用于轻症，预防感冒、失眠、消化不良、食欲不佳，紧张，列入 OTC 药范围，被认为只是辅助作用
临床前期慢毒，急毒及三致试验	常缺乏 GLP 实验室水准的实验数据	部分具有
临床试验	常缺乏双盲目法等临床数据	现代研究强调用双盲目法
发现新药	因为有规律及丰富经验积累，是开发新药重要途径	有生命力，但无法与中药相比

资料来源：么厉，肖诗鹰，刘铜华．国内外中药市场分析［M］．北京：中国医药科技出版社，2003。

三、中药与西药

中药和西药源自不同的医学理论和消费文化，因此在原料提取、生产工艺、产品形态、治病机理和给药方式上有着很大的差别，就药品功能和疗效而言，各有利弊。就发展趋势而言，随着消费者和医药技术与文化的交流与融合，中西药之间相互借鉴、渗透、趋同的方向将成为必然。

中药与西药存在很多的差别：

第一，它们的活性物质基础不同。西药是化学合成产物，而中药则是天然产物，由植物、动物和一些矿物经过炮制和其他工艺加工而成。

第二，作用模式不同，西药通过对特定的靶点发挥作用治病，而中药则通过对多个靶点发挥作用治病。西药由单一的或有限的几个化合物单体组成，主要作用于人体内特定的靶点，具有相当高的选择性和专一性，即被人体吸收后在特定的系统、组织，甚至器官中发挥治疗作用。如果在其他靶点也有作用的话，那产生的后果就是副作用了。中药更多的是由不同的活性物质作用于多个不同的靶点而产生协同、放大的优势作用，以整体的观念治疗病症。

第三，复方与单方的区别。中药多为复方而西药多为单一化学成分。

第四，中药与西药的治病机理不同。西药多以消灭“病灶”、恢复发生病理的脏器为目的，它是针对“病”引进“对抗”。中药则是以调整人体机能，恢复人体与环境或人体各脏腑间的不平衡状况，将“证”引进调整，达到“阴平阳秘”的目的。

第五，中药和西药所依据的医学理论不同。西医是建立在病理解剖学基础上的医学体系，认为疾病是由于人体某些脏器发生病理变化造成的，所以治疗多以恢复这些脏器的实体为目的，治的是“病”，用药的机理也多为“对抗”。而中医是一种循证医学，认为疾病是由于人体与环境不协调或自身脏腑间失去平衡而造成的，治疗更多地考虑机体功能的恢复，治的是“症”（即病的一系列临床表现），用药的机理多为“调整”。

四、中药处方药与非处方药

根据《处方药与非处方药分类管理办法（试行）》第二条，我们可知：处方药是指必须凭执业医师或执业助理医师处方才可调配、购买和使用的药品；非处方药是不需要凭医师处方即可自行判断、购买和使用的药品。消费者不需要凭医师处方即可依据自己所掌握的医药知识，并借助阅读药品标识物，对一般小伤病自我诊疗和选择应用的，是比处方药更安全的药品。处方药和非处方药不是药品本质的属性，而是管理上的界定。处方药是解除病患的用药主体，必须依法进行严格监督管理，患者在医生监控下使用，不需了解其治疗功效，药品选择权在医生。非处方药是治疗或减轻患者易于准确判断轻微病症的药品，使用时不需要医生的监控，药品选择权在消费者。

第二节 中药市场概况与发展趋势

一、中药市场概况

中药产业是中国独具特色和优势的民族产业和战略产业。中国中药行业发展较快，市场规模逐年增长。根据中国中药协会统计，2022 年，中药产业完成工业总产值 2347.4 亿元，同比增长 23.7%，高于医药行业平均水平 3.9 个百分点，中药产业的总产值占全行业总产值的 26.4%，完成销售产值 2221.7 亿元，同比增长 23.6%。中药材种植面积不断扩大，中药材产量也逐年增加。2018 年，中国中药材种植面积达到 3461.6 万亩，2019 年中药材产量近 250 万吨。中药制药也有了较大的发展，中药制药企业数量增加，产值和出口也逐年增加。随着中国经济的全球化和“一带一路”倡议的推进，中药产品的出口将得到进一步提升，中药产品将进一步扩大全球市场份额。各地区中药行业发展也将有所不同。一线城市的中药行业发展较为成熟，市场规模较大，机构数量多，资金来源丰富，业务范围广。而二三线城市和农村地区的中药行业发展相对落后，市场规模较小，机构数量较少，资金来源有限，业务范围较窄。这也导致各地区中药行业发展水平不同，市场规模也存在差异。

然而，中药产业发展并不尽如人意，中医药市场的增长速度远远落后于整个健康产业的发展速度。2022 年，国务院办公厅发布《“十四五”中医药发展规划》，明确到 2025 年，中医药健康服务能力明显增强，中医药高质量发展政策和体系进一步完善，中医药振兴发展取得积极成效，在健康中国建设中的独特优势得到充分发挥。

（一）国际市场

在历史上，中医药作为中国古老文明的重要组成部分，曾对世界文明产生过极大的影响。它不仅对中国周边国家和地区的传统医药的形成和发展产生过决定性的作用，而且通过古丝绸之路和海上丝绸之路传播到欧洲、中东、东南亚、非洲等广大地区。然而，到了近代，在现代医药的冲击之下，中国中医药地位有所下降。新中国成立以后，中国中医药得到了系统发掘、整理和创新，地位不断提高，并逐步被世界医药界所重视和认同。但是，由于传统计划经济体制的封闭性，中医药一直未能大范围地进入国际市场。改革开放以来，中医药有了较快的发展，国际医药市场也发生了有利于中医药进入的环境变化，但中医药进入国际市场的步伐仍然较小，进入方式也主要限于药物出口，形式比较单一。

1. 总体特征

中药类商品出口市场仍以亚洲为主，近两年仍占60%以上，欧洲占20%以上，美国占10%以上。中药出口的贸易方式仍以一般贸易为主，出口加工贸易与外国投资企业出口所占份额都比较小。

经营中药出口企业的大致情况是：在中药材的经营中，国有外贸企业、民营企业及药材个体户、外商直接收购各占到1/3；中成药和植物提取物的经营中，外贸企业占70%以上，工厂自营约占30%。

随着中国技术水平的提高，原有的中药生产企业积极引进现代生产工艺，使得传统中药“丸、散、膏、丹”剂型向现代剂型发展，出现一批中药新产品。该类产品在我国传统出口市场上逐渐可与日本的汉方药进行竞争，并逐步从以饮食补充剂名义进入国际市场向以药品名义出口发展。

自党的十八大以来，不断发展中医药科技创新和“走出去”，国家中医药管理局推进“一带一路”倡议取得积极进展。中医药在国际市场上不断深入政府间合作交流，加入更多国家卫生体系，中医药国际市场认可度不断提高，海外业务取得积极稳定进展。中医药已传播至196个国家和地区，中国与40余个外国政府、地区主管机构和国际组织签订了专门的中医药合作协议。欧盟是世界上最大植物药市场，也是中国中成药出口的主要目标市场之一。近年来，欧盟传统药注册是中医药行业的热点话题，也一度成为中药以药品身份在欧盟销售的羁绊。自《欧盟传统药注册程序指令》（*Directive* 2004/24/EC）于2011年4月30日截止，中成药出口欧盟就呈现下滑趋势。但在2017年前三季度，中国对原欧盟十五国中成药出口额为500.53万美元，同比增长8.73%。

2. 东南亚与欧美市场

从国际中药市场情况来看，东南亚市场常盛不衰，中医药是中国与东南亚国家在医药卫生领域交流的重要载体。《国务院关于扶持和促进中医药事业发展的若干意见》和《中医药对外交流与合作中长期规划纲要（2011—2020年）》明确提出将中医药海外推广工作提升至国家行为。2016年2月，国务院颁布了《中医药发展战略规划纲要（2016—2030年）》，提出支持中医药机构参与东南亚地区"一带一路"建设。东南亚地区中医药事业的发展将有望享受到中国政府与东南亚各国政府达成的相关政策红利，享有广泛的市场机遇。但东南亚各国在国情和文化上存在着一定的差异，加上各国中医药相关立法制度不完善、相关行业标准尚未统一，导致中医药在东南亚国际市场发展的过程中仍面临一些阻碍。

2021年，中国中药材进出口贸易总额达60.62亿美元，其中出口总额达40.93亿美元，同比下降了2.10%；进口总额达19.69亿美元，同比增长了42.07%，顺差21.24亿元，略低于近5年平均水平。从贸易量看，中药材进出口总量达20.52万吨，其中出口数量13.75万吨，同比下滑了4.81%；进口数量6.77万吨，同比下滑了0.59%。东南亚国家药材资源非常丰富，是中国进口药材的主要货源地之一，有很多中国稀缺且需求量大的原药材。中国近30%数量的进口药材从东南亚进口，是全球最大的中药材消费国，常用中药材近600种，其中约有1/10需要进口。进口中药材主要品种有乳香、没药、血竭、龙眼肉、西洋参、鹿茸等。新加坡、马来西亚、泰国一直是在中药十大进口国及地区之内。日本、韩国的中药市场呈稳步发展的趋势。近年来，中国十大中药进口国正在发生变化，进口中药数量最大的10个国家（地区）中仅一半在亚洲，另一半为北美（美国）和西欧，这说明西方国家由于回归大自然思潮的推动，对药用植物的研究和应用速度大大加快，中药市场也在发展之中。欧美不仅是中国植物提取物的主要市场，中国中成药和中药材的出口也有较大幅度的增长，欧美市场占中国中药类商品出口的不到10%增长到30%以上。

中医药海外中心是在中国政府引导下，与当地携手共建的集中医药教育、中医医疗、中医药科研、中医药文化于一体的大型海外中医药综合平台。2017年，国家中医药管理局、国家发展和改革委员会联合印发《中医药“一带一路”发展规划（2016—2020）》，提出要建设30个中医药海外中心。中医药海外中心建设是促进东南亚地区中医药事业产、学、研一体化建设的重要抓手。东南亚地区已建成中国—泰国中医药中心、中国—缅甸中医药中心和中国—菲律宾中医药中心，在推动中医药海外发展和文化国际传播方面取得了重要成果。

3. 德国和欧盟市场前景

中国研制的药品，无论是西药还是中药，很难在欧盟成功注册。中国制药厂和医药进出口公司向欧盟出口的主要是医药原料。因为相对药品注册，德国和欧盟对医药原料的进口管理宽松些。供货商只需委托当地进口代理向德国地方卫生和药品主管部门（获准后只能向德国出口）或向设在斯特拉斯堡的欧盟药物审查委员会申请CEP证书（欧洲药物证书，适用于欧盟所有成员国）。申请CEP证书时须提供两个DMF文件（药物制造文件），一份是公开的，由进口代理递交，另一份是保密的，由供货商直接寄给成员国地方卫生和药品主管部门或欧盟药物审查委员会。DMF文件须按固定格式和要求提供。

就中药而言，只有少数中成药获得了在德国和欧盟市场上作为“保健食品”销售的许可证。欧盟2004年24号文件“关于修订欧盟传统植物药注册程序的指令”（24号指令），为中国中药以传统植物药品身份进入欧盟市场提供了可能，该指令同时规定传统植物药品注册时不需提供临床试验证明。欧盟各成员国须根据本国情况，在2005年10月前将该指令纳入本国药品法后加以实施。欧盟为此将设立由植物药品专家组成的“欧盟植物药品委员会”，负责制定植物原料及其用途的名录，编纂欧盟植物药典。但传统植物药品获得欧盟上市许可必须符合以下条件：

（1）传统植物药必须具备在欧盟境内应用30年以上的证明，或在欧盟内已应用15年、在欧盟外应用30年以上的证明；

（2）传统植物药的上市许可申请人和业主必须在欧盟境内有分支机构，出口植物药的生产厂家必须通过欧盟的药品生产和质量管理规范（GMP）审查；

（3）传统植物药不能含有非植物药成分，在申请注册时必须提供用于药品质量鉴定的物理、化学、生物和微生物检验与分析报告。

（4）由于传统植物药在申请注册时不需提供临床试验证明，因而在标识上必须注明“该植物药的效力未经临床证明”。

由此可见，欧盟 24 号指令既为中国中药以传统植物药品的身份进入德国和欧盟市场提供了可能，同时又为中药进入欧盟市场筑起了一道很高的门槛。

（二）国内市场

新中国成立后，国内医药商业从无到有，从小到大，经历了开创、发展、转轨、改革的各个不同阶段。

1. 药品的流通体系

改革开放以来，医药流通领域发生了显著的变化，医药商业基本上已经摆脱了计划经济时期的“统购包销，逐级调拨”模式，进入了多渠道、少环节、开放式的运营，市场经济条件下的医药商品流通新体系正在逐步形成。与此同时，医药商业企业数量开始增加，企业内部分散经营，医药流通企业走上了由集中到分散的道路。截至 2021 年 9 月底，全国共有《药品经营许可证》持证企业 60.65 万家。截至 2020 年年末，全国共有药品批发企业 1.31 万家；药品零售连锁企业 6298 家，下辖门店 31.29 万家，零售单体药店 24.10 万家，零售药店门店总数 55.39 万家。中国药品流通企业借鉴国际经验，不断优化行业结构、品种结构，加快经营服务模式转型，着力提升药品流通能级，持续提升行业集约化水平，推进要素资源向骨干企业集中，加强数字化、智能化、专业化、多元化、特色化、平台化发展，在政策和市场的双向调节中，实现产业高质量发展。

2. 药品市场规模

中国药品市场是高速增长且持续发展的市场，近年来中国三大终端药品销售额逐年攀升，2019 年中国三大终端药品销售额达 17955 亿元，较 2018 年增加了 824 亿元，同比增长 4.81%。2020 年受新冠疫情影响，当年中国三大终端药品销售额首次出现下滑。2021 年开始恢复增长，当年中国三大终端药品销售额达 17747 亿元，较 2020 年增加了 1310 亿元，同比增长 7.97%。

在国家政策利好及需求增加等因素的促进下，中医药行业市场规模呈现稳步增长之势。2016 年，中国中医药行业整体市场规模（按主营业务收入计）为 13893.3 亿元人民币，2016—2020 年，中国中医药行业市场规模以 19.4% 的年复合增长率持续增长，到 2020 年，中医药行业市场规模达到 28254.3 亿元人民币。

二、中药市场存在的问题

1. 市场空间受挤压

国内约占人口总数 70% 的农民群体及低收入群体的用药市场，无疑是中药产业应当开拓的空间。然而，巨大的市场空间，却遭遇到购买力低下的消费群，这些人群仅消费中药产品的 5%。而且，农民的收入状况及对身体健康的关注度，决定了他们在选择药物时的价值取向——支付最少费用，在最短的时间内，服用最少量的药物治愈疾病。他们最首选的是药物的治疗效果。但是，中国的中药品种宣传却忽视了农民的这种特殊情况，增大了中医药产品在农村市场的推广难度。中药疗效独特，毒副作用小，具有西药无法替代的综合优势。而中药企业对此领域品种的开发意识不足，新品研发实力不够，不能为研发和市场营销提供强有力的支持。在治疗疑难杂症、慢性病、老年病、调节亚健康状态等方面，中药尤其是民族药物将大有用武之地。可中药企业没有很好地利用中药这一独特、无法替代的综合优势，把自己的产品向这类特殊疾病领域推广。保健品市场受挤压，中国中药保健品企业普遍研发实力极其薄弱，仅跟踪市场上销售量较好的品种进行的仿制，造成当前保健品严重同质化、缺少竞争优势品牌的局面。而且，保健品市场广告宣传夸大，质量令人担忧，大大削弱了消费者对产品的信任度。此外，许多国际知名保健品跨国公司通过收购、兼并、租赁等形式在中国设立分厂，对竞争力相对较弱的国内中药保健品行业无疑是巨大的挑战。

中药的国际市场巨大，但是中药产品研发市场的能力受到多种因素所限制。国际市场对天然药物的需求旺盛，但国际医药市场与传统的中医药市场融合难度很大。主要表现在：中药产业整体水平不高，国内的大部分中成药很难通过国际市场的农药残留、重金属含量标准的检测；FDA 不承认中药作为药品的地位，中药很难通过现代医药的法规审批；产业整体的国际化意识不强、中药知识产权保护存在难题。而且，中药开发亚洲市场以外的其他新的国际市场的步子比较缓慢。出口亚洲的中药仅占到中药出口总值的 2/3 以上，对欧洲和美国的出口比较少。

2. 企业缺乏竞争力

长期以来，中国医药工业体制障碍和结构性矛盾、条块分割的发展模式没有得到突破和化解，致使低水平重复建设、组织结构分散、技术水平偏低、竞争无序的局面得不到改善。尽管近几年中药企业得到了一定的发展，但总体上仍存在管理水平差、创新能力弱、缺乏可持续的科学发展观等问题。大多数企业没有研究和制定真正意义上的发展战略。有的企业即使明确了发展方向，在实施上也未加以强化，受外界干扰严重，很难坚持并有效地实施。中小企业就占整个中药产业的97%以上，企业整体水平一直在低水平层次上徘徊。

首先，一些成长性较好的大中型中药企业为规避所谓的发展风险，拓展更大的发展空间，盲目搞多元化经营，投入巨资进入其并不熟悉的、关联度较低的房地产、金融、高新技术等领域，“贪多求全”“无所不能”，一方面削弱了对中药产业的集中投入，另一方面也延缓了企业做强做精的发展进程。

其次，企业不注重练内功，却在营销上花费较大。中国部分中药企业对中医药基础研究的投入还不到销售额的10%，企业在新品研发和技术队伍的培养上，有的采取“短、平、快”和“为我所用”的战术，只着眼于眼前利益，忽视了企业发展后劲的培育，导致企业运作的固定成本增高，利润增速放慢，路越走越窄。

最后，大部分中小企业既没有优势品种，也缺乏销售渠道，既没有研发能力，也缺乏营销策略，主要依靠以往形成的低价格、多折扣、大流通的模式经营，很难保持较好的盈利能力。市场获利微薄、研发资金难以保障、新品跟进乏力、市场渠道萎缩。推进中药产业化、现代化和快速发展的着力点，是以品种研发为基础，创建既有现代法人治理结构，又有强大市场竞争优势的大型企业集团。因此，中药企业需要培育一大批以中药生产或销售龙头企业为旗舰的企业群，以龙头企业带动一批在中药材种植、加工、新品研发、制剂生产、市场、流通领域有竞争优势的中小企业，构建中药种植规范化、生产现代化、流通科学化的现代中药产业链条。然而，中药龙头企业大多具有国有或集体所有制背景，国有“老大”的作风和过去计划经济的习惯运行机制，导致它们大都“各自为政”，在联合、重组、整合上意愿不强，以致出现严重的生产能力过剩、大量重复建设和“家门口”竞争的现象，在一定程度上制约和影响了企业进行资源整合、优化配置。龙头企业未发挥旗舰作用，中小企业未实现产业聚集，造成了中国中药企业在国际市场上缺乏竞争力的后果。

3. 中药技术基础薄弱

中国中药毒副作用机制的研究相对滞后。据统计，90% 以上的中药毒性未能掌握，虽然已对 190 余种常用中药进行了一定深度的现代研究，其中不少毒性成分已被证实在何种情况下可变毒为宝，成为良药，但相比临床上常用的四五百种中药来说，还远远不够。缺乏中医药临床疗效评价体系。中医药临床疗效评价体系是中医临床医学和中药学相结合的一门新兴学科，主要从事新药临床试验研究、疗效评价标准及其方案的拟订，并提出新药临床试验方案。各临床研究院校及有关医院受传统观念影响，忽视中医药临床疗效评价工作，造成了中医药临床疗效评价专业人才缺乏，评价方法及标准研究不够。

尽管中药有了 GAP 标准，但是尚不能全面反映中药产品的质量，满足不了市场的需求。尤其是复方中药成分复杂，其质量控制的方法至今都没有指南。此外，中药知识产权保护内容尚不明确，专利保护不得力，造成中药专利侵权现象严重。由于中药特别是复方中药自身的特点，决定了其利用现有知识产权保护方式的独特性。中药知识产权保护可采取的手段、方法，各类新药专利保护的范围，如何处理知识产权侵权事件等内容，没有明确的规定，在一定程度上影响了企业申请专利的积极性，制约企业在科研方面的投入。

4. 中药资源被无序利用

作为中药产业基石的中药资源，其保护和可持续利用属于复杂的系统工程。其中，涉及农学、林学、生态学、生物化学和药学等多学科知识，还需要农业、林业、工业和商业等各级主管部门的协同配合来完成。但是，从现实情况看，资源的破坏得不到遏制，中药资源的保护和利用仍然得不到实现。出于对野生中药资源的保护和经济效益的考虑，20 世纪 80 年代以来，全国兴建了很多药材基地，在一定程度上缓解了药材的供需矛盾。不过，许多地方都把中药材产业作为支柱产业来抓，很多中药材基地把种植药材作为短平快的首选项目，不遵守“道地药材”的原则。在大建药材基地的热潮下，出现了药材质量下降、农药残留超标、生产无人监管、种养无章可循的局面。大量非主产地生产的伪劣药材打着道地药材的名义出售，冲击了道地药材主产地优质中药材的生产，进一步致使药材市场上鱼目混珠。

5. 中医药跨境电商贸易尚处于试水期

中国中医药跨境电商平台尚处于初级阶段，发展的程度不深：一个是

"引进来"方式，即通过电商服务平台将国外优质的医药产品带入国门，服务中国广大消费者；另一个就是"走出去"方式，即通过跨境电商平台将中国的中药产品销往世界各地。国内医药跨境电商多集中于"引进来"方式。如重庆和平药房"和平全球购"项目所售商品均直接从海外进口到重庆保税港，开展跨境电子商务业务；健民国际依托广州医药的实力背景，在天猫国际、京东全球购等大型互联网购物平台均开设了旗舰店，销售来自美国、欧洲的维生素矿物质、膳食补充剂等产品；作为国内首个聚焦健康垂直领域的跨境电商平台同仁堂的跨境电商"天然淘"，主打进口健康产品。而中医药"走出去"的跨境电商平台，即通过跨境电商平台将我国的中药产品销往世界各地，尚处于萌芽阶段。相比于中药传统线下出口渠道，如国外代理商销售或者中药实体店等销售模式，中医药"走出去"，以跨境电商平台作为线上的销售渠道，是对传统线下销售渠道的重要补充。未来中医药将会实现线上线下的融合，消费者将可以享受门店体验，线上下单，商品直接从厂家销售到消费者手中，省去了中间商环节，极大降低购物成本。目前只有同仁堂自建了专业化的中医药跨境"走出去"电商平台。同仁堂自建国内首个中医药跨境电商平台——TRTMED.COM（以下简称平台），主要销售草药及植物补充剂、膳食补充剂、维生素、养生茶等。这些产品以同仁堂为主，还有太安堂、扬子江、以岭等品牌产品，主要服务的国家有美国、加拿大、英国等。该平台 2016 年 12 月上线，整体交易量不大。此外，eBay 等综合性跨境电商平台上也有一些中药产品在销售，大多为个体经营方式。总之，中国中医药跨境电商贸易处于萌芽阶段，发展不充分。首先，就跨境电商平台自身而言，中医药跨境电商缺乏专业化和规模化的平台，产品的种类不齐全，中药产品的质量难以保证，产品的价格定位与线下不一致，平台上的医药咨询服务缺乏等困扰着中医药电商的发展。此外，企业能否有实力获得跨境电商资质，也亟待解决。根据中国规定，需要获得海关总署、国家市场监督管理总局等相关机构的资质认可，并进行海关 2.0 系统备案，上述资质通过后才能进行跨境商品销售。

6. 中药市场受政策环境影响

国家对中药产业未设立专门的主管部门和协调机构，而是多头管理。在缺少严格的沟通和约束机制下，各部门之间职能的条块分割，这种多头管理的方式，存在着难以解决的矛盾。而且，从事中医药管理的政府部门人员中，有一大部分具有西医专业或者非医药专业背景。中医药基本理论、基本方法和临床实践等各个主要方面均与西医有很大差别，因此中医药行政管理的方式应明显不同于西医行政管理。对中医理论和中药行业了解甚少的人，可能用管理西医药的方式和理念来管理中药，忽视中医药的独特性和复杂性。

三、中药市场发展趋势

（一）国际医药行业发展趋势

1. 美欧日控制全球市场，新兴国家市场快速增长

由于经济的高速发展、世界人口的变化、社会老龄化程度的增高，以及人们健康保健意识的不断增强，全球医药市场持续快速扩大。在中药材贸易方面，互联网公开数据显示，2021 年全球中药材贸易市场持续受到新冠疫情的影响，2021 年 1 月至 9 月，中国向境外出口中药材 43.95 亿元，同比下降 6.9%，出口量 9.17 万吨，同比下降 3.6%。自中国—东盟自贸区建设以来，中国同东盟各国经贸合作不断深化，为中医药贸易提供了一系列优惠政策，使东盟各国与中国的中医药贸易逐年向好。中国中药材出口前十位市场中，越南、马来西亚、泰国、新加坡四国均为东盟成员国。

2. 技术驱动变革

随着信息技术和生物技术的快速发展，医疗行业也在发生深刻的变革。智慧医疗、精准医疗、生命科学等领域都将成为医疗行业的热点发展领域。这些领域，新技术的推出，将会极大地提高诊断和治疗的精度和效率，并降低医疗成本。例如，人工智能、3D 打印等新兴技术已经应用于许多医疗领域，促进了诊断和治疗水平的提高。

3. 医改政策的推出

全球各国纷纷推出医改政策，目的是实现医疗资源分配公平、提高基层医疗水平等，以确保公众获得更好的医疗保健服务。

4. 新业态创新

随着电商、互联网和移动医疗等新兴业态的兴起，传统医疗行业也面临转型升级和创新发展的压力。电子医疗记录系统、远程医疗、AI 辅助医疗等将成为重要的趋势，真正实现医疗信息化和智能化，从而大幅提升整个医疗行业的发展水平，并使更多的人受益。以共享医疗为代表的新型医疗模式给人们带

来了更加便捷的医疗服务。医疗行业在未来将会持续发生变革，变革方向将会是更加高效、更加智能、更加人性化的医疗服务模式。这些变革将促进医疗行业整体发展，创造出更多的商业机会和社会价值。

（二）国内医药行业发展现状

1. 经济运行情况

医药行业是中国国民经济的重要组成部分，是传统产业和现代产业相结合的产业。中国医药行业发展水平和国民经济的发展速度息息相关，随着中国国民经济的快速持续增长，中国人民的生活水平也随之得到提升，中国医药行业也不断快速发展。2020 年，新冠疫情的暴发进一步推动了医药行业的发展，行业规模增速较快。据国家统计局数据，2022 年，我国医药制造行业规模以上企业单位数为 8814 个，总产值 31505.6 亿元，资产总计 47885.3 亿元，销售收入 29111.4 亿元，利润总额 6290.5 亿元。

2. 进出口情况分析

除 2021 年外，2017—2022 年中国医药材及药品行业总体贸易处于逆差态势，2021 年受全球新冠疫情反复等因素影响，对疫苗等医药材及药品的需求增长，中国作为在新冠疫情下经济韧性较强的经济体，医药材及药品贸易顺差特点显著，2021 年中国医药材及药品出口额为 3205.54 亿元，进口额为 2884.68 亿元，贸易顺差为 320.86 亿元。2022 年，中国医药材及药品出口额为 1677.99 亿元，进口额为 2862.28 亿元，贸易逆差为 1184.29 亿元。从价格来看，中国医药材及药品进口均价远远高于出口均价，2022 年进口均价为 98.33 万元 / 吨，出口均价为 12.63 万元 / 吨。从进口产品结构来看，中国人用疫苗进口额较大，进口均价也较高，2022 年进口额为 263.90 亿元，均价为 2029.00 万元 / 吨；中药材进口量较大，但由于价格较低，进口额较小，2022 年为 25.94 亿元，均价为 1.96 万元 / 吨。从出口产品结构来看，中国抗生素出口额较高，2022 年为 286.48 亿元，均价为 36.63 亿元；人用疫苗出口均价较高，2022 年为 776.81 万元 / 吨，但明显低于进口均价；2022 年中国中药材出口额为 66.10 亿元，出口均价为 4.90 万元 / 吨，高于进口均价。

（三）全面建成小康社会，将极大地促进医药行业的发展

2020 年中国基本实现工业化，建成完善的社会主义市场经济体制和更具

活力、更加开放的经济体制，社会保障体系比较健全，全民族的健康素质明显提高，形成比较完善的现代医疗卫生体系。医药行业是中国卫生事业的组成部分，是构建社会主义和谐社会的重要内容，是人民健康和社会稳定的重要保障。

1. 发展医药产业是提高中国全民族健康素质的重要保障

随着中国经济建设的快速发展，社会竞争的日益加剧，生活节奏的加快，老年性疾病、病毒、传染病、精神病等已严重影响了人民的生命与健康。为保证中国十几亿人口的生存、发展和健康，加快医药行业发展势在必行。

据统计，2021年有160万人死于结核病，中国结核发病率居全球第三；《2017年全球乙肝报告》显示，中国乙肝病毒感染者超过9000万人；截至2020年年底，全国晚期血吸虫病病人数29517人，比上年减少653人，同比下降2.16%。新发传染病的出现，又加重了中国疾病预防控制的难度，与此同时，由于生活环境、工作环境和生活习惯的变化，恶性肿瘤、高血压、心脑血管病、糖尿病等严重疾病的患病人数也在不断增加，成为威胁人民健康的主要病种。中国出现了急性传染病和慢性严重疾病同时并存的多重疾病负担的状况。

2. 中国医疗卫生事业的发展将对医药行业提出更高的要求

2020年，中国人口已达到14.12亿人，60岁及以上老年人口总数达2.64亿人，占总人口的18.7%。中国进入老龄化国家行列是中国现代化面临的一个巨大难题。中国已建立了城镇职工医疗保障体系，截至2008年3月底，全国开展新型农村合作医疗的县（市、区）数达到2679个，占应开展（有农业人口）县（市、区）数的98.17%，占全国总县（市、区）数的93.57%。参加合作医疗人口8.04亿人，参合率为91.05%。全国31个省区市已实现了全面覆盖。

（四）中药类产品和中药保健食品发展趋势

近些年来，中药的使用范围已由传统的治疗向日常保健领域拓展，含有中药成分的新制品不断涌现，并深受人们欢迎。

数据显示，2020年中国保健品市场规模为2666亿元，以狭义保健品市场4%的增速预测，至2025年预计市场规模将达到3200亿元。2019年中国消费者较推崇的养生保健的方式主要为食补、膳食补充剂和运动健身等，其中57.8% 的消费者首选养生保健方式为食补，48.6% 的消费者养生保健首选方式为膳食补充剂，35.3% 的消费者首选养生保健方式为运动健身。26.9% 的消费者选择规律作息，14.6% 的消费者选择中医调理。保健食品的消费已日趋大众化，人们的保健意识有了明显提高，保健食品的市场有着十分广阔的前景。预计 21 世纪保健食品市场将会保持热度，而且几乎不需要大量的营销活动。究其原因，主要有如下几个方面：①医疗模式由治疗型向预防保健型转变。②拥有健康是人类永恒的追求，而保健食品是促进健康的有效物质条件，且具有便捷、无毒的优势，人们易于接受。③人类生活水平不断提高，“花钱买健康”已成为一种消费时尚。④生活、工作节奏加快，精神压力大，使得保健食品将成为生活必需品。⑤医疗保健知识的普及使人们有能力识别和选择保健食品，实现各取所需。⑥消费人群多元化，不同年龄段、不同性别、不同职业人群、不同特殊需求者，都有购买需求。⑦保健食品比药品更容易上市，生产商更容易赚钱。

国内外不但注重开发营养补充剂，也非常重视开发具有一些特殊的、重要的生理调节功能的保健食品，例如，国外的“保持脑健康”“改善肌肉 / 骨骼系统”“改善心血管系统”“增强免疫”等一系列产品，以及中国卫生管理部门允许报批有 22 种保健功能的相关产品。功能性保健食品在防治慢性疾病（如降低心脏病和癌症的发病率，维护脑 / 中枢神经系统等），提高肌体免疫力、抗衰、减肥、美容、抗疲劳、降脂、降压等方面发展看好。

从人员年龄结构看，今后几年功能性保健食品的目标要瞄准新一代健康存在问题的年轻成人，如肥胖、血中胆固醇浓度高、有癌症和冠状心脏病发生危险因素的处于亚健康状态的人。从当前国内外市场畅销或流行的产品也可看出功能性保健食品的发展趋势。在形形色色的保健食品中，以“特色保健食品”的销量增长最为惊人，所谓“特色保健食品”是指对人体有一定防病治病或强身祛病功效的特殊食品。

由于植物提取物效果显著，它们可代替正规药品用于治疗一些普遍性疾病。如银杏制剂可防治高血脂与冠心病；金丝桃素可治疗抑郁症；锯叶棕制剂可治良性前列腺肥大症；育亨宾可治男性性功能障碍；大豆异黄酮（植物雌激素）可治妇女更年期综合征及骨质疏松症等。其中银杏制剂在美国市场上成为最受美国百姓欢迎的植物药制剂，预计银杏最终将成为美国从中国引进原料生产的正式药品。

就人类保健食品的发展历程而言，从技术上来看，各国保健食品的发展经历了三个阶段。第一代“保健食品”（包括各类强化食品）的功能没有经过任何实验予以验证，仅根据食品中各类营养素或强化的营养素推知该类食品的生理调节功能。在《保健食品管理办法》实施后，这类所谓的保健食品已经成为历史，不再允许冠以保健食品的名称在市场上销售了。第二代保健食品是指经过人体及动物实验证明具有某项生理调节功能的保健食品。这一代产品功能因子不明确，作用机理也难以阐述清楚，因而生命力不强。这种以第二代保健食品为主流的局面必然成为历史，21 世纪将由第三代保健食品取而代之。第三代保健食品是指不仅需要经过人体及动物实验证明该产品具有某项生理调节功能，还需更进一步确知具有该项保健功能的功能因子（或称有效成分）的化学结构、含量及其作用机理，并且功能因子在食品中应有稳定形态。这一代产品普遍具有高纯度（多为浓缩）、纯天然、原料未受污染、高技术（用超临界氮体、薄膜、热烹饪技术，多为软胶囊包装）等优点，必将成为保健食品发展的主流。

就健康食品的产品系列性而言，它有两大类。一大类以维生素、矿物质元素产品为主，国外很多大公司都开发了一系列的产品，有补充单一营养的，还有复合营养补充剂，就是提供多种营养素混合物，这是此类产品的一个重要发展趋势。另一大类是具有特殊生理调节功能的产品，国外非常重视开发功能的系列化产品，这类产品是今后保健食品研究开发的重要方向。从保健食品的产品形式（或剂型）来看，有片剂、粉剂、颗粒剂、胶囊、软胶囊、口服液、酒剂、茶、饮料及胶体等多种形式。软胶囊保健食品多为动植物中提取的天然成分，不仅纯度高、营养保健价值大，而且携带与服用方便。当然，口感适宜、服用简便的酒剂、茶、饮料类保健食品仍将受到广大民众的青睐。

在美国，“保健品”是一个模糊概念。实际上美国厂商将天然有机食品、膳食补充剂以及形形色色的功能食品全都列入保健品范畴。若以中国人的视角来看，其中只有所谓的“膳食补充剂”（Dietary Supplements）才是真正的中药保健产品。国际市场药用植物及其制成保健食品、化妆品等每年成交额达 300 亿美元，近些年来以平均 10% 的速度增长，增长速度高于化学药品。在国际植物药市场中，占主导地位的是欧洲草药制剂和日韩汉方制剂，而中国的中药及其制剂所占的份额很低，多年来，多以附加值很低的中药材出口为主，但近年来，其提取物出口的数量呈上升趋势。

综上所述，中药产品正从以治病救人为主要特征的医生处方专用商品逐步向中药消费者为保健养生需要自助自选购买的家庭常备商品为主，产品诉求的主要对象不再仅仅是有处方权的医生，最终付款的中药消费者正在成为市场的主体，因此，医药产品的市场定位、沟通方式、销售策略、服务保障都需要进行相应的调整。

中药走向世界的大门已打开。特别是在市场准入方面，欧美许多国家制定、修改或出台了中医药、传统医药或植物药法案，在西欧，中医药已被列入医疗保险体系，美国 FDA《植物药管理法案》也放宽了对中草药产品结构的限制。澳大利亚、泰国则已将中药定为与西药同等的合法地位。这得益于环保和绿色消费意识的增强、医学模式从治疗型向预防型转变以及中药价值在全球范围的不断凸显。国际医药市场对中草药产品需求旺盛，并以 10% 的速度猛增，世界制药 20 强都在积极介入中药和天然药市场。中药的根在中国，且具有丰富的自然资源，这是一个千载难逢的中药时代。

本章小结

本章介绍了中药及其相关的概念、中药产业的市场状况、存在问题和发展趋势。中药产业是一个经济和市场价值均被严重低估的产业，这个产业充满机会而又困难重重，备受呵护而又先天不足，优势突出而又被短板所累。

中药是指在中医药理论指导下，用以防治疾病的药物，其来源包括植物药、动物药和矿物药，其中以植物药占绝大多数，从广义上讲，还应包括具有传统应用历史的很多少数民族药。

传统概念中，中药包括中药材、中药饮片和中成药三大类。随着科学进步和对中药资源综合利用的深入开发，其用途和产品的形式在不断扩大，已形成了中药类产品、中药保健食品、中药保健茶、中药化妆品及中药日用品等范围较广的相关产品领域构成的中药产业。

中药市场存在的问题包括市场空间受挤压、企业缺乏竞争力、中药技术基础薄弱、中药资源被无序利用、中药产业信息不畅通、中药市场受政策环境影响大。

中药产品正从以治病救人为主要特征的医生处方专用商品，逐步向中药消费者为保健养生需要自助自选购买的家庭常备商品为主，产品诉求的主要对象不再仅仅是有处方权的医生，最终付款的中药消费者正在成为市场的主体。

人民生活水平的不断提高，保健意识的逐渐增强，以及相应的消费结构、人口结构、疾病谱的变化，给中药的发展提供了更为广阔的市场空间，使之有望成为新的效益增长产业，其发展也将呈现出新的趋势。

中药走向世界的大门已打开。欧美许多国家制定、修改或出台了中医药、传统医药或植物药法案，澳大利亚、泰国则已将中药定为与西药同等的合法地位。国际医药市场对中草药产品需求旺盛，并以10%的速度猛增。世界制药20强都在积极介入中药和天然药市场。

第二章
中药营销理论及发展

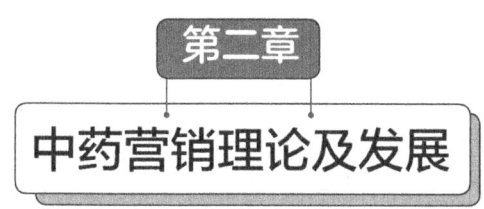

第一节　市场营销的基本概念

一、市场

在现代社会中，市场已不局限于有空间和时间限制的产品交易的场所。现代营销学认为：市场是实现现实交换和潜在交换的任何一种活动。通俗地讲，市场是那些具有种种需求、并具备购买动机和购买力的人或组织通过交换有一定价值的东西来实现这种需求的活动。人、购买力和购买动机构成市场三要素，这三个要素中缺少任何一个都不能构成市场，因此，要分析市场，就必须从这三个方面着手。一个企业不可能满足所有的市场需求，必须根据各种因素细分市场，选择自己的目标市场。

二、推销

广义的推销是指说服别人采纳自己思想、意见和方案的过程。狭义的推销，就是在千方百计帮助买方认识商品和劳务，并激发买方购买欲望，实现商品或劳务货币化的活动。因而，推销学理论所指的推销应该是狭义的推销，一个系统的活动。

三、市场营销

市场营销有微观和宏观之分。宏观市场营销是一种社会经济活动过程，其目的在于求得社会生产与社会需要之间的平衡，实现社会的目标；而微观市场营销是通过提供满足目标消费者或委托人需要的产品或劳务实现组织目标的商业活动。本书所讲的主要是针对中药企业的微观市场营销。

现代市场营销观念认为，企业的一切经济活动都必须以买主的需要为转移，企业只能生产经营那些适销对路，能卖得掉的产品或服务。现代企业的市场营销活动包括市场营销研究、产品开发、产品定价、分销、广告、宣传报道、人员推销、销售促进、售后服务等。

1960 年，美国市场学家 Jerome McCarthy 提出了市场营销组合概念，是指市场营销人员综合运用并优化组合多种可控因素，以实现其营销目标的活动总称。这些可控因素后来被麦卡锡归并为四类，即 4P（产品、价格、渠道、促销）。1990 年，美国学者 Lauteborn 提出了与传统营销的 4P 相对应的 4C 理论，即消费者的需求与欲望（Consumer needs & wants），把产品先搁到一边，赶紧研究中药消费者的需求与欲望，不要再卖你能制造的产品，而要卖某人确定想要买的产品；消费者愿意付出的成本（Cost），暂时忘掉定价策略，了解消费者要满足其需要与欲求所必须付出的成本；购买商品的便利（Convenience），忘掉通路策略，应当思考如何给消费者方便以购得商品；沟通（Communication），最后忘掉促销，20 世纪 90 年代以后最适用的营销词汇应该是沟通。

四、营销管理

美国市场营销协会 1985 年对营销管理定义为：营销管理是计划和执行关于产品、服务和创意的观念、定价、促销和分销，以创造能符合个人和组织目标的交换的一种过程。这个定义指出，营销管理是一个包括分析、计划、执行和控制的过程；它覆盖产品、服务和创意；它建立在交换的基础上，其目的是产生对有关各方的满足。

第二节 中药企业市场营销管理的任务与重要性

一、市场营销管理的任务

一般认为，营销管理的任务主要是刺激消费者对本公司产品的需求。事实上，营销管理的任务是以科学有效的方式来影响市场需求的水平、时机和构成，帮助企业实现自己制定的目标。简而言之，营销管理实质上就是需求管理。

市场需求形态复杂，归纳起来有以下几种主要形态：负需求、无需求、隐性需求、衰退性需求、不规则需求、充分需求、超饱和需求和有害需求。

“负需求”是指市场主体不喜欢某种产品或服务。针对负需求情况，企业市场营销管理的主要任务就是把“负需求”变成“正需求”。即通过适当的沟通途径，转变消费者的观念和认识，转换他们的需求习惯与倾向，使他们成为企业产品的消费者。比如羽绒服，通常人们在冬天才需要，生产企业为了款式更新、清理库存断码产品，满足低端消费人群的需要，保持消费者对品牌的记忆，在夏季推出羽绒服“反季销售”，就是一种变负需求为正需求的市场活动。

“无需求”是指潜在市场的全部或重要部分对某种产品或服务不感兴趣或漠不关心。在无需求情况下，企业营销管理的主要任务就是变“无需求”为有需求，即“刺激市场营销”。比如，在寒冷的冬天，人们很少吃冰激凌，冰激凌企业营销的任务在于刺激需求，使原来没有需求的消费者产生需求。

“隐性需求”是指现有的产品或服务不能满足的，隐而不见的需求。在隐性需求情况下，企业营销管理的主要任务是“开发市场营销”，即变隐性需求为显性需求。如“白加黑”感冒药，就是通过市场调研，发现了“需要吃感冒药但又不能影响工作状态的白领阶层”隐性需要，于是推出了“白天吃白片不瞌睡”的产品，提醒好多人原来还有吃了不瞌睡、不影响工作状态的感冒药，从而使隐性需求变成了显性需求，同时也建立了“白加黑”独有的产品特色和品牌区隔。

“衰退性需求”是指市场对某种产品或服务的需求低于正常水平，并且正进一步趋向衰退之中。很多衰退性需求并不是产品的落后造成的，而是由于时尚的转化，新产品的替代而发生。针对衰退性需求，中药企业营销的主要任务是“变衰退性需求为成长性需求”。比如，玉米作为低值高产作物，20 世纪 80 年代在中国市场需求呈衰退趋势，按粗粮养生的观念，玉米中提取玉米油和淀粉、玉米芯中提取低聚木糖等技术重新改变了玉米的价值，让玉米的市场需求由衰退性转为成长性。

“不规则需求”是指有些产品或服务在一年不同季节，或在一周不同日子，甚至在一天不同时间，上下波动很大，有时市场需求多，有时市场需求少。对于不规则需求，企业市场营销管理的主要任务是"协调市场营销"。比如，餐饮就是典型的不规则需求，就餐者往往在特定的时间段集中消费，营销管理要做的工作就是提前预订、有效分流、缓解就餐高峰、平息消费者抱怨。

"充分需求"是指某种产品或服务的需求水平和时间等于企业期望的需求水平，这是企业最理想最满意的需求情况。在充分需求情况下，中药企业市场营销管理的主要任务是"维持市场营销"。在此种情况下，中药企业可以采取以下营销措施，千方百计维持需求水平。适当的措施包括：努力保持产品或服务质量，降低成本，保持合理价格，激励推销人员和经销商等。

"超饱和需求"是指某种产品或服务的市场需求超过了企业或组织所能供给或愿意供给，也就是企业所经营的产品供不应求。针对超饱和需求，中药企业市场营销管理的主要任务是"减少市场营销"。比如房产营销中的"捂盘惜售"就是这种策略，在行情明显看涨的情况下，房产商会延期开盘或限量销售，待价而沽，以保证获得最大利润。

"有害需求"是指消费者对某种事实上对自己或社会有害的产品或服务的需求。针对有害需求情况下，中药企业市场营销管理的主要任务是"反市场营销"（counter marketing）。比如，麻醉药品必须根据法律规章严格备案登记，并控制产品流向和用量。

二、营销对中药企业的重要性

消费者对中药产品知识及中医原理所掌握信息的高度不对称性，为中药的营销与市场开发增加了难度。与西药相比，中医治疗机构和职业中医数量上的劣势制约了中药的渠道推广，与此同时，中药在国际市场推广方面所遭遇的文化隔阂、理念差异、语言障碍和贸易壁垒，都严重制约了中医中药的发展。中药的整个营销过程，实质上是中药产品功能与消费者需求的对接和平衡过程。这中间平衡与对接的桥梁是渠道和媒体，理顺这些关系，是中药营销制胜的关键所在。

同其他市场一样，中药市场有许多未被满足的需要，这些未被满足的需要就是企业的市场机会。企业的市场营销人员，通过市场研究可以发现一些尚未满足的需要和市场机会，然后细分市场，选择适合本企业目标和资源条件的目标市场，并且按照目标市场的需要，设计和生产适销对路的产品或服务，制定适当的价格，选择适当的分销渠道，制订适当的促销方案，千方百计满足目标市场的需要，很好地为目标市场服务。所以，企业市场营销工作的好坏，对于企业经营管理能否成功、企业能否生存和发展起着决定性的作用。市场营销战略的制定能使企业有一个长远的营销方向和奋斗目标，企业有了营销战略，就有了发展总纲，就能统一全体管理人员和员工的思想和行动。

第三节　中药企业营销管理过程与范围

一、中药企业营销管理过程

（一）营销管理的 PDCA 循环

中药企业进行市场营销的过程，就是科学组织人、财、物等市场资源以满足目标消费者的需求过程。中药市场营销管理，从需求角度而言，是消费需求管理过程；从资源角度而言，则是营销资源的配置过程。

由于消费需求是连续不断的，因而中药营销管理过程也是一个 PDCA 循环过程。PDCA 是英文 Plan（计划）、Do（执行）、Check（检查）、Action（总结处理）四个词第一个字母的缩写。它的基本原理，就是做任何一项工作，首先有个设想，根据设想提出一个计划；其次按照计划规定去执行、检查和调整；最后通过工作循环，一步一步地提高水平，把工作越做越好。这是做好一切工作的一般规律。

PDCA 循环法，是美国管理专家戴明首先提出来的，称为“戴明循环管理法”，20 世纪 50 年代初传入日本，70 年代后期传入中国，开始运用于全面质量管理，现在已推广运用到全面计划管理。它适用于各行各业的计划管理和质量管理，已成为中国现代化管理内容之一。PDCA 循环法一般可分为四个阶段和八个步骤的循环系统，其内容有如下几点。

1. PDCA 循环的四个阶段

第一阶段是制订计划，包括确定方针、目标和活动计划等内容。具体地说，计划主要包括以下几个方面：

（1）确定本企业的营销目标。营销目标要准确、简练、具体化，如制定年销售额或市场占有份额，市场推广品牌知名度指标等。

（2）细化各项需要完成的营销目标和确定完成的方法。

（3）实施计划责任落实到人，并确定完成期限。

（4）规定对营销计划执行评估的标准。

（5）对企业营销中的可控因素和不可控因素进行预测。

中药企业营销计划可以分为战略计划和市场营销计划。所谓战略计划，就是涉及企业的成长、发展等全局性、相对长期的运作计划。市场营销计划就是为本企业中药产品选择目标市场，制定相应的营销组合。

计划职能不仅包括对中药产品的企划，而且还包括预测未来市场变化，确定经营方向和营销策略，选择实现计划的最优方案。对营销环境的分析，不仅包括对外部环境的分析，也包括对公司内部资源、强势与劣势的分析。中药外部宏观营销环境的分析主要包括人文统计环境、经济环境、自然环境、技术环境、政策法律环境、社会文化环境等的分析。中药药品营销分析还包括中药药品消费者市场和购买行为分析和中药药品行业与竞争分析。

第二阶段是执行，主要是组织力量去执行计划，保证计划的实施。这一职能，意味着中药营销管理人员要实施营销计划，先要把需要完成的“事”确定清楚，然后再考虑寻找适当的“人”或组织来执行任务。

执行计划的人或组织应该具备以下三个基本特征：

（1）清晰的职位及层次顺序；

（2）流畅的意见沟通；

（3）有效的协调与合作。

选择营销活动的执行主体，一般有四种方法：按产品组织法、按消费者组织法、按地区组织法和按职能组织法。这四种方法各有优缺点。

充分发挥中药营销管理的职能，要力争做好以下两项密切关联的活动。

（1）要注意沟通，也就是说，要及时向下级布置任务，并要清楚地、正确地交代工作的性质，开展这项工作的原因、时间、地点和人员安排。

（2）要激励有关营销人员，使他们不遗余力，充分发挥，确保营销活动按计划圆满完成。

第三阶段是检查，主要是对计划的执行情况进行检查评估。营销计划的制订和执行效果只有通过检查评估才能获得较为准确的结论。检查评估是为了避免通过简单数字下结论。营销管理过程是不断循环往复的过程，只有通过科学的评估，才能达到去粗取精、提高效率的目标。

中药企业对市场营销管理的检查评估，就是对整个市场营销管理过程实行目标控制，控制目标把握的情况，计划完成情况。这是一个连续不断、反复发生的过程。

第四阶段是调整改善，主要是在评估基础上对营销计划和策略进行调整和改善。

2. PDCA 八个工作步骤

（1）提出工作设想，收集有关资料，进行调查和预测，确定方针和目标。

（2）按规定的方针目标，进行试算平衡，提出各种决策方案，从中选择一个最理想的方案。

（3）按照决策方案，编制具体的活动计划下达执行。

（4）根据规定的计划任务，具体落实到各部门和有关人员，并按照规定的数量、质量和时间等标准要求，认真贯彻执行。

（5）检查计划的执行情况，评价工作成绩，在检查中必须建立健全原始记录和统计资料，以及有关的信息情报资料。

（6）对已发现的问题进行科学分析，从而找出问题产生的原因。

（7）对发生的问题应提出解决办法或调整改善措施，好的经验要总结推广，错误教训要防止再发生。

（8）对尚未解决的问题，应转入下一轮 PDCA 工作循环予以解决。

（二）营销管理 PDCA 循环的基本特点

（1）大循环套中循环，中循环套小循环，环环转动，相互促进。一个企业或单位是一个 PDCA 大循环系统；内部的各部门或处室是一个中循环系统；基层小组或个人是一个小循环系统。这样，逐级分层，环环扣紧，把整个计划工作有机地联系起来，相互紧密配合，协调地共同发展。

（2）每一个循环系统包括计划—执行—检查—调整四个阶段，都要周而复始地运动，中途不得中断。每一件计划指标，都要有保证措施，一次循环解决不了的问题，必须转入下一轮循环解决。这样才能保证计划管理的系统性、全面性和完整性。

（3）PDCA 循环是螺旋式上升和发展的。每循环一次，都要有所前进和有所提高，不能停留在原有水平上；通过每一次总结，都要巩固成绩，克服缺点；通过每一次循环，都要有所创新，从而保证计划管理水平不断地得到提高。中药企业的营销管理过程包括对目标患者的市场调查、中药产品的研发，并以适当的价格，经由选定的渠道，通过有效的市场沟通，去满足目标市场的需求。

二、中药营销管理工作的范围与内容

具体来说，中药企业营销管理包括以下几个方面的具体工作。

1. 营销组织管理

中药企业的市场营销活动，在组织管理方面主要有以下两项职责：

（1）协调本企业所有营销人员的工作；

（2）协调本企业内部各方面的工作，使之集中力量满足消费者需要。

中药市场营销部门的工作效率的高低，不仅需要依靠有效的组织结构，而且要依靠合适营销人员的选择、培训、评估和激励。

组织职能与组织管理有很大的区别。组织职能，主要探讨中药企业在其市场营销活动中，应该采取什么样的组织形式。组织管理，则是从企业营销管理最高层管理的角度，探讨企业营销管理中如何协调的问题。

中药企业中，不管有多少职能部门，无一不与公司的营销有关。在企业具体运作当中，各部门经常只关注自己部门的工作，而将公司最重要的营销工作置于脑后。所以，如何协调公司各职能部门的工作，共同为企业中药营销服务，成为一项非常重要，又具有挑战的任务。

2. 营销计划管理系统

该系统包括中药战略计划系统和市场营销计划系统。战略计划系统主要涉及中药企业有关重大发展的问题。通过战略计划系统，中药企业可以对其中药产品进行科学分析，决定哪些该发展，哪些该维持，哪些该淘汰，如此才能使中药企业保持最佳的产品组合。市场营销计划系统用来制订中药企业的某一类产品的具体经营计划。市场营销计划一般又分为长期计划和年度计划两种。

3. 营销信息管理系统

营销信息管理系统是一个由人、机器和程序组成的连续的和互为影响的机构，它收集、挑选、分析、评估和分配恰当的、及时的和准确的信息，提供给营销决策者，以便协助他们对营销计划工作进行改进、执行和控制。

营销信息管理系统就是现代企业中的中枢神经，它使企业与外界保持紧密的联系，并综合各种信息，监督协调企业各部门的计划和执行，对企业的战略决策起着引导作用。

信息管理是中药企业管理的重要组成部分。信息管理包括信息的收集、储存与向有关人员提供信息的活动。

中药营销信息根据来源可以分为外部环境信息和企业内部经营信息。外部环境信息包括社会政治、经济、政策法规、技术、竞争和消费者生活方式的变化等情况。根据这些资料，预测中药消费趋势，为企业寻找机会，规避风险。内部经营信息主要包括根据本企业经营情况所记载的财务、销售、储运、生产能力、管理水平等资料，中药企业可以计算本企业市场占有率、获利率等，进一步评估本企业的资源及能力、优势和劣势，为改善经营提高效率提供依据。

4. 营销控制

营销控制一般有三种形式：年度计划控制、获利能力控制和策略控制。年度计划控制，就是保证中药企业能完成年度计划所规定的销售、利润、市场份额等其他指标。获利能力控制，是指中药企业定期分析不同产品、不同消费者、不同销售渠道以及不同定货规模的实际获利能力。策略控制，就是要控制在本企业中药营销过程中，计划同市场变化或实际情况脱节现象。中药企业需要在一定时期，对其营销工作做全面的评估。策略控制最重要的工具就是营销审计。效果评估通常包括营销目标、策略、组织、人员、程序和方法六个方面。

第四节　中药市场营销现状与发展趋势

一、中药市场营销现状

截至 2022 年年底，中国医药制造企业合计 8814 家，但龙头企业较少，纯粹中医药收入超 1000 亿元企业尚无一家，超 100 亿元的企业屈指可数。2018 年数据统计，实现销售收入 2.16 万亿元，同比增长 12.4%，是自亚洲金融危机以来增长最快的时期。

然而，中药行业在看似辉煌的表面背后也潜藏着危机。就国内市场而言，一方面，中药企业国际化经营程度低、中药资源生产和开发利用率低、企业规模小、生产集中度低；另一方面，服用中药的消费者却呈老龄化趋势，年轻一代大多接受西医观念，更有甚者用怀疑的眼光看待中药。此外，在国际市场上中药几乎已经不再是“中国的药”，出口虽然连年增长，但所占份额却很小。

据有关资料，世界中草药市场年销售总额超过 3600 亿美元，而中国份额只占其中的 2%，不及日本和韩国，即使是美国，也后来者居上，占据了份额的 10%，与此同时，自产中药的销售额在国内市场上只占 20%，每年要从日本、韩国、东南亚、西欧大量进口。

相对于无自主知识产权的西药而言，中药企业前景较为乐观。中药是中国的国粹，拥有自己的知识产权。大力发展具有民族品牌的中药，成为中国医药行业发展战略的必然选择之一。

在最新的国家医疗保险和工伤保险目录中，中成药由 415 个增加到 823 个。大幅度提高中成药在医药目录中的数量和比例，对于医院销售方面较为薄弱的中成药企业来说，无疑是一大利好。截至 2021 年年底，中药生产企业有 4318 家，其中成药企业 2178 家，饮片企业 2140 家。这对中药企业来说，是一个很好的发展契机，关键是如何把握住机会，把品牌优势转化为终端营销的成功。

在经营模式上，中药企业由单纯的利润驱动向利润、社会责任和生态环境兼顾的经营模式转化，而且社会责任和生态环境保护在企业经营中所占的权重在逐步增强。渠道选择上医院一头独大的渠道模式正在向医院、药店和第三终端三路并举的趋向发展，而且，以药店为主体的第二终端和以社区和农村市场为代表的第三终端的市场地位越来越受到生产企业的重视。在利润空间上，医药产业正在由暴利走向微利和合理利润。在竞争策略上，以价格战、广告战、和概念战为特征的粗放竞争策略正在让位于以产品创新、品牌建设和强化终端执行力为特征的差异化竞争。在企业发展战略上，以跑马圈地，规模制胜为特征的并购扩张战略正在被突出核心能力，剥离不盈利资产，渠道和物流全部或部分外包的差异化战略所取代。

二、中药营销发展趋势

世界经济全球化和新经济的兴起，从营销观念、策略、组织、管理和领域等各个方面改变着我们的营销环境，影响着中药市场营销的发展。

1. 营销观念

营销观念从产品观念、生产观念、推销观念、营销观念到社会营销观念的逐步演进，是基于当时的市场环境发展和变化的，21 世纪在以新经济为主体的市场环境下，中药营销观念的发展着重体现在以下几个方面。

（1）战略观念。未来企业营销将更强调可持续发展，要求企业营销必须重视战略的制定、战略与战术的协调，以确保市场营销作用的充分发挥。

（2）合作观念。新经济主导下的市场环境客观上要求企业间实行资源共享、优势互补的双赢及多赢的战略联盟，不同行业、不同企业间不同方式的合作将逐步取代以战胜对手、瓦解对手，甚至消灭对手为目的的恶性竞争。

（3）“知本”观念。知识经济时代企业更重视“知本”即营销人才和企业自主知识产权的作用，“知本”将取代有形资本成为未来企业营销制胜的核心资本。

个性化、差别化营销观念。顾客的个性化、差别化需求抑或更加细化、深化的需求将成为未来营销观念与市场研究演进的方向。

2. 营销策略

新的市场环境下营销策略正在发生如下几个变化：

（1）在产品方面，随着市场由以“产品技术为中心”向以“客户为中心”的转变，服务由产品“附加值”晋身为产品价值的主要部分，正成为企业竞争的焦点。

（2）在价格方面，知识因素、创新成本等计入产品成本之中，价格导向由传统的以生产成本为导向的定价策略转为以需求为导向的产品定价策略。

（3）在渠道方面，渠道结构由金字塔式向扁平化转变。中药企业逐步减少流通环节，直接面向经销商、零售商提供服务，从而更好地把握消费者需求，提高企业和消费者的利益。互联网技术和电子商务的飞速发展，为企业渠道网络化提供了广阔的发展空间。

（4）在促销方面，企业与企业、企业与公众之间可以通过网络进行双向互式沟通，电子邮件广告（E-mail）、电子公告牌（BBS）广告、Usenet 广告和 Web 广告等网络广告形式成为广告的重要组成部分。在“4P”营销观的基础上，加上了“权力（Power）与关系（Public Relation）”形成 6P 营销策略组合。近年来，营销学者从顾客的角度又提出了新的营销观念与理论，即“4C”组合理论，包括顾客的需求和期望（Customer's needs and wants）、顾客的费用（Cost）、顾客购买的方便性（Convenience）以及顾客与企业的沟通（Communication）。

随着高科技产业的迅速崛起，高科技企业、高技术产品与服务不断涌现，营销新组合出现，即“4V”营销组合。所谓“4V”是指“差异化（Variation）”“功能化（Versatility）”“附加价值（Value）”“共鸣（Vibration）”的营销组合理论。它强调的是顾客需求的差异化和企业提供商品的功能的多样化，以使顾客和企业达到共鸣。如今美国营销学教授舒尔茨提出了 4R 营销组合，即与顾客建立关联（Reliance）、提高市场反应速度（Response）、运用关系营销（Relationship）、回报是营销的源泉（Reward）。4R 营销组合的最大特点是以竞争为导向，在新的层次上概括了营销的新框架。它根据市场不断成熟和竞争日趋激烈的态势，着眼于企业与客户的互动与双赢。

3. 营销组织

营销组织的发展趋势主要朝以下三个方向发展：

（1）学习型营销组织。学习型组织是彼得·圣吉提出的一种新的管理科学理论。彼得·圣吉在研究中发现，组织的智障妨碍了组织的学习和成长，并最终导致组织的衰败。因而要使企业茁壮成长，必须建立学习型组织，即将企业变成一种学习型的组织，以此来克服组织智障。

（2）网络型营销组织。随着竞争的激化和复杂、顾客需求的多样化，越来越多的企业走上了战略联盟的道路，营销的重点从交易转至关系，企业从交易型营销向网络组织型营销模式转变，企业及其市场环境间的传统外部界限变得日益模糊不清，企业不断开发与供应商、分销商、顾客的战略营销伙伴关系，以取代传统的竞争模式。

（3）虚拟营销组织。虚拟组织是指为实现对某种市场机会的快速反应，通过互联网技术将拥有相关资源的若干独立企业集结，以及时地开发、生产、销售多样化、用户化的产品或服务而形成的一种网络化的战略联盟经济共同体。在这个经济共同体之中，在有限的资源背景下，为了取得竞争中的最大优势，合作各方仅保留自身最关键的功能，而将其他功能通过各种形式借助外力进行整合弥补，以最大效率地发挥协同优势，构造强有力的战略竞争联盟。

4. 营销管理

营销管理的趋势主要体现为“三个转变”：

一是从硬式管理向柔性管理的转变。在新经济时代，知识型员工更需要与管理者的沟通，过去的指令型管理模式需要改变为双向沟通。知识和信息在营销中的应用正成为现代营销管理的发展方向，如以数字化管理为代表的柔性营销管理。企业不再把传统工业经济时代沿袭下来的速度、数量、产值作为追求的目标，不再只注重以往的流水线、节拍等严密的分工组织形式和工艺流程，而是重视人的主观能动性、独立性和创造性。

二是客户关系管理，作为一种倡导企业以客户为中心的营销管理思想和方法，成为未来营销管理的发展趋势。新经济强调的是持续发展，重外轻内或重内轻外都将妨碍企业的长期发展。营销的目的是要满足顾客的需求，因而企业要在重视企业内部营销管理的同时，将重心转移至外部顾客服务上来，特别注意通过加强内部的管理来实现外部的顾客满意目标。

三是整合营销，即通过对各种营销工具和手段的系统化结合，根据环境进行即时性动态修正，使交换双方在交互中实现价值增值的营销理论与营销方法，将成为未来营销管理的又一趋势。

5. 营销领域

营销全球化、国际化趋势明显。世界经济一体化使国内市场与国际市场对接，进而导致国内市场国际化，不可避免地把现代企业营销置于一个国际化的环境之中。营销国际化成为企业营销发展的必然趋势。

三、中药营销中存在的问题

1. 营销战略缺失

营销战略是企业根据市场营销环境及其动态变化趋势，结合自身营销资源，对企业营销工作做出的全局性规划和部署。菲利普·科特勒（Philip Kotler）认为：“人们会只看到获胜的战术，决策者却知道这个胜利源自战略的展开。”专业研究人员发现，营销战略并不是营销资源庞大了以后所做的一种包装，而是根据现有的营销环境及其变化趋势，对自有的营销资源进行有力的整体规划和部署。企业营销资源越不充分，就越需要讲求整体营销布局的合力，就越需要重视营销战略。但对大多数中小型中药企业而言，营销战略缺失似乎是通病。这些企业认为营销战略是大企业的事，中小企业无营销战略可言。

而对于大型中药企业而言，往往出现误读市场环境和企业营销资源，轻视行业壁垒和专业技术瓶颈，错把理想或梦想目标当战略的现象，比如三九集团在连锁药店甚至房地产、高尔夫等领域的扩张失败就属于这种情况。

2. 产品定位趋同

与消费品行业一样，中药领域同样存在严重的产品同质化现象。每一个热销的产品背后都有几十家甚至数百家企业在重复生产并努力扩大生产规模。以六味地黄丸为例，2001 年，全国市场上共有 500 多家企业生产六味地黄丸，但具备品牌识别差异特征的仅有“仲景”“汇仁”“同仁堂”“九芝堂”“兰州佛慈”。产品定位趋同必然会造成同类产品生产过剩，厂家重复投资，销售中通过价格战博取微利，营销步入恶性循环。

3. 营销策略雷同

产品同质化，供大于求的买方市场造成中药企业营销策略的雷同化。企业依靠价格搏杀实现现金回收，通过低成本制造保证利润，实行广告战打造品牌识别。价格战、成本战、广告战成为中药企业市场竞争通用的“三板斧”。

（1）价格战。价格战是同类产品竞争最常使用的手段。生产过剩与国家价格政策限制，加上流通企业竞争加剧，使价格战愈演愈烈。没有研发成本和品牌投入成本的跟随型企业把价格战作为看家本事。价格战不仅造成了跟随型企业对价格战的依赖，同时大大挫伤了龙头企业在自主研发和品牌建设方面投入的热情和积极性。

中国草药在美国市场的价格仅为日韩两国草药价格的 1/3。自 1980 年以来，中药材出口数量几乎逐年增加，1994 年增长率高达 100% 以上。但是，中药材出口数量增加，创汇额有时反而减少。

（2）成本战。低成本战略本应是通过技术革新、规模优势和管理创新取得，不幸的是个别中药厂家通过对主要成分偷工减料降低成本，影响产品疗效和消费者对产品质量的信赖，严重者甚至造成消费者人身伤害、品牌危机乃至整个行业的信任危机。山东某阿胶厂用“马皮”替代“驴皮”的例子就是一个典型，以牺牲质量为代价的低成本策略无异于自掘坟墓。

（3）广告战。很多中成药厂家认识到广告对产品销售的作用。其中影响较大的产品包括江西汇仁药业的“汇仁肾宝”、河南宛西药业的“仲景牌六味地黄丸”以及江中制药集团的“江中健胃消食片”。无疑，在供大于求的市场环境中，广告宣传很大程度上能够提高该品牌产品的市场份额和市场销售总量。但广告绝不是企业的核心竞争力，通过广告获得成功的企业很容易被复制甚至被超越。

4. 营销调研缺位

人们经常说，管理是一门科学，也是一门艺术。但随着企业的业务形态和经营环境越来越复杂，他们需要采用新的管理科学和新的分析方法，采用数学决策技术和尖端软件来从事企业管理，从而使管理中的艺术成分越来越少，科学成分越来越多。

原先靠勇气、关系和内部信息进行决策的管理方式逐步让位于通过专业、精准的市场调研获得全面的市场信息和数据，并依据这些信息和数据进行决策的科学管理方式。企业正在由对领导人个人魅力的高度依赖转向对专业市场管理和测量工具，对团队知识与智慧的依赖。

在中药领域这一进程相对缓慢，企业决策更多地寄托在招商策划机构或人员的能力上，但对产品开发前、研发过程和上市决策前的营销调研无动于衷。很多企业存在的问题，不是产品质量不好，不是销售人员不努力，也不是广告投入少，而是不对应消费者需求。也就是说，这种产品从决定开发或生产的那一刻就错了，后面的所有努力都是白费。

四、中药市场营销困惑

中药市场营销主要困惑包括渠道短缺、国际市场贸易壁垒中药产品标准化和现代化以及市场竞争激烈等。

1. 中药渠道短缺

有关资料显示，从销售总量上看，国内中药与西药的占比为1∶3；从医疗服务机构数量上看，中医院与西医院的占比为1∶5；从执业医生数量上看，执业中医师和执业西医师的占比为1∶7。显然，渠道短缺、终端数量不足制约了中药的竞争能力，这就像运动员站在不同的起跑线上赛跑，很不公平。

2. 中药国际市场贸易壁垒

中医药走向世界有着很大的产品优势和医学优势，但国际市场的消费者教育非个别企业所能承担和消化，欧美国家针对中药制定的贸易壁垒，靠企业力量去克服好比以卵击石。

3. 中药产品标准化、现代化

这是中药产业最敏感、争论最多的问题。争论的焦点在于市场与话语权和游戏规则制定权的归属孰轻孰重的问题，我们是用规则换市场还是用市场去换规则。用规则换市场就是为了得到别人的市场就套用别人的规则去改造自己的产品；用市场去换规则就是用中国市场换取中国在国际中药市场的话语权和规则制定权。我们的中药出不去，国外中药也进不来，即便有进出口行为，基本上是以食品或药品替代品的形式进行。

4. 中药企业如何应对激烈的市场竞争

随着国际市场日趋扩大，国际中药市场的竞争也愈演愈烈。一方面，一些发达国家和地区凭借雄厚的资金、先进的科学技术、科学的管理，正欲与我国一争高低，尤其是日本、韩国已成为中国开拓国际市场的强劲竞争对手。中国中药材饮片出口日本的月均出口额约 1000 万美元。由于日本汉方药市场比较稳定，汉方药的原料药材 80% 以上来自中国，中国出口日本的主要中药材及饮片品种为“未列明主要用作药料的植物及其某部分”、未列明人参、半夏、茯苓和甘草，价格上涨较快的品种主要是田七、姜黄、白术和茯苓。中国中药材饮片出口韩国的月均出口额 800 多万美元。出口韩国的主要品种为“未列明主要用作药料的植物及其某部分”、鹿茸及其粉末、甘草、白术和茯苓。2009—2018 年中国中药材出口额呈现先升后降的趋势，且中药材始终处于净出口状态。中国中药材出口额由 2009 年的 4.77 亿美元增加到 2018 年的 8.22 亿美元，年均增长 6.22%。

五、中药市场营销解决方法

解决中药市场营销现存的问题和困惑需要从以下四个方面着手。

1. 制定符合本企业特点的营销战略

营销战略包括产业定位、目标市场、竞争策略和企业中远期目标。只有明确营销战才能避免企业受利益诱惑随机做出冲动性决策。

2. 市场调研与产品定位

现代企业决策更多地依据专业的市场调研结果，因此是否重视市场调研决定了企业决策的科学性和风险高低，也决定了企业研发的产品能否满足消费者的特定需求。市场定位是保证中药企业拥有持久竞争力和市场空间的关键因素。根据市场环境和企业自身的营销资源，通过细分市场找到自己的目标顾客群，并通过提供满足顾客需求的产品和服务实现盈利目标是企业营销的主要任务。细分市场、了解顾客需要的过程就是产品定位的过程。

3. 根据消费者需求变化进行产品创新

消费者的需求是不断变化的，因此企业产品的更新必须跟上消费者需求的节拍。“良药苦口”曾经成为中药千年传承的古训，但这种古训在市场竞争的环境中发生了可喜的变化：河北神威药业集团一改“苦得怕人”的“藿香正气水”剂型推出了消费者更愿意接受的藿香正气片和藿香正气软胶囊。

4. 自主研发和可持续发展

对中国中药企业而言，中药领域仍然留下了很多技术研发的空白，中药企业有充分的机会去抢占中药新产品的原创高地。自有技术和自主知识产权是奠定行业竞争优势的最有力武器。

本章小结

本章以市场营销的基本概念为起点介绍了中药营销的概念、任务、管理范围和过程、营销现状、存在问题和发展趋势。据统计，规模以上医药制造业企业数量达到 7581 家，但龙头企业较少，纯粹中医药收入超 1000 亿元企业尚无一家，超 100 亿元的企业屈指可数，2018 年数据统计，实现销售收入 2.16 万亿元，同比增长 12.4%，是自亚洲金融危机以来增长最快的时期。

世界中草药市场年销售总额超过 3600 亿美元，而中国的份额只占其中的 2%，不及日本和韩国，即使是美国，也占据了份额比例的 10%。中药营销中存在的问题包括营销战略缺失、产品定位趋同、营销策略雷同、营销调研缺位等。中药市场营销困惑表现为中药渠道短缺、中药剂型不符合国外消费习惯、中药国际市场贸易壁垒、中药产品标准化和现代化、中药企业如何应对激烈的市场竞争等问题。作者对中药市场营销解决方法的建议是制定符合本企业特点的营销战略、市场调研与产品定位，根据消费者需求变化进行产品创新、自主研发和可持续发展。

在发展趋势上，中药企业由单纯的利润驱动向利润、社会责任和生态环境兼顾的经营模式转化，而且社会责任和生态环境保护在企业经营中所占的权重在逐步增强。在渠道选择上，医院“一股独大”的渠道模式正在向医院、药店和第三终端三路并举的趋向发展，而且，以药店为主体的第二终端和以社区和农村市场为代表的第三终端的市场地位越来越受到生产企业的重视。在利润空间上，医药产业正在由暴利走向微利和合理利润。在竞争策略上，以价格战、广告战和概念战为特征的粗放竞争策略正在让位于以产品创新、品牌建设和强化终端执行力为特征的差异化竞争。在企业发展战略上，以跑马圈地、规模制胜为特征的并购扩张战略正在被突出核心能力、剥离不盈利资产、渠道和物流全部或部分外包的差异化战略所取代。

第二篇

中药营销策略

第三章 中药营销战略

第一节 企业战略理论综述

一、企业战略管理理论的形成与演变

企业战略管理作为一门学科诞生于20世纪50—60年代，其中，60年代企业战略管理研究的成就主要有两个：一是钱德勒的“结构跟随战略”假说，二是安东尼–安索夫–安德鲁斯范式。钱德勒从案例研究入手，给出了企业战略的定义，分析了企业成长方式与结构变革的关系，得出了“结构跟随战略”假说，为以后的研究奠定了基础。安东尼在法约尔管理职能划分的基础上，将计划和控制进一步细化为战略规划、管理控制和操作控制，并分别对应于组织的高、中、低三个层次。安东尼认为，战略规划是组织高层管理的一项独特而重要的活动——这一重要认识在安索夫和安德鲁斯的著作中得到进一步强化，并在有关的概念发展和过程细化方面得到深化，从而形成所谓的安东尼–安索夫–安德鲁斯范式。

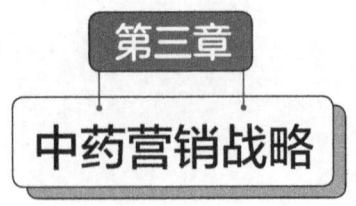

20世纪80年代后期尤其是进入90年代以后，企业经营环境的变化日益明显。从外部环境看，技术创新加剧，国际竞争激烈，顾客需求日益多样化，不确定性对企业管理的挑战越来越大。从内部环境看，员工素质普遍提高，自我发展意识日渐增强，组织趋向扁平化和弹性化等，这些都使得传统的战略管理模式面临挑战。这些挑战使得战略管理理论的重点开始由传统的经营宗旨制定转向愿景驱动型管理，由适应环境变化为主的竞争定位理论转向以创造未来为主的核心竞争力理论，由战略制定与执行分离转向两者相关联的学习学派的

战略形成观，由以竞争为主导转向竞争与合作并重，由高层管理者承担全部战略管理责任转向激发员工努力、上下层互动与组织学习。战略管理的研究也呈现出强调理论的动态化，强调从实践中学习、各学派进一步整合等特点。

20 世纪 70 年代，管理学者就认识到企业使命或宗旨的制定是企业战略管理过程中的一个重要部分，如管理学家德鲁克就曾认为，提出“企业的业务是什么”就等于提出了“企业的使命是什么”；管理学家阿贝尔提出用顾客需求、顾客群体和技术来定义业务。到 20 世纪 80 年代，大部分战略管理著作都把定义企业使命或宗旨看作企业战略管理的一项首要任务，并且认为，企业的宗旨说明书应包括更多的内容。

进入 20 世纪 90 年代以后，随着经营环境的变化，企业宗旨或使命对战略管理的重要性进一步增强，出现了所谓的愿景驱动式管理。这其中有影响和代表性的有哈梅尔与普拉哈拉德提出的“战略意图”概念、彼得·圣吉提出的共同愿景、柯林斯和珀斯提出的“愿景型企业”。从理论本身看，该研究的最大贡献是把核心价值、使命、宏大远景目标等要素的不同特点和对企业长期发展的作用纳入了企业愿景的统一概念框架中，并突出了愿景驱动式管理在企业持续发展中的重要性。从战略管理理论发展的角度而言，它比 20 世纪 90 年代前的理论更强调确定使命、组织层次的宏大远景目标等对企业创新与长期发展的激励作用，突破了传统的宗旨说明书较局限于中短期眼光、激励性不足等弊端，同时克服了传统的战略规划过于强调分析竞争者优劣势与公司资源等，却无法培育出“值得全心追求的目标”的缺点。从理论倾向上看，它是 20 世纪 80 年代日本企业管理方法对美国企业管理影响的一种表现。从学说发展史角度看，它继承了 20 世纪 80 年代中期麦肯锡 7S 模型强调企业共享价值观的特点和管理实证主义的研究方法，但在研究中采用更细致的实际公司分对比较的方法，因而结论更有说服力。麦肯锡提出的 7S 模型（图 3-1），认为企业的组织要素是由战略、结构、系统、风格、员工、共同价值观以及技能组成。共同价值观是指企业员工共同的信念，这也是企业文化的核心。这种管理模式的思想：企业的任何管理战略要想成功实施，就必须与企业的文化相符合。

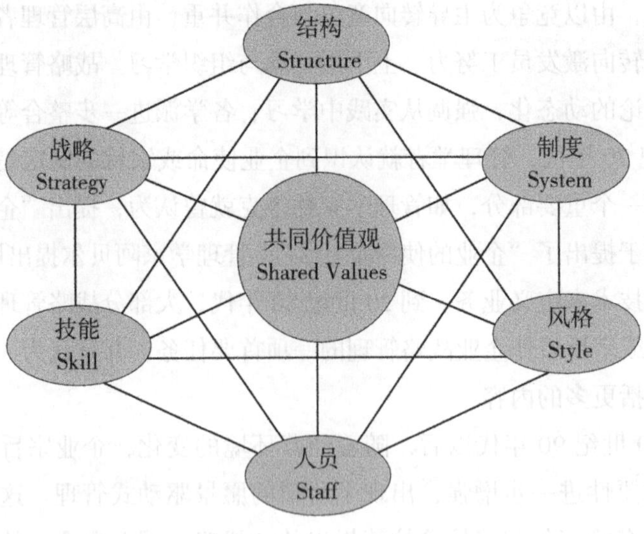

图 3-1 7S 模型

二、整合营销战略

进入 20 世纪 90 年代以后，以美国为首的西方发达国家经济转入了高速发展的后工业时代。在同一卖场上销售不同品牌的同类产品，售前、售中、售后服务都像是如出一辙。消费者难分优劣，市场竞争日趋激烈。在这一残酷形势下，全球营销战略相应发展出了许多新理论，其中最引人注意的是整合营销战略（Integrating Marketing Strategy），有人称为 21 世纪的营销革命。

1995 年，Paustian Chude 首次提出了整合营销概念，他给整合营销下了一个简单的定义：整合营销就是“根据目标设计（企业的）战略，并支配（企业各种）资源以达到企业目标”。菲利普 · 科特勒在《营销管理》一书中从实用主义角度揭示整合营销实施的方式，即企业里所有部门都为了顾客利益而共同工作。这样，整合营销就包括两个层次的内容：一是不同营销功能——销售、广告、产品管理、售后服务、市场调研等必须协调；二是营销部门与企业其他部门，如生产部门、研究开发部门等职能部门之间的协同。尽管对于整合营销的定义仍存在很大争议，但它们的基本思想是一致的，即以顾客需求为中心，变单向诉求和灌输为双向沟通，树立产品品牌在消费者心目中的地位，建立长期关系，达到消费者和厂家的双赢。一般来说，整合营销包含两个层次的整合：一是水平整合；二是垂直整合。

水平整合包括以下三个方面：①信息内容的整合。企业的所有与消费者有接触的活动，无论其方式是媒体传播还是其他的营销活动，都是在向消费者传播一定的信息。企业必须对所有这些信息内容进行整合，根据企业所想要的传播目标，对消费者传播一致的信息。②传播工具的整合。为达到信息传播效果的最大化，节省企业的传播成本，企业有必要对各种传播工具进行整合。所以企业要根据不同类型顾客接收信息的途径，衡量各个传播工具的传播成本和传播效果，找出最有效的传播组合。③传播要素资源的整合。企业的一举一动、一言一行都是在向消费者传播信息，应该说传播不仅仅是营销部门的任务，也是整个企业所要担负的责任。所以有必要对企业的所有与传播有关联的资源（人力、物力、财力）进行整合，这种整合也可以说是对接触管理的整合。垂直整合包括以下四个方面：①市场定位整合。任何一个产品都有自己的市场定位，这种定位是基于市场细分和企业产品特征的基础上制定的。企业营销的任何活动都不能有损企业的市场定位。②传播目标的整合。有了确定的市场定位以后，就应该确定传播目标了，想要达到什么样的效果，多高的知名度，传播什么样的信息，这些都要进行整合，有了确定的目标才能更好地开展后面的工作。③ 4P 整合。其主要任务是根据产品的市场定位设计统一的产品形象。各个 P 之间要协调一致，避免互相冲突、矛盾。④品牌形象整合。主要是品牌识别的整合和传播媒体的整合。名称、标志、基本色是品牌识别的三大要素，它们是形成品牌形象与资产的中心要素。品牌识别的整合就是对品牌名称、标志和基本色的整合，以建立统一的品牌形象。传播媒体的整合主要是对传播信息内容的整合和对传播途径的整合，以最小的成本获得最好的效果。

整合营销是以整合企业内外部所有资源为手段，重组再造企业的生产行为与市场行为，充分调动一切积极因素，以实现企业目标的、全面的、一致化营销。简而言之，就是一体化营销。整合营销主张把一切企业活动，如采购、生产、外联、公关、产品开发等，不管是企业经营的战略策略、方式方法，还是具体的实际操作，都要进行一元化整合重组，使企业在各个环节上达到高度协调一致，紧密配合，共同进行组合化营销。

第二节 中药企业竞争战略

竞争战略简单地讲就是企业赢得长期竞争优势的方式。各个公司为达到这一目的会采用许多不同的方法，不同的选择基于企业自身所处的具体情况。迈克尔·波特归纳出三种具有内部一致性的基本战略，即低成本战略、差异化战略、目标集聚战略。这三种战略既可分别使用，也可以结合使用。

一、低成本战略

低成本战略在20世纪70年代由于经验曲线概念的流行而得到日益普遍的应用，那就是通过采用一系列针对本战略的具体政策在产业中赢得总成本领先。成本领先战略要求积极地建立起达到有效规模的生产设施，在经验基础上全力以赴降低成本，抓紧成本与管理费用的控制，以及最大限度地减少研究开发、服务、推销、广告等方面的成本费用。为了达到这些目标，有必要在管理方面对成本控制给予高度重视。尽管质量、服务以及其他方面也不容忽视，但贯穿于整个战略中的主题是使成本低于竞争对手。

尽管可能存在着强大的竞争作用力，处于低成本地位的公司也可以获得高于产业平均水平的收益。其成本优势可以使公司在与竞争对手的争斗中受到保护，因为它的低成本意味着当别的公司在竞争过程中已失去利润时，这个公司仍然可以获取利润。低成本地位有利于公司在强大的买方威胁中保卫自己，因为买方公司的压力最多只能将价格压到效率居于其次的竞争对手的水平。低成本也构成对强大供方威胁的防卫，因为低成本在对付卖方产品涨价中具有较高的灵活性。导致低成本地位的诸多因素通常也以规模经济或成本优势的形式建立起进入壁垒。最后，低成本地位通常使公司与替代品竞争时所处的地位比产业中其他竞争者有利。

赢得总成本最低的地位通常要求具备较高的相对市场份额或其他优势，诸如良好的原材料供应等。或许也可能要求产品的设计要便于制造生产，保持一个较宽的相关产品系列以分散成本，以及为建立起批量而对所有主要客户群进行服务。由此，实行低成本战略就可能要有很高的购买先进设备的前期投资、激进的定价和承受初始亏损，以攫取市场份额。高市场份额又可进而引起采购经济性而使成本进一步降低。

二、差异化战略

差异化战略是将公司提供的产品或服务差异化，形成一些在全产业范围中具有独特性的东西。实现差异化战略可以有许多方式：品牌形象（诺和诺德在胰岛素和糖尿病用药方面名声最响，吗丁啉在胃药领域成为首选品牌）、技术特点（北京积水潭医院在骨伤治疗领域；北京同仁医院在眼科疾病治疗领域；八大处整形医院在美容整形领域）、外观特点（三星在手机领域）、客户服务（海尔电器，戴尔电脑）、经销网络（沃尔玛、家乐福在消费品零售领域）及其他方面的独特性。应当强调，差异化战略并不意味着公司可以忽略成本，但此时成本不是公司的首要战略目标。

如果差异化战略可以实现，它就成为在产业中赢得超常收益的可行战略，因为它能建立起对付五种竞争作用力的防御地位，虽然其形式与成本领先有所不同。差异化战略利用客户对品牌的忠诚以及由此产生对价格的敏感性下降，使公司得以避开竞争。它也可使利润增加却不必追求低成本。客户的忠诚以及某一竞争对手要战胜这种"独特性"须付出的努力，就构成了进入壁垒。产品差异化带来较高的收益，可以用来对付供方压力，同时可以缓解买方压力，当客户缺乏选择余地时，其价格敏感性也就不高。最后，采取差异化战略而赢得顾客忠诚的公司，在面对替代品威胁时，其所处地位比其他竞争对手也更为有利。

实现产品差异化有时会与争取占领更大的市场份额相矛盾。它往往要求公司对于这一战略的排他性有思想准备，即这一战略与提高市场份额两者不可兼顾。较为普遍的情况是，如果建立差异化的活动总是成本高昂，如广泛的研究、产品设计、高质量的材料或周密的顾客服务等，那么实现产品差异化将意味着以成本地位为代价。然而，即便全产业范围内的顾客都了解公司的独特优点，也并不是所有顾客都愿意或有能力支付公司所要求的较高价格。在其他产业中，差异化战略与相对较低的成本和与其他竞争对手相当的价格之间可以不发生矛盾。

三、目标集聚战略

目标集聚战略是主攻某个特定的顾客群、某产品系列的一个细分区段或某一个地区市场。正如差异化战略，目标集聚战略可以具有许多形式。虽然低成本与产品差异化都是要在全产业范围内实现其目标，集聚战略的整体却是围绕着很好地为某一特定目标服务这一中心建立的，它所制定的每一项职能性方针都要考虑这一目标。这一战略的前提是：公司能够以更高的效率、更好的效果为某一狭窄的战略对象服务，从而超过在更广阔范围内竞争的对手。结果是，公司或者通过较好地满足特定对象的需要实现了差异化，或者在为这一对象服务时实现了低成本，或者二者兼得。采用目标集聚战略的公司应具有赢得超过产业平均水平收益的潜力。它的目标集中意味着公司对于其战略实施对象或者处于低成本地位，或者具有高差异化优势，或者兼有二者。正如我们已在成本领先战略与产品差异化战略中已经讨论过的那样，这些优势保护公司不受各个竞争作用力的威胁。目标集聚战略也可以用来选择对替代品最具抵抗力或竞争对手最弱之处作为公司的战略目标。例如，以岭药业公司主攻心脑血管病市场，在这个市场中，公司可以为买主的特殊需要开发产品并形成转换成本。虽然有许多客户对这些服务并无兴趣，但也确有一些客户对此感兴趣。老百姓大药房主攻价格敏感的中低端消费人群，避开了对广告战以及新产品不断引入十分敏感的高端消费人群。目标集聚战略常常意味着对获取的整体市场份额的限制。目标集聚战略必然地包含着利润率与销售量之间互为代价的关系。正如差异化战略那样，目标集聚战略可能会也可能不会以总成本优势作为代价。

四、夹在中间

三种基本竞争战略是可供选择的、抗衡竞争作用力的可行方案。与前面所讨论情况不同的是，有些公司并不是沿三个方向中的至少一个方向制定自己的竞争战略——而是被“夹在中间”。这样的公司正处于极其糟糕的战略条件下。

夹在中间的公司几乎注定是低利润的。这样的公司或者要失去要求低价格的大批量客户，或者必须为从低成本公司手中争夺生意而在竞争中丧失利润。然而它在高利润——“摇钱树”业务领域中又无法战胜那些专攻高利润目标的或做到了全面产品差异化的公司。夹在中间的公司也可能因为模糊不清的企业文化、相互冲突的组织安排与激励系统而遭受种种麻烦。

第三节 超越竞争战略

20 世纪 90 年代以前的企业战略管理理论，都比较偏重讨论竞争和竞争优势，这曾经对战略管理理论的发展和企业经营业绩的提高起到了积极的促进作用。但进入 90 年代以后，随着产业环境的日益动态化，技术创新的加剧，竞争的国际化和顾客需求的日益多样化，创新和创造未来日益成为企业战略管理研究的重点。在此背景下，超越竞争成为战略管理理论发展的一个新热点。其中，有较大影响和代表性的有德·博诺提出的超越竞争理论的企业生态系统使用演化理论、达韦尼提出的超级竞争模型、金伟灿和莫伯涅提出了“蓝海战略”理论和侯胜田的“绿海战略”理论。

一、企业生态理论

德·博诺是从价值创造与创造性思维角度分析的，莫尔是从企业生态系统均衡的演化角度分析的，达韦尼是从竞争创新角度分析的。其理论要点可归纳如下：在当今产业界限日益融合的情况下，企业不应把自己看作单个的企业或扩展的企业，而应把自己当作一个企业生态系统的成员，这个经济系统生产对顾客有价值的产品或服务，其成员包括供应商、主要生产者、竞争者和其他利益相关者。随着时间的变化，它们常常倾向于围绕其中一个或多个核心企业指引的方向，合作演进各自的能力和角色。在这个系统中，企业的投资与回报是建立在网络系统的双循环效益递增经济模型基础之上的。

在企业生态系统中，战略制定的基本单位不再是企业或产业，而是合作演化的生态系统；企业经济业绩不仅是企业内部管理好坏和行业平均利润的函数，而主要是企业在生态系统中联盟和网络关系管理好坏的函数；个别企业的成长不再是考虑重点，整个经济网络的发展和公司在其中的地位成为考虑的重点；合作不再局限于直接的供应商和顾客，而是扩展到包括所有寻求新主意和解决未满足需求，并且可以被纳入整个生态系统范围内的企业；竞争不再被看作主要的产品与产品、公司与公司之间进行，而主要是在企业生态系统之间以及在系统内取得领导和中心地位之间进行竞争。简言之，竞争优势的来源在于在成功的企业生态系统中取得领导地位。

一个企业生态系统的合作演化大约经历四个阶段：开拓、扩展、权威、重振或死亡。在权威阶段，要力保使自己的贡献成为系统的核心，企业面临的合作性挑战是提供有号召力的未来愿景，以鼓励供应商和顾客共同改善系统，竞争性挑战是保持与系统内的供应商和顾客的强议价能力，此阶段对企业谋求领导地位的最大挑战是领导合作演进；在重振或死亡阶段，要发现用新主意改造旧秩序的方法，企业面临的合作性挑战是同创新者一起给现有系统带来新主意，竞争性挑战是构建高的进入障碍，防止创新者建立其他系统，保持高的顾客转换成本以获得时间，从而在现有产品或服务中增加新内容。此阶段对企业谋求领导地位的最大挑战是继续进行绩效改善，否则就会衰退或死亡。

管理一个企业生态系统要考虑七个维度，即顾客、市场、产品或服务、经营过程、组织、利益相关者、社会价值和政府政策，在合作演化的每一阶段，管理者可从这七个方面根据各阶段的主要任务和挑战的特征进行管理，以最终达到在成功的企业生态系统中取得领导地位的目的。

企业生态系统理论超越了20世纪90年代以前的战略管理理论偏重竞争而忽视合作的缺陷，给出了在产业融合环境下理解企业经营的整体画面、企业生态系统的基本框架，以及企业如何在其中发展并取得领导地位的战略管理方法。从产生背景看，它适应了20世纪90年代以至21世纪产业环境激烈变化、创新和创造未来成为发展战略焦点的趋势要求，并吸收了产品生命周期理论、有关生态进化理论的合理成分。

二、蓝海战略

迈克尔·波特的《竞争优势》和《竞争战略》出版以来，竞争理论已主导该领域很多年。20世纪80年代以来，企业普遍通过低成本、差异化或专注于某一独特市场来提高经营效率及竞争力，这被称为是以竞争为中心的传统的“红海战略（血腥竞争）”。该战略对绝大部分竞争者而言是一种零和游戏。

红海战略的局限性还表现在以下两个方面：首先，在产业分析中，忽略了企业内部条件的差异，认为竞争战略在很大程度上依赖对高利润产业的正确选择，容易误导企业进入自己不熟悉的领域而采取多元化战略。事实上，同一产业内，企业间的利润差异并不比产业间的利润差异小。其次，波特的价值链分析虽然提供了寻找竞争优势的有效方法，但并没有指出如何根据重要性来确定企业的核心竞争优势。

针对“红海战略”导致零和竞争的问题，金伟灿和莫伯涅提出了“蓝海战略”理论。“蓝海战略”是以创新为中心，扩大需求，靠加大行业的“饼”开拓新领域。通过跨越现有竞争边界看市场，以及将不同市场的买方价值元素筛选与重新排序，企业就有可能重建市场和产业边界，开启巨大的潜在需求，从而摆脱“红海”，即已知市场空间的血腥竞争，开创“蓝海”，即新的市场空间。《蓝海战略》的最大贡献就是提醒企业家，不要在自己熟悉的本业与同行恶性竞争，而要以“价值创新”的方式开拓还没人进入的新领域，面前就会出现一片蓝海。通过增加和创造现有产业未提供的某些价值元素，并剔除和减少产业现有的某些价值元素，企业就有可能同时追求“差异化”和“成本领先”，即以较低的成本为买方提供价值上的突破。

《蓝海战略》创造性地提出了以创新性代替对抗性的新企业战略，但其缺陷同样显而易见。国内有评论家指出，“蓝海战略”的主体思想忽视了微利才是商业的本质，而高利润只是个别现象。在一个正常的商业社会中，绝大多数的行业应该是低利润的，只有少数行业才是高利润；在一个行业中，只有少数顶端产品是高利润的，而绝大多数企业产品应该是微利的，这就是高端产品与普通产品的区别。在一个正常的商业社会，普遍现象应该是大多数行业微利，大多数企业微利，同一行业内的大多数产品微利。竞争是商业常态，也是商业生命力的表现形式。《蓝海战略》更像给企业描绘了一个美好的、没有竞争的市场领域，这很像“海市蜃楼”。

三、绿海战略

在《蓝海战略》炙手可热的2006年，侯胜田先生在十多年营销战略研究与管理实践的基础上，结合中国的市场环境和企业生态，率先提出“绿海战略”理论。绿海战略是指以可持续发展理论为指导，以实现利益攸关方共同利益最大化为目标，通过建立学习型组织，不断创新，建立企业可持久竞争优势，实现企业价值最大化和社会价值最大化相统一的经营管理理念、行动和过程。所谓企业可持续发展，是指企业在追求自我生存和永续发展的过程中，既要考虑企业经营目标的实现和提高企业市场地位，又要保持企业在已领先的竞争领域和未来扩张的经营环境中始终保持持续的盈利增长和能力的提高，保证企业在相当长的时间内常盛不衰。

企业实现可持续发展，必须建立核心竞争力和可持续的竞争优势。20世纪90年代以后提出的核心竞争力概念丰富了战略管理理论，在肯定企业重视“硬实力”建设的同时，需要鼓励在更深层次上来思考，创建难以模仿、难以超越的“软实力”。可持久竞争优势的实现方式应该主要通过企业文化、学习型组织、不断创新来实现。

1. 企业文化——建立可持久竞争优势的核心

企业文化是企业员工普遍认同的价值观念和行为准则的总和，这些观念和准则的特点可以透过企业及其员工的日常行为而得到表现。文化对企业经营业绩以及战略发展的影响主要体现在其具有导向功能、激励功能和协调功能上。企业文化的作用不仅是高效率的，而且可能是成本最低、持续效果最长的。从这个意义上说，文化是企业竞争优势可持续发展的最为经济的有效手段。

企业文化塑造的核心是如何提出和统一价值观，如何规划企业的愿景以及经历的过程，以塑造优秀的企业文化。现代企业的竞争是基于核心竞争力的竞争，而作为知识、能力和资源的人力资源则代表了企业所拥有的专门知识、技术和能力的总和，是企业核心竞争力的根本和核心。因此，核心竞争力归根结底是人的能力。有效的人力资源管理既可以帮助企业降低成本，还有助于企业在产品差异化、品牌、技术等方面获得竞争优势，竞争对手很难将其竞争优势进行模仿和复制。一个企业的所有动力及凝聚力不是来自资源和技术，而是企业文化，建立优秀的企业文化是建立企业核心竞争力的基础，是实现企业核心竞争力可持续发展的动力源泉。

2. 学习型组织——知识经济时代创新源泉和持续动力

学习型组织是指通过培养整个组织的学习气氛和文化，推动集体学习，使组织中的每个员工不断地学习，并充分发挥员工的创造能力，不断改进管理、技术及服务，使组织获得持续的竞争优势，而建立起来的一种有机的、高度柔性的、扁平的、符合人性的、能持续发展的组织。

企业核心竞争力的可持续发展离不开知识的创新、积累、转移和共享，这就要求企业应该成为一个学习型企业和知识型企业。当今世界的竞争，实际上是一种创新力的竞争。而生产力诸要素中最活跃的并起决定作用的要素是人，是具有丰富科技知识和实践经验的人，这样的人是企业创新的最大资本。而人要具有丰富的社会科学知识和自然科学知识以及实践经验，就得学习。

3. 不断创新——实现绿海战略的重要手段

创新是知识经济条件下企业应当具备的最基本特征。21 世纪是知识经济的时代，它将逐步替代工业经济成为国际经济中占主导地位的经济，知识经济作为一种创新型经济，强调创新应成为经济增长的发动机。在知识经济条件下，企业的竞争力大小取决于其创新力的强弱。创新能力的提升，是企业抓住机遇、迎接挑战的必经途径。创新，就像造血机一样源源不断地为企业输送新鲜的血液，并最终转化为企业快速发展的动力和竞争力。创新能力的高低，直接关系到一个企业竞争力的强弱、生产力水平的高低、企业素质的等级，也就是是否能够实现可持续发展。企业创新力包括多个方面，营销创新力和技术创新力是其核心要素，企业只有大力开展技术创新、产品创新和营销策略创新，才能更好地迎接知识经济的挑战。

20世纪的中国企业营销，应该说走的是一条以模仿为主的道路。进入21世纪后，中国企业面临着市场环境的巨大变化，买方市场已经形成，而在买方市场条件下，由于总供给大于总需求，因而企业只是仿效别人的生产和营销则难以成功，只有走创新之路，形成自己的营销特色，才能真正得以生存与发展。中国加入WTO后，关税降低，国内市场进一步开放，更多的国外企业和产品进入中国市场，从而使得国际竞争国内化，面对更加激烈的市场竞争和强大的国外对手，唯有以营销创新方能取胜。如果说改革开放初期，技术问题还不是那么突出，通过引进技术可以满足基本消费品和一般工业品生产的需要，那么到了现在这个发展阶段，要想继续保持经济的快速增长，就必须在科学技术上取得突破，特别是要在具有自主知识产权的技术上取得突破。2022年中国企业500强的研发投入，占当年全社会研发投入27864亿元的51.95%，中国企业500强是中国全社会研发投入的重要力量。2022年中国大企业创新100强合计研发投入为10014.36亿元，较2021年增长14.69%。

知识社会的技术与产品不断创新，创新产品又不断产生创新的需求，使工业经济时代投资边际报酬递减率崩溃，代之而起的是高新技术投资边际报酬递增，打破了投资与发展平衡以及传统产品的供求平衡关系，高技术产品带来的高利润附加值打破了价格体系平衡条件，社会经济生态由平衡经济向非平衡经济阶段转变。导致这一转变的核心是知识社会形成了不断增长的科学技术生产力，不断创造的新产品又产生了新消费、新市场，从而建立了知识经济的新基础。在新的非平衡经济下，研究与开发投资成为企业发展的核心。不仅高科技产业，传统产业也依靠不断的技术创新来取得市场竞争中的生存与发展权。企业由“适者生存”阶段进入“创新者生存”阶段。

本章小结

本章回顾了企业战略理论的形成与演变过程，重点介绍了整合营销战略、竞争战略和超越竞争战略及其对中药企业的指导意义。

最初，战略管理就是指高层管理者研究、制定、实施和控制组织的长期目标、成长方式与组织架构的过程。20世纪80年代后，战略管理理论的重点开始由传统的经营宗旨制定转向愿景驱动型管理，由适应环境变化为主的竞争定位理论转向以创造未来为主的核心竞争力理论，由以竞争为主导转向竞争与合作并重，由高层管理者承担全部战略管理责任转向激发员工努力、上下层互动与组织学习。

整合营销战略的基本思想是以顾客需求为中心，变单向诉求和灌输为双向沟通，树立产品品牌在消费者心目中的地位，建立长期关系，达到消费者和厂家的双赢。依据迈克尔·波特的竞争战略理论，企业普遍通过低成本、差异化或专注于某一独特市场来提高经营效率及竞争力，这被称为是以竞争为中心的传统的"红海战略（血腥竞争）"。超越竞争的战略包括企业生态系统理论、蓝海战略和绿海战略。

企业生态系统理论认为：在当今产业界限日益融合的情况下，企业不应把自己看作单个的企业或扩展的企业，而应把自己当作一个企业生态系统的成员，这个经济系统生产对顾客有价值的产品或服务，其成员包括供应商、主要生产者、竞争者和其他利益相关者。随着时间的变化，它们常常倾向于围绕其中一个或多个核心企业指引的方向，合作演进各自的能力和角色。在这个系统中，企业的投资与回报是建立在网络系统的双循环效益递增经济模型基础之上的。

"蓝海战略"理论鼓励企业以创新为中心扩大需求，通过跨越现有竞争边界看市场以及将不同市场的买方价值元素筛选与重新排序，重建市场和产业边界，开启巨大的潜在需求和新的市场空间。

"绿海战略"则是指以可持续发展理论为指导，以实现利益相关者共同利益最大化为目标，通过建立学习型组织，不断创新，开展绿色营销，建立企业可持续竞争优势，实现企业价值最大化和社会价值最大化相统一的经营管理理念、行动和过程。企业实现绿海战略的主要途径是构建优秀企业文化，建立学习型组织和鼓励创新。

第四章

中药产品研发

第一节　中药产品市场认知

一、中国居民的就医态度

产品研发不仅仅是一种技术行为，更主要的是市场营销行为。如果脱离了消费者的需求和消费习惯，研发就成了一种没有市场价值的“技术秀”。

根据东一信达医药市场研究中心 2006 年进行的中医医疗需求与服务调查报告，中国居民在就医习惯中对选择中医和西医有着不同的倾向：

被访者中直接选择看中医的比例约为 34%，购药时直接选择中药的人数占被访者总数的 44%，倾向并可能选择中药的人数占被访者总数的 56.5%，直接选择购买西药的人数占被访者总数的比例为 31%，而倾向并可能选择购买西药的人数占被访者总数的比例为 43.5%。无论是直接选择购买中药的人数比例还是倾向并可能选择买中药的人数比例，都明显超过倾向并可能选择买西药的人数比例。

调查结果表明，城市居民信任中医，主要是因为中药疗效好，西药有副作用；农村居民信任中医是因为中药疗效好、中药治本。影响接受中医治疗的四个主要原因，首先是中药服用不便（占 45.11%）；其次是汤药太苦（占 37.07%）。药品服用、携带、存放是否方便，已成为人们看病购药时首先考虑的因素。而中药饮片煎煮麻烦、费时，味道苦涩，人们尤其是青少年患者不愿服用，是制约中医发挥作用的瓶颈。

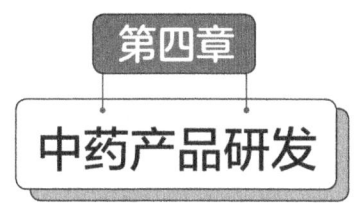

二、患者购买中药产品动机分析

影响顾客选择某种药品的原因就叫购买动机，购买动机取决于顾客的需求。患者购买中药产品的动机可归纳为三大类，即本能性动机，心理性动机和社会性动机。

因病求医问药是人的本能需要。但看什么医生买什么药，不同的人有不同的选择。病人或医生在病急、病重、病危时最先想到和选择的药品品牌，就属于本能性动机；人的行为不仅受生理本能的驱使，而且还会受到心理活动的支配。中药消费者在购买药品的前后，常常伴随有复杂的心理活动。通过认识、感情和意志等心理活动过程而引起的购买药品的动机称为心理性动机。这将成为中药消费者购买抉择的主导因素。

心理性动机分为理智动机、感情动机两种。理智指人们的意识与思维一致，感情指人们的行为受下意识支配。一般来讲，人的行为受感情支配的比例要大于受理智支配。

1. 理智动机

理智的购买动机，也称合理的购买动机。合理的购买动机所考虑的内容有价格、耗费、药效等，顾客在比较了花费和获益之后感到合算，这时做出的购物决定应当说是合理的。合理的购物动机在所有人的购物活动中确实起着一定的作用。

价格昂贵的药品的购买活动中，理智动机所起的作用也比常用药品如感冒药的购买活动中所起的作用大。生活中，顾客都企望尽量合理地购买东西，但他们不能完全做到这一点，因为社会上存在着各种各样的影响因素，如个人友谊、威望、名声、互惠原则等，这些因素影响都会左右他们的购买决定。

2. 感情动机

感情的购买动机，也称带有感情色彩的购买动机。它包括许多内容，如安全感、舒适感、自尊心、好胜心、自豪感、性感、娱乐消遣等。要想把所有感情动机的内容全部细细列出是不可能的，因为人们的感情是相当复杂的，很难把每一种动机割裂开加以分类。例如两位顾客购买的豪华型进口助动车完全相同，从表面上看他们都是出于满足自尊心的动机。然而，这两个买主内心的复杂感情可能会大相径庭，一位是为了给朋友一种印象，让他们觉得自己很成功，是个胜利者；另一位则是为了向别人显示他的经济实力。由人们所处的社会自然条件、经济条件和文化条件等因素而引起购买商品的动机称为社会性动机。中药消费者的民族、职业、文化、风俗、教育、支付能力以及社会、家庭、群体生活等，都会引起其不同的购买心理动机。

上述本能性、心理性和社会性三种购买动机，都有着内在的相互联系。在中药消费者个体身上仅仅为了一种动机而购买某种商品的情况是少有的，往往兼而有之。

三、中药消费者满意度

近年来，中药产品同质化现象严重，中药市场已经成为买方市场，消费者可以在众多的中药产品（品牌）中进行选择。在买方市场环境下，中药经营企业必须提供消费者满意的产品，否则，消费者很容易转向其他竞争者。

在竞争激烈的市场环境下，中药企业需要一种新的经营模式及消费者导向模式，唯有那些关心消费者满意度、能为消费者提供较高价值的中药企业才能获胜。中药企业，不仅要善于创造消费者，而且要留住消费者，这主要依靠市场营销方面的深厚功底。

“消费者满意”是指消费者对产品或服务的可感知效果与他的期望值相比较后，所形成的感觉状态。中药消费者对中药的满意水平是可感知效果和期望值之间的函数。中药消费者可以经历三种不同的满意度中的一种。如果效果低于期望值，就会不满意；如果相匹配，就满意；如果可感知效果高于期望值，就会欣喜，有一种意外收获的感觉。

中药消费者的期望值，是在药店药师或医院医师的建议、过去的购买经验、亲友同事的各种言论、中药销售者和竞争者的信息、中药经营者的许诺等基础上形成的。如果产品实际提供的利益或作用远低于中药经营者的承诺，也即低于消费者对产品的期望，消费者很容易失望。

在竞争激烈的中药市场上，寻求成功的中药企业必须把握中药消费者的期望，弄清可感知的效果和满意度，同时还需要了解其竞争者的有关情况。而这一切，最好借助专业市场研究公司的帮助，如进行中药消费者消费习惯调查，对医师的处方行为和习惯进行调查，对中药行业进行调查研究，及时掌握市场变化情况和竞争对手相关信息等。

四、研究中药消费者行为的意义

1. 中药消费者行为研究是产品决策和制定营销策略的基础

从以下几个方面可以看出，中药消费者行为研究决定了营销策略的制定。

（1）市场机会分析：从营销角度看，市场机会就是未被满足的中药消费者需要。要了解中药消费者哪些需要没有满足或没有完全满足，通常涉及对市场条件和市场趋势的分析。比如，通过分析中药消费者的生活方式或中药消费者收入水平的变化，可以揭示中药消费者有哪些新的需要和欲望未被满足。在此基础上，企业可以有针对性地开发新产品。

（2）市场细分：市场细分是制定大多数营销策略的基础，其实质是将整体市场分为若干子市场，每一子市场的中药消费者具有相同或相似的需求或行为特点，不同子市场的中药消费者在需求和行为上存在较大的差异。企业细分市场的目的是找到适合自己进入的目标市场，并根据目标市场的需求特点，制订有针对性的营销方案，使目标市场的中药消费者的独特需要得到更充分的满足。市场可以按照人口、个性、生活方式进行细分，也可以按照行为特点，如是小量使用者、中度使用者还是大量使用者进行细分。

（3）产品定位：营销人员只有了解产品在目标中药消费者心目中的位置，了解其品牌是如何被中药消费者所认知的，才能发展有效的营销策略。

（4）市场营销组合，新产品开发：通过了解中药消费者的需求与欲望，了解中药消费者对各种产品属性的评价，企业可以据此开发新产品。可以说，中药消费者调查既是新产品构思的重要来源，也是检验新产品能否被接受和应在哪些方面进一步完善的重要途径。河北神威药业公司开发出没有苦味的藿香正气片和藿香正气软胶囊，在市场上获得了巨大成功，其产品构思就是直接源于消费者对原有产品藿香正气水味道的抱怨。

（5）产品定价：产品定价如果与消费者的承受能力或与消费者对产品价值的感知脱节，再好的产品也难以打开市场。美国一次性尿布在试销过程中定价为 10 美分 1 块，预计销售 4 亿块。但试销的结果只及预计销量的一半，很不理想。后经过进一步分析发现，在整个试销过程中，没有把价格这一环节与消费者连接起来。虽然消费者很欢迎这种产品，但 10 美分 1 块太贵了，很多家庭只有带孩子旅游或参加宴会的时候才舍得使用。公司通过成本分析，找到了节约单位产品成本的途径，后将售价由每块 10 美分降到 6 美分，产品再度投放市场时，需求量剧增。很快，美国一半以上的婴儿用上了这种一次性尿布。由此可见，产品定价也离不开对消费者的分析和了解。

（6）分销渠道的选择：中药消费者喜欢到哪些地方购药，以及如何购买到本企业的产品，也可以通过对中药消费者的研究了解到。以购买感冒药为例，有的消费者喜欢到药店购买，有的喜欢到医院购买，还有的则喜欢就近从社区医疗服务站或私人诊所购买。多大比例，以及哪些类型或具有哪些特点的中药消费者主要通过上述哪些渠道购买，这是感冒药生产企业十分关心的问题。这是因为，只有了解目标中药消费者在购药方式和购药地点上的偏好和为什么形成这种偏好，企业在分销渠道选择上的风险才有可能最大限度地降低。

（7）广告和促销策略的制定：对消费者行为的透彻了解，也是制定广告和促销策略的基础。美国糖业联合会试图将食糖定位于安全、味美、提供人体所需能量的必需食品的位置上，并强调适合每一个人尤其是适合爱好运动的人食用。然而，调查表明，很多消费者对食糖形成了一种负面印象。很显然，糖业协会要获得理想的产品形象，必须做大量的宣传工作。这些宣传活动成功与否，很大程度上取决于协会对中药消费者如何获取和处理信息的理解，对中药消费者学习原理的理解。一句话，只有在了解消费者行为的基础上，糖业协会在广告、促销方面的努力才有可能获得成功。

2. 为中药消费者权益保护和有关消费政策制定提供依据

随着经济的发展和各种损害中药消费者权益的商业行为不断增多，中药消费者权益保护正成为全社会关注的话题。中药消费者作为社会的一员，拥有自由选择产品与服务，获得安全的产品，获得正确的信息等一系列权利。中药消费者的这些权利，也是构成市场经济的基础。政府有责任和义务来禁止欺诈、垄断、不守信用等损害中药消费者权益的行为发生，也有责任通过宣传、教育等手段提高中药消费者自我保护的意识和能力。

政府应当制定什么样的法律，采取何种手段保护中药消费者权益，政府法律和保护措施在实施过程中能否达到预期的目的，很大程度上可以借助中药消费者行为研究所提供的信息来了解。

第二节 中药研发现状与发展趋势

一、中药研发现状

中国整体医药行业研发投入占销售收入比重平均仅为1.02%，除个别企业在5%以上外，大部分企业的研发投入比重处于非常低的水平。同时，国内风险投资市场尚未完善，整个技术创新体系中间环节出现严重断裂。

中药分为五类：Ⅰ类中药包括中药材的人工制成品、新发现的中药材、中药材新的药用部位；Ⅱ类中药包括改变中药传统给药途径的新制剂、天然药物中提取的有效部位及制剂；Ⅲ类中药包括新的中药制剂（含古方、秘方、验方和改变传统处方组成者）；Ⅳ类中药包括改变剂型但不改变给药途径的中成药；Ⅴ类中药包括增加适应症的中成药。

“中药材人工制成品”是指用人工合成、培养发酵等方法配制的与原中药材性能相仿的产品，如人工麝香、人工牛黄，而不是指用提取或合成方法制得中药材中的某一有效成分。“中药材新药用部位”是指那些与原来使用的动植物药用部位不同者，如原使用的中药材为某一植物的根，而现在用其茎或叶等，即属此类。“改变中药传统给药途径的新制剂”主要是指注射剂，也含有传统中药所不采用的喷雾剂、肛门栓剂等。“天然药物中提取的有效部位”则是指由动植物中用化学方法提取的非单一有效成分，如总黄酮、总生物碱、总甙等，不要与“中药材新药用部位”相混同。

中国的中药新药研究开发已走上科学化、规范化、标准化和法治化的轨道。至今已有1141种中药新药通过注册，其中一类新药占11.5%，二类占6.5%，三四类各占40%，五类占2%。反映新药研制水平的一二类新药的数量明显偏少；对于三类新药的研制也多项重复，忽视了发展创新、基础研究及科研水平的提高；研制的整体水平不高，低水平重复现象严重。中药的发展前景十分广阔，已受到世界的瞩目。中国已向美国FDA进行了首次的复方中药注册申请，并分别于1997年12月和1998年3月通过了“复方丹参滴丸”和“银杏灵”新药临床研究（IND）预审，实现了中药的历史性突破，随之而来将会有更多成熟的中药品种进入世界。

心脑血管、调理补益、慢性妇科病、慢性咽炎、清热解毒等领域孕育出不少很有影响力的中药名牌产品，如心血管病用药复方丹参滴丸、步长脑心通、脉络宁注射液等，调理补益的六味地黄丸、安神补脑液、复方阿胶浆等，慢性妇科病的乌鸡白凤丸、千金片等，慢性咽炎的金嗓子喉宝、西瓜霜润喉片等。这些销售超亿元的大品种直接体现了中药在慢性病和亚健康领域的相对优势，而这种优势是与中药的天然成分、“少量多次”的疗程，以及综合而“间接”的治疗理念分不开的。它们造就了中药副反应相对温和的特点，也使其在对付由人体内部因素引发的（如免疫系统紊乱、器官老化等）、病原因子复杂的慢性病和亚健康方面效果更突出。

中药研究开发是国际热门课题。国际市场每年药用植物及制品（包括保健品等）的交易额超过 300 亿美元。日本是较重视中药研究开发的国家，年销售额达 1500 亿日元。美国国会 1994 年批准了把草药列为《饮食补充剂》的法案之后，1997 年又制定了“植物药在美批准法”（草案），不再要求草药产品是已知结构的单体纯品，而可以是成分固定、疗效稳定、安全可靠的复方混合制剂。德国在欧洲是传统药年销售额最大国家，达 22 亿美元。德国 Dr. Schwabe 生产的银杏叶提取物制剂 Tebonine（促进脑血管循环）年销售额超过 1 亿美元，银杏叶及其制剂仅在欧洲市场年销售额就达几亿美元；德国宝灵家大药厂则是新型植化产品的主要开发者，开发喜树碱系列、莨菪胺类和育享宾等产品。

二、中药研发中存在的问题

中国医药研发的主体仍是科研院所和高等院校，大中型企业内部设置科研机构的比重仅为 50%。同时，在以市场为导向的制药企业中，科研人员主要从事的是技术改造工作，由于人才评价机制和激励机制不健全，在经济利益的驱使下，还存在科研人才向经营领域分流的现象，使精心培养的科研人员未能成为新药开发和技术创新的中坚力量。

由于缺乏专业技术人才和科研配套条件，大部分企业无法成为医药研发的主体，使一些关键性产业化技术长期没有突破，制约了产业向高技术、高附加值下游深加工产品领域延伸；产品更新换代缓慢，无法及时跟上和满足市场需求。中国中药研发方面存在许多问题，其中包括：研究机构和多数企业更热衷新药开发，却忽视传统名优中成药的再次开发，不注重中药制药关键技术研究，中药制药基础理论研究更为薄弱，企业过多考虑销售，忽视制药工程技术的完善提高；缺乏适应中药制药工程中试条件；研究机构和企业在如何控制原料、半成品和成品的质量方面下的功夫不够，不少中成药的质量难以达到稳定、可控和均一。

多数中药生产企业生产条件和技术水平较差，它们不仅很难生产出高效优质的中成药，还会耗竭本已欠合理利用的资源。这种以消耗药材资源维系生存的企业几乎不可能注重科技，不可能成为中药研究、技术创新的主体。

不少中药应用与开发性研究，在初始阶段就缺乏向商品转化的可行性，或者缺乏社会需求的调研。因此，许多研究与开发要么处于较低水平的重复，要么难以形成产生效益的商品。

1. 资金匮乏，投入不足

陈耀章、刘学文等发表文章表示，一般情况下，研究一个Ⅰ类新药中药需要经费400万~500万元人民币，Ⅲ类新药需要经费50万~100万元。多数厂家迫于盈利压力不肯投入资金用于不能短期带来效益的新药研发。中医院校和研究单位有限的科研基金和赞助倾向于政府课题和基础研究的投入，与市场需要和临床应用结合不够。在国外，大型制药集团通常将年销售额的10%~15%用于新药的研究开发，尤其近年来对天然药物研究的投入，使许多单体制剂用于临床，取得较好的疗效，如美国研制的“紫杉醇”制剂用于癌症的治疗，日本研制的“香菇多糖”制剂用于癌症的治疗等。他们的成功，与资金及人力的投入是分不开的。

2. 重复建设严重

（1）新药审批技术门槛低。在新药审批管理上，只要制剂的配方稍微有改变，即可给予新药批文。由于短期效益的驱使，甚至有一哄而上的现象，如前些年出现的“人参龟鳖大战”等即可说明问题。

（2）专利检索欠缺。由于忽视事前的专利分析，或是因为专利分析手段落后而无法获得全面可靠的专利信息，中国每年都存在许多的重复科研项目。另外国内很多企业和科研机构，在研发之前只是简单地在互联网上查一查，甚至任何调查都未进行，只是按照主观的设计考虑进行立项研究，结果造成大量的公共科研资源浪费。

另据统计，全世界发明成果的70%~90%仅仅出现在专利文献中，而不会出现在杂志、论文、会议报告等媒体上。同一发明成果出现在专利文献中的时间比出现在其他媒体上的时间平均早 1 ~ 2 年。而对于专业化的检索需求，例如，涉及特殊专业信息的主题检索、化学结构检索、基因序列检索、公司代码检索、精确的专利战略分析等，仍然需要专业化的检索系统支持。

3. 结构不尽合理

中药新药的开发仍以大内科为主，占比 63.54%，其他如妇科、儿科、皮肤科、外科的用药比例太少。而内科中，又以心脑血管病症药最多，占内科中的 29.11%。其次分别为胃肠（11.81%）、肝胆（9.07%）、呼吸（8.65%）、泌尿生殖（8.44%）、神经系统病症（6.75%）、感冒和上呼吸道感染（6.54%）、内分泌（6.54%）、风湿、痹痛病症药（6.33%）。具体病症突出集中在胸痹、脑梗死、感冒、上呼吸道感染，风湿、痹痛、糖尿病、胃炎、溃疡、肝炎、乙肝、骨质疏松、骨质增生、高血脂、支气管炎、月经诸症等，以上居前 10 位的药占其总量的 41.07%。从适应病症上看，普通病用药多，特效药少，体现中医药特色和优势的药较少。

4. 受国家医药政策影响比较大

2019 年新修订的《中华人民共和国药品管理法》，对中药新药的申报、临床研究、审批等多方面提出了更高的要求和改革，将会对中国中药的开发产生积极而深远的影响。随着《药物非临床研究质量管理规范》《药物临床试验质量管理规范》《药物生产质量管理规范》的严格实施，临床研究的要求提高，核查监督力度加大，开发的门槛和难度增高，风险加大，中药新药的质量将实现实质性的提高。2020 年 1 月 22 日实行的新的《药品注册管理办法》将使中药新药开发的门槛和难度增高。一部分进入临床研究的药品，因其临床研究得不到通过，将被淘汰，改变以前只要进入临床研究就能取得新药证书的“严进宽出”局面，从而加大了研究风险，其质量因而也将得到进一步提高。

三、中药新药研发的趋势

（一）新药开发的主要特点

中国中药新药的开发主要特点有如下几点：

1. 新药开发的数量增长加速

国务院于2016年2月印发的《中医药发展战略规划纲要（2016—2030年）》指出，探索适合中药特点的新药开发新模式，推动重大新药创制，鼓励基于经典名方、医疗机构中药制剂等的中药新药研发，针对疾病新的药物靶标，在中药资源中寻找新的候选药物。2019年10月印发的《中共中央 国务院关于促进中医药传承创新发展的意见》指出，要发挥中医药在维护和促进人民健康中的独特作用，包括彰显中医药在疾病治疗中的优势，强化中医药在疾病预防中的作用，提升中医药特色康复能力，这对于中药新药创制具有重要指导意义。

2. 从中药中提取有效部位

虽然中国中药新药开发的现状仍以中药复方制剂（原三类）为研发主流，从中药中提取有效成分（原一类）的创新中药项目和从中药中提取有效部位（原二类）的项目还比较少，但从中药中提取有效部位（原二类）的项目却有逐年增加趋势。随着中国政府医药政策向重视“从中药和天然药物中提取有效部位和有效成分制剂的开发”导向的倾斜，中国经济和人才、技术力量的增强，设备的改善，以及外国大型中药企业对开发中国中药新药的介入，从中药中提取有效部位（原二类）的制剂将会进入一个急速增长阶段，竞争也会更加激烈。由瑞士诺华公司和上海药物研究所合作开展的“中草药中的天然活性物质”研究项目于2001年8月启动，这个项目通过对中国药典收载的所有植物药进行研究，现已取得重要进展。

3. 剂型改革加速

近些年中国开发的中药新剂型已比较多，包括胶囊、颗粒、口服液、片剂、软胶囊、丸剂、搽剂、酊剂、贴剂（膏、片、巴布剂）、软膏、乳膏、注射液、滴丸、口含片、合剂、栓剂、糖浆、洗剂、粉针、冻干粉针、散剂、喷雾及气雾剂、滴眼剂、滴鼻剂、滴剂、灌注及灌肠液、茶剂、咀嚼片、胶剂、蜜炼及煎膏、微丸、泡腾片、粉剂、干粉、冻干粉、凝胶剂、缓释片、湿敷剂、涂膜剂、大蜜丸、胶丸等41种剂型，几乎囊括了现代西药的所有剂型。其中胶囊最多，占29.61%；颗粒剂其次，占21.12%；口服液居第三位，占7.30%；片剂为第四位，占6.95%，其余各剂型均在3%以下。传统的丸散膏丹剂型已很少见，大蜜丸仅有一个。总之，中国中药新药已大多改变为现代剂型，传统的特色剂型已较少，普通的固体剂型多，而现代医学中比较先进的剂型较少。如缓释片仅一个，控释片还没有。据专家预测，当前中药新药研究的趋向有下列十大类药物：抗心脑血管病药物、抗肿瘤药（或辅助用药）、病毒性肝炎防治药、抗病毒药（包括抗艾滋病药）、免疫功能调节药、功能紊乱调节药、急性热病用药（抗感染、镇静、醒神药）、抗风湿药、延缓衰老和补益、营养保健类药。这表明中药新药今后研究的趋向主要集中在现代西药无法解决或解决不好的领域内，这充分体现了中医药独特的存在价值。

（二）中药研发方向

中国中药新药研究Ⅲ类是基础，Ⅱ类是重点，Ⅰ类不放松，Ⅳ类要提高。Ⅲ类新药必须将重点放在古方、验方的剪裁和药效、毒性研究上，利用现代医药的科学理论和先进技术进行药物配伍研究，要有特色，抢在外国人前面；Ⅱ类新药要全面搞清一个中药的有效单体，不是每一个研究单位都能完成的，而搞清有效部位则较易办到，相对省时省力省钱；Ⅰ类新药的开发，真正从中草药中发现有效单体，无论最终能否成药，都很有意义，作为先导化合物，其价值很大。

1. 新剂型的开发

中药新剂型的开发必须坚持科学性、创新性、可行性和效益性的指导原则。可以按以下几个方法进行筛选：

（1）从常见病、多发病、疑难病着手研发新品，这类药有良好的市场效益和开发前景。

（2）对现有中成药做剂型改进，如丸、散剂的剂改及修方改型等；质量标准化研究；增加新的适应症。

（3）对疗效好的制剂，深入研究其药效学、药理学的指标。

（4）引进新技术、新设备，建立新疗法、新工艺。

另外，中药制剂的剂型开发还应当遵循这几点：保持中医药的特色；以提高疗效为中心；引进适用的新剂型；采用高新制药技术；应用新型的药用辅料；加强质量检测工作。这样中药新药开发出来后才有市场。

2. 中西药复方研究与开发

新的中西药复方为Ⅲ类新药。近年来，中西药复方的研究与开发越来越受到人们的重视。但由于人们往往忽略了对中西药在复方中的各自特点和相互作用的考虑，对如何进行组方缺乏科学的思路和依据。中西药复方的组方设计应以增效或减毒、中西药互补、缩短疗程为目的，应发挥各自优势。

3. 提取有效单体

像青蒿素那样完全按照西药的研制方法纯化出单体有效成分，一律按照西药研发的条件与标准进行。这只能说是大量中药材、中药方剂以及前人经验为中国的西药研发者拓宽了药源，提供了方便，却不能说以西药的研制方法研发出新型中药。

中国研究人员首次成功从中药中提取能抑制艾滋病毒（HIV）的有效单体活性成分，经试验证实，从中药中提取的这种有效活性成分能有效保护细胞免受 HIV 的攻击，同时也能抑制 HIV 的复制。据悉，中国研究人员曾分别在澳大利亚、日本、葡萄牙针对不同的毒株进行试验，都获得了相似的结果，说明由中药提取的有效活性成分可能对世界不同地区的 HIV 均有抗病毒作用。此项研究已完成了药理学、药效学、药物成分分析等 9 个项目的研究，近期有望进入临床试验。2003 年度艾滋病预防国际最高奖项“贝利—马丁”获奖者、卫生部艾滋病预防咨询委员会委员桂希恩教授参加了新闻发布会，他称，相比治疗艾滋病的化学合成药，这种有效抗 HIV 中药成分具有少毒副作用、价格成本低廉的优点。

四、研发对营销的促动

中国中药企业应参照国际相关标准，运用先进科学技术手段建立健全中药安全性的保证体系，加强中药质量控制技术的研究，建立和完善中药种植（养殖）、研究开发、生产、销售的标准和规范，从而保证中药产品安全、有效、质量可控。通过推行和实施《中药材生产质量管理规范》（GAP）、《药品非临床研究质量管理规范》（GLP）、《药品临床试验管理规范》（GCP）、《药品生产质量管理规范》（GMP）和《药品经营质量管理规范》（G 促销）等，规范中药研究、开发、生产和流通过程，不断提高中药行业的标准化水平，逐步建立中药标准产业链，为中药产品进入国际市场打下良好基础。完善并大力推进实施中药的相关标准与规范，是实现中国中药企业现代化的必由之路，也是中药打入国际市场的通行证。

为实现中药现代化，天士力公司对复方丹参滴丸从种植、提取物等方面都进行了有效控制，比如采用多元指纹图谱质量控制技术、现代中药 GEP 提取规范等，逐步构建了符合国际标准的一体化现代中药产业链，打造出以大型自动化滴丸生产线为代表的现代中药先进技术数字化制造平台，严格的质量控制体系涵盖整个制造过程，高科技的平台保证了现代中药产品质量的高度稳定性。现代中药复方丹参滴丸的研发在当时只花了不到 100 万元，而它是在很多产品中反复筛选出来的，把复方中药制剂做成滴丸始于复方丹参滴丸，这项革命不仅实现了新老技术的交替转变，对前人留下的财富也进行了二次开发，也为中药的现代化开拓出一条崭新的道路。

技术创新成为培植产品竞争优势和市场领先地位的灵魂。跨国医药巨头最大的王牌便是其强大的技术创新能力和国际专利保护。落后就要受制于人，牺牲的不仅仅是产品和利润，更是市场与产业。中药企业每年投入的科研经费占销售额比例平均不足 1%，而国际生物中药企业高达 15%~20%。建立以企业为主体的技术创新机制，加大科研技术投入，势在必行；单点突破，通过局部突破，带动整体发展。天津药业通过“生物脱氧”技术突破，使其拳头产品“地塞米松”最终战胜法国罗素。安徽丰原生化从柠檬酸核心技术的正面突破，造就了世界优势企业。另外，中药企业还可通过质量改进或适应症改进等方法，增加新卖点，延长产品生命周期，扩大市场范围。联合、购买，通过与国内外科研院校或同行资金、人才资源的共享，联合攻关，是中国中药企业实现技术创新的有效途径。北京第二制药与中国医学科学院联合开发成功抗癌生物新药 -CEA 嵌合人源化抗体，领先国际。山东新光集团则走出国门，与美国古巴因公司及密执安大学合作，成功开发转基因干扰素玉米素及乙肝疫苗马铃薯。当然，也可以直接购买技术成果，如天坛生物买断“863 重大项目”——人血液代用品技术，通化金马以 3.18 亿元买下奇胜胶囊等。

模仿与创新相结合。在当前整体技术开发能力不足的条件下，在尊重知识产权和别人专利的基础上，重视仿制药物的再开发，学会利用专利文献，创造自己的新产品、新技术。同时，对有特点的老品种进行改造，重新全方位包装后推出市场，也是一条新路。总之，做到“仿中有创、创中有仿、仿创结合”；申报专利，制定标准，建立专有技术和自主知识产权，这是技术创新的最高境界。在国际市场竞争中谁拥有国际专利或国际权威的质量标准和检测中心，谁就拥有主动权和发言权。所以，一方面，要积极向国际标准靠拢，因为这是通向国际医药市场的“绿卡”。另一方面，进一步加大科研投入和技术开发力度，实现高端核心技术和专利技术突破，建立世界级的技术标准和质量体系。这也是我们真正成为医药强国的保证和标志。华中科技大学徐碧辉教授的“纳米中药”专利技术和巨能生命科学研究中心研制的L-苏糖酸钙口嚼片，已经走在了世界前列。长城生物通过分子化提纯技术成功解决了“α-亚麻酸项目”提纯难题，并在国际上第一个提出α-亚麻酸行业的系统工业标准。

第三节 中药新药的研究策略

一、以市场需求来引导中药研发的方向

中药新药的研发应顺应人类医疗服务模式转向自助预防保健的大趋势，解决人类疾病谱改变所产生的新课题，满足人们个性化和多样性消费的需求。在研发方向上应把握三个要点：

其一，填补空白，人无我有，针对中药具有优势，而市场上又缺少的产品进行开发。如中医的外用药、皮肤科用药、儿科和妇科用药，有很多疗效独特，亟待挖掘、开发的品种。

其二，人有我优，后来居上。如江苏扬子江药业的胃苏颗粒、广州中药一药业的消渴丸、天士力的速效救心滴丸和复方丹参滴丸等，虽然同类产品众多，但因其疗效可靠，因而在销售额和市场份额上一直处在同类产品前列。

其三，知难而上，瞄准国际临床难点选题攻关。现代医学已发现世界上有上万种疾病，许多在诊断和治疗上已取得显著的成绩，但迄今为止仍有2/3的疾病缺乏有效的治疗方法。因此，中医药科研应该充分发挥自身的特色和优势，瞄准世界医学的难点选题攻关，加强对病毒性疾病、自身免疫性疾病、过敏性疾病、肿瘤、痴呆、肥胖等的研究。

二、新药开发要充分挖掘中药优势

中药的优势为：①中医药理论的优势；②资源优势；③生物具有多样性；④中国特有种属；⑤民间使用基础。

中国成熟的中医药文化和丰富的消费人群为中药临床研究提供了最优越的条件。中药研发不仅要借鉴国外开发天然药物的思路及步骤进行开发，更重要的是要充分利用自己的优势，鼓励众多的中医医疗机构对有一定基础的中药复方进行科学的前瞻性研究，以临床疗效为出发点摸索出一条自己的、科学的中药研发道路。

三、正确处理疗效与相关方面的关系

中药的开发，疗效应放在首位。但考虑到药品使用者的健康、对药品的接受心理及市场竞争的需要，我们在中药开发时又必须注重药品的安全性及方便性。药品的这三种属性对于中药开发来说，往往是相互制约的。要想开发出所谓的“三效”“三小”“五方便”的中药是相当困难的，如何处理好疗效与其他方面的辩证关系，找到疗效与其他方面的平衡点，是我们在中药新药开发时需要研究的课题。

1. 疗效与剂型的关系

现代中药的剂型是为疗效服务的，在疗效与方便性之间，应特别辩证地处理二者之间的关系。采用现代工艺，经过提纯处理，一部分传统中药可通过改变剂型，方便患者服用，同时又保持了原有的疗效。但如果忽视疗效，片面追求方便服用，显然是不可取的。对于急重症疾病，药品是用来治病救命的，强调的就是疗效，方便性是次要的，只要是真正有效，再难服患者也会使用；而对于带保健性质、疗效的体现不是很明显但有效成分非常明确的中药，开发就应从市场角度出发，首先考虑其服用的方便性，尽量采用先进的浓缩剂型，以方便患者长期使用。

2. 疗效与类别的关系

疗效与药品类别并无密切的相关性。从中药中提取有效成分，既可提高疗效，易控质量，也大大减少了服用量，这是中药研究的方向，如中国成功开发的青蒿素。事实上，中药的纯度与药效不完全成正比关系，原一类、二类中药技术含量可能较高，但在分离、纯化过程中遇到的技术问题较多，毒性或不良反应却有可能越纯越大或越严重。相反，中药复方通过配伍可达到减毒增效的作用，这是中药的优势所在。因而中药开发不应过于强调类别，究竟如何取舍，当以保证疗效为最高标准。

3. 疗效与安全的关系

药品要求的是安全、有效、质量可控，中药开发时对待药品的安全性和有效性要辩证地对待，疗效是药品存在的根本，特别是对于一般药物难以治疗的急重危症，只要是对于患者来说疗效大于毒害的药物，就有其开发价值。中药材及复方经多年的临床使用，对其用法用量及副作用已有较清楚的认识，一般来说，使用较为安全，但当中也有不少有毒药材。对待这些有毒的药材，我们不应放弃对其的开发，对于某些难症、重症，有毒药材往往能起到其他药品所达不到的疗效，如砒霜、雷公藤的开发等。但对于人们长期服用的慢性病及保养药物，开发首要考虑的应是药品的安全性。

4. 中药开发与临床试验

对于药品来说，大家都知道国外研究一个新药从基础研究开始直到获得承认、生产上市，一般需要 10 年以上的时间，每种新药的平均开发费用为 3 亿～5 亿美元，而其中，所花的费用及时间 70% 以上是在临床研究上。

随着国家市场监督管理总局将中药审评的重点逐渐向临床试验研究倾斜，实行宽进严出的转化，中药的开发从研究立项起就应很好地对临床研究进行规划，确认所立项目能否通过严格的临床验证。

四、中药开发战略和规划

一种新药产品的开发是否有战略意识和整体规划，决定着今后上市能否成功，主要表现在以下几个方面。

1. 对新产品前景及研发成本进行技术经济分析

新药研发是一种高投入、高回报、高风险的活动，因此研制者无论是企业还是科研人员，从新药研制之始就应明确：最终要生产出一个什么样的产品，新产品要达到什么样的质量，新产品要替代市场上的哪个品种，企业将如何推销该产品，从新产品中企业要得到什么回报等。在这种意识的指导下开发出来的新药才有针对性，才能适合市场及患者的需求。

2. 中药开发要考虑药源保障问题

尽管中国药用资源品种丰富，但一些药材产量稀少，无法满足药品工业化生产的需求。另外，由于药材产地的不同，各地药材的质量存在较大的差异，使得中药的质量难以控制，影响药物的疗效。因而在中药开发前，处方必须选择能保障药源质量及供应的药材。

3. 对研究工作进行全面的成本、质量与进度管理

中药的开发是多个部门和多个人员共同完成的工程，其间包括处方筛选、制剂工艺、药理试验、临床研究、资料总结、专利设计、注册报批等多道工序。如果缺少对新药研究整个流程、技术及市场的全面了解，这往往会造成开发工作上的脱节、研究效率降低及申报设计、专利申请上有缺陷。

4. 战略规划务实，设计上有可持续研究意识

新药开发的规划要量力而行，项目不光要有针对性，还应兼顾与其他项目的协调共进，尽可能做到利用有限的资源进行可持续研究，可采取以旧养新、以小项目养大项目的策略，使整体的研究有梯度的进行，避免重复研究，使研究项目一个接一个地不断向前滚动，不断增值。

5. 充分利用网络信息技术对开发项目进行技术整合

21 世纪新药研究是建立在通过对基因和分子水平的基础研究，进一步认识生命过程和疾病机制的基础上的。计算机技术、现代合成技术、生物技术的应用以及药物化学与分子生物学、遗传学、免疫学、酶学等学科的发展与相互渗透，为新药开发奠定了基础。特别是互联网使信息的共享为各学科的科研提供了极大的便利，可以说各个学科的开发动态及前沿技术在互联网上都可查到。因而中药的开发可充分参考共享文献数据库及专利数据库公开的技术方法进行设计，融合多个学科的先进技术，加快转化中药的基础研究成果，站在他人肩膀上进行研究，从而避免低水平重复，提高开发效率。

五、重视专利的检索和申报

很多中药研究人员包括企业决策者对《中华人民共和国专利法》了解不够，对于新药研究知识产权的保护，只依赖新药行政保护及中药品种保护。只有专利保护才是最根本的知识产权保护，新药行政保护及中药品种保护只在中国起作用，中药新药要想走向世界必须依靠专利的保护。他人也可以随意仿制，得不到产品市场销售的独占权，到头来也只是为他人作嫁衣。在国内，随着新法规的出台，行政保护的取消及中药品种保护条例的即将修改，中药新药的知识产权保护重心将逐渐转移到专利保护中来。因此，在进行中药新药开发的同时就须考虑新药专利的设计。

六、制药企业应成为中药开发的主体

企业投资于研发，不仅有助于整个中药开发的促进，更重要的是将会给企业自身带来巨大的效益，有利于提高自身的科技水平，树立起自身的高科技形象，增强自己的品牌效应。一些富有远见的企业家早已认识到这一点，如江苏扬子江药业、三九医药等都已投巨资建立起自己的中药研发队伍。

第四节 中药产品定位

20世纪70年代美国营销专家提出产品定位（STP）理论。STP理论包括市场细分（Segmentation）、确定目标市场（Targeting）和产品定位（Positioning）。产品定位贯穿于产品研发、制造工艺、包装设计、定价策略、渠道选择、促销方式、推广主题与媒介选择等整个市场营销过程。个性化、差异化乃至定制化成为未来中药产品的主导消费模式。一网打尽、包治百病的药品越来越没有市场。研究市场、细分市场，把握、满足甚至引领消费趋势和潮流，准确定位产品，是赢取市场的关键。

某胶囊药品对上下呼吸道感染、感冒、发热、上火等病症都有效，如何定位其产品功能呢？企业在翻阅大量临床数据及专家讨论后，将产品功能定位确定为：用于上下呼吸道感染的治疗。该产品同样具有抗菌、消炎、抗病毒、祛火、治感冒的功效，且效果良好，但由于祛火的药品众多而且价格便宜，治感冒则有众多的强势品牌，市场壁垒较大。因此，主要功能诉求定位为上下呼吸道感染的治疗。

中医药作为民族医学，是和文化传统和用药习惯紧密相关的，因此中药企业应根据不同地域消费者受汉文化影响和接受、认识程度对市场进行细分和目标市场选择。例如，江中制药集团通过专业市场研究，发现助消化药存在巨大的市场，研究人员立即对江中药业的销售人员、主力经销商进行了详细的访谈，主要是从产品、渠道等各方面论证“江中健胃消食片”能否占据这个市场。在得到肯定的答复后，研究人员向江中药业提出“江中健胃消食片”的产品定位——“日常助消化用药”。

定位在“日常助消化用药”，避开了与“吗丁啉”的直接竞争，向无人防御且市场容量巨大的消化酶、地方品牌夺取市场，同时也在地域上填补“吗丁啉”的空白市场，从而满足江中药业的市场扩展需要，从而使江中健胃消食片成为国内助消化药品牌，年销售额突破 7 亿元。

一、中药包装与产品定位

（一）中国中成药的包装概述

在整合营销时代，包装已经成为与中药消费者真诚沟通、提升产品销售力的重要手段。因此，研究中成药的包装具有重要的现实意义。在中成药企业的产品日趋同质化的今天，起决定性作用的将是企业独特鲜明的品牌形象。当代的品牌专家大卫·艾格认为品牌知名度（Brand awareness）、感知质量（Perceived quality）、顾客忠诚度（Customer loyalty），以及强烈的品牌联想性（Brand association）和鲜明的品牌性格（Brand character），已成为在市场中从事竞争不可或缺的要素。中成药包装必须以培养品牌知名度、所感受到的品质、顾客忠诚度、强烈的品牌联想性和鲜明的品牌性格为己任，统一风格、系列化，增强品牌表现力、形象力。

（二）中药品种包装战略

1. 包装目的

在较短时间内有限投入的基本条件下，主要通过改善产品外在的整体形象，凸显差异，贴近目标客户群体个性，超越同类品种，增加附加值，强化企业品牌，进而有效拉动销售，全面提升企业形象。

2. 包装基础

聚焦品种发展战略。企业识别系统 CI（企业经营理念系统 MI，企业形象识别系统 VI，企业行为准则系统 BI），优秀的职业产品经理，知识产权保护体系，高保障度的质量控制体系，有效的市场营销网络，通畅的市场销售渠道，科学可行的整体市场策划方案，基本技术支撑体系，初步规模化的生产能力，所必需的预算资金保证。所有这些基本条件共同构成品种包装的基础平台，几乎是缺一不可，其中居于关键位置，也是最重要的基础是需要遴选出一批经验丰富、精力过人的出色品种经理，并以他们为中心组建若干个强有力的聚焦品种职业化包装团队。

3. 包装对象

首批包装品种对象根据聚焦战略，其中应选择的大多数品种属国家医保目录或国家 OTC 品种目录品种，市场需求量大，新开发并已建立良好的多方面基础，具体操作时，考虑到启动初期新开发在调整期所必然会面临的体制、机制、组织结构、分配、激励、职业产品经理人才等诸多条件局限，建议先行按照不同的市场客户对象、医师对象，抽调优秀人才，组建若干个产品包装中心，尽早开展目标包装品种的整体策划和市场运作，团队间还可以展开竞赛比较等。

4. 技术包装

技术包装的形式包括增加规格、提升质量控制标准、外观技术包装、学术推广等。增加规格主要目的在于有效地降低服用剂量，改善制剂的物理、化学稳定性，减少某些特殊人群的服药禁忌等。通行的做法主要有糖衣片改为薄膜衣片、含糖颗粒剂改为无糖颗粒、大蜜丸改为小蜜丸、水泛丸剂等，还可以进一步改为分散片、控缓释制剂等。此外还有针对不同目标客户用药习惯的系列包装规格。

提升质量控制标准是增加中药产品质量标准中标志性成分的含量测定指标，一直以来都是国家市场监督管理总局十分提倡和鼓励的方向，也是同类品种市场竞争中唯一有可能建立技术壁垒的快速途径。建议在报批增加规格的同时申请增加标志性成分的含量测定指标，此时如果能够采用固定的地道药材基地原料，在选用高含量标志性成分药材的基础上，有意识地提高成品标准含量指标，就有可能迅速建立有效的技术壁垒。

外观技术包装主要包括压制异型片、包制彩色薄膜衣、特制专用胶囊、胶囊、片剂表面印字等。学术推广是指按照市场应用需求和逻辑思路，进行系统化编辑整理，通过多种学术渠道，从学术方面发表相关的论文、综述、专题文章、专业小册子，举行专题报告会、讲座，也可在条件成熟时组织各种规模的专题学术研讨会，在专业领域逐步树立新开发产品的权威领导地位。

5. 形象包装

形象包装包括内包装、外包装和辅助包装。

（1）内包装指直接接触药品的内包装层，常见者如铝箔、高分子复合材料、瓶子等，它们不仅与产品形象有关，而且由于直接接触药品，还与药品的质量、储藏、运输、携带等密切相关，涉及生产过程中的包装材料、包装形式、包装设备、包装规格等。进行这层包装的关键在于先进（新材料、新设备、新技术）、特色（人无我有、标新立异、领导潮流、奉献真情）、科技（主潮流趋势、符合中药产品质量要求）、人性（符合目标客户群的生活习惯和健康需求），依据具体品种实际和目标客户消费心理研究，精心设计系统化方案，经市场测试后投放。

（2）外包装在最直观的意义上承载着企业所有的能力和价值，而且给予客户最直接、最深刻的第一印象。药品外层包装近年来随着相关材料科技和传播理论、实践的飞速发展，在各方面都正在发生着巨大的变化，药品物流管理、药品营销渠道、模式的连年变化也带给药品外包装发展的许多契机。进行药品的外包装主要涉及被包装药品自身的质量问题（防潮、防污损、防添加、防伪），涉及制造企业的品牌和整体形象问题，涉及企业管理方面的物流、回收货款等问题。因此，该层包装的关键在于：选材要新颖、先进，设计要精心、有创意，强调与众不同，颇具特色，方便、易携带，合乎目标客户的生活、工作和服药习惯，针对不同市场渠道和目标客户的心理行为特点，通过提供专业化包装如 OTC 包装、女性客户包装、白领客户包装、老年客户包装等，精心传递企业对人类生命健康的关爱。注意外包装体积的标准化，以方便清点、装载、搬运、储藏为原则，确保物流顺畅。尽可能熟悉和照顾到主要营销网络客户的库存、结算习惯，外包装装量要有利于按照最短时间单位和最小结算单位及时结算回款。

（3）辅助包装主要指说明书、宣传招贴、广告传单、小册子（专业、公众）、纪念品等一切与产品直接相关的具有宣传功能的物品。辅助包装设计、制作、使用的关键点在于目的性明确、符合 CI 标准、主题突出、设计精美、制作精良、系统配套、有效使用。

（三）中药包装存在的问题

中国加入世贸组织后，随着各成员国之间关税壁垒的取消，中药产品将面临难得的机遇。从全球对中草药的需求情况来看，中国的中药企业发展前景很乐观。但是，就在中药市场前景光明的同时，我们也发现中药面临着包装问题的困扰。中国中药包装的问题主要表现在以下几个方面。

1. 包装标准不规范

由于中成药或制剂成分的复杂性，部分中药的有效成分缺少定量指标，缺乏明确的有效成分含量标准和规范的检测方法，导致中药包装标志不规范，不符合国际市场药品包装标准，包装计量单位大小不一，有些包装早已被国际上所禁止，有些包装计量单位上仍用“钱”而非国际上通用的“克”，同时包装材料更是五花八门。

2. 包装材料不合理影响药品品质

国内中草药行业限于包装成本因素，不选择更好的包装材料和印制工艺。近年来，由于国际市场对中药材的需求增加，导致中成药原材料的价格逐年上扬，再加上日本、韩国等外国成药对国内市场的冲击，使国内中成药的利润空间逐渐压缩，各中成药企业开始严格控制生产成本，包括产品的包装环节。在药店中可以看到，很多国内知名的中成药品牌，其彩盒外包装材料还在使用灰底白板纸，这与一些采用优质白卡纸材料且印刷精良的“进口”中药比起来，在视觉效果和档次上便相差甚远。这就使中国中成药产品在出口时处于被动地位，既没有发挥包装对药品质量的保护作用，又没加强包装对药品的宣传效果，难以进一步扩大其出口额。

3. 包装设备技术不完善

针对中药的产品形状、物理特点，需要特殊的包装机械。比如在大蜜丸产品包装方面，还没有理想的全自动包装设备，这一点也需要包装设备企业重视。

4. 缺乏突出中药特色的包装设计

中成药作为中国传统医学的宝藏，具有极其深厚的文化历史底蕴，中药消费者在购买中成药时，很大程度上是在选购某一个品牌。当品牌树立起来后，企业应加强品牌与产品包装的配套识别宣传，增强客户对品牌产品的认知效果。这样就存在一个如何既发挥中成药的文化特色，又遵从国际医药包装在文字、图案规范性方面的需求的问题。像突出中药材特色的草药的图案，介绍品牌历史的描述性文字以及最能表现中药传统文化的书法来装饰药品名称。这些与西药相比最具有特色的设计装饰的手法与药品包装设计的相关法令、法规并不相符，所以如何找到一个中药包装设计思路和方向，对于树立中国中药的纯正品牌、传统形象，进一步开拓国际市场是至关重要的。

（四）药品包装的人性化设计

医药产品与患者的人身安全息息相关，它在解除患者病痛的同时，还应处处体现对患者的人性化关怀。因此，医药产品的包装在起到保护、装载药品，传达药品信息功能的同时，还应与中药消费者的心理、生理需求相结合。重视药品包装设计的人性化，对中国医药及包装业都将有着重要的意义。

1. 现状评估

药品是一种特殊的商品，在市场化竞争日益激烈的今天，药品包装在药品销售中的地位日益重要，尤其对于 OTC 药品，包装品质的好坏常常会成为人们面对同一品种不同品牌厂家药品时挑选购买的依据之一。因此，药品包装是否能够立足于中药消费者需求，做到“以人为本”，体现“人性化”特征，对于企业品牌形象的塑造、消费市场的培养和中药消费者的认可程度都会产生重大的影响。然而就市场上存在的药品包装来看，仍有许多产品并未充分重视这一点，而给其市场的扩张带来一定的阻碍。

（1）包装粗糙，不利于品牌形象的良好树立

产品包装不仅反映了产品的外观形象，也从一个侧面体现了生产企业的价值观和对产品认真负责的态度，是企业文化重要的表现方面。就药品而言，良好的包装有利于帮助企业树立权威、专业、有效的品牌形象，提升品牌价值，赢得中药消费者的偏爱。但是中国很多企业对于药品包装的认识，仍只停留在包装的基础功能即装载功能上，忽略了包装的安全性、便利性、环保性等方面的人性化要求，给产品品质和中药消费者使用带来了不利影响，甚至波及企业信誉。例如，有些药品包装设计不合理，导致运输过程中发生破损，危及药品品质；有些药品包装偏软，尤以糖衣片包装居多，本身片重，加上包装软，片与片之间摩擦机会多，脱衣、裂片现象严重；而有些药品仅仅是玻璃瓶加螺旋盖包装，没有任何防盗开设施，一旦被人作弊，后果不堪设想。厂家对药品品质负责就是对中药消费者健康负责，重视包装对药品的保护功能是厂家树立良好声誉的基本前提之一。此外，厂家有无结合药品性能，在药品包装上设身处地地为中药消费者考虑药品使用与保存的便利，有无提高包装的外观设计品位，有无强化环境保护意识，使包装产品从原料选用、生产制造直到产品的使用、回收每个环节都能做到节源、高效、无害，体现对人类环境的关注等，都对企业品牌形象的树立有着重要影响。

（2）包装雷同，阻碍了市场的培育与扩张

面对激烈的市场竞争，中国很多企业往往只注重采取价格战术，争相以低价格吸引顾客，而忽视了中药消费者在包装上的个性需求，以致很多药品的包装设计单一、平淡，文字、图案雷同化严重，从而很难使自己的产品在众多同类药品中脱颖而出。事实上，设计是为人服务的，对于不同的人群就应该有不

同的关怀。在产品高度同质化的今天，中药消费者已经不单是对药品品质提出要求，他们也会关注药品包装是否赏心悦目，是否体现目标群体的品位和生活方式，是否具有亲和力，是否体现出对其感情的尊重及对人性的关怀。例如设计上可以区分顾客性别、年龄、职业的不同，在包装容量、款式、装潢、材料、说明等方面，都因人而异，以适应不同类型、不同层次的中药消费者对产品包装的不同要求，这样不仅细分了市场，有利于针对不同消费群体的市场培育，也有利于产品在众多药品的橱窗或柜台陈列中更能吸引中药消费者的关注。

（3）包装忽略中药消费者情感需求

商品在满足人们生理需求的同时，也要使人们在精神上得到美的享受，心理上得到情感的关怀，感受到应有的自尊和成就。由于中药消费者多为非健康人群或有意帮助非健康人群摆脱困境的人，因此，药品包装就更应重视中药消费者的生理需求和心理感受，注意运用各种相关视觉传达形式与元素对中药消费者施以精神上的抚慰，体现出对弱者的关怀，从而激发起中药消费者情感上的共鸣与认同。但中国很多药品企业仍然缺少对中药消费者的足够关注，在药品包装上表现出印刷质量不佳，图案模糊，使人无法产生对产品的信任，或者包装过度夸张令人对厂家的真诚产生怀疑，或者忽略残障虚弱患者的功能障碍，而给患者使用带来困扰等。这些都将在一定程度上影响到中药消费者对产品的认同，阻碍产品市场的开发。可以说，良好的人性化药品包装不仅有利于改善产品与人之间冰冷的关系，实现人与产品情感的沟通，甚至还可能有利于增强患者病愈的信心，起到辅助心理治疗的作用，并进一步有利于提高中药消费者对产品的忠诚度和信赖感。

2. 药品包装人性化设计应考虑的主要因素

人性化设计观念的实质，就是在考虑设计问题时以人为中心展开设计思考。药品包装除须符合一般商品包装要求外，还应更多考虑药品本身严格的质量要求及患者的特殊生理、心理需求。为此药品包装在人性化设计方面主要应从以下几个方面入手。

（1）安全性

包装的目的之一在于对产品进行妥善的保护，而药品又直接关乎患者的生命健康，因此，药品包装的安全性尤为重要。由于药品中起作用的是活性化学物质，常常会有避光、防潮、密闭等较高的储藏要求，这就决定了直接接触药品的包装材料是否适宜是保证药品质量稳定性的基本前提。药品常用的容器材料为玻璃、塑料、金属、橡胶等，生产厂家在为药品选择包装材料前，应保证材料本身无毒无味、性能稳定，还要结合药品的特性及保存需求，充分评测包装材料与药品间的相溶性，包装材料在不同环境条件下对药品保护的效果等。此外，在包装结构、包装装潢等方面还要充分考虑药品的使用安全，尽量减少使用者在保存、运输和使用过程中产生的不必要的顾虑，切实做到对使用者负责。

（2）便利性

如何通过包装实现对产品的良好使用，是包装设计人性化的重要内容。对于药品包装，需要包装设计者立足于患者的需求，充分考虑药品在保存、运输、使用等方面的便利程度，从多方面体现出对使用者的人性化关怀。例如，对于止痛药、晕车药等不具有持续性治疗要求的药物，应采用可重复密闭性包装或小剂量独立式包装，以便于剩余药品的保存。在运输上，应注意里外包装尺寸大小是否吻合，包装材质是否抗压、抗振，以便于包装的叠放，节约运输成本，并防止运输中出现晃动、碰撞乃至塌箱等危及药品包装完整性的情形；对于有特殊保存要求的药品，要注意在包装上设计有防潮、通风或避光等功能；注意在包装上设计符合人体工程学的拉手，以便于在装卸上能安全快捷地实现对包装的吊放和搬运，提高运输效率。

从使用上看，药品的物理形态无外乎气态、液态和固态三种形式，其中又以固态居多，而固态药品又多以粉状、粒状、片状、丸状等形式出现。如何使患者能方便地取用这些不同状态的药品，应是人性化包装设计所要解决的重要问题之一。由于儿童或智障患者的药品使用通常都能得到其父母或监护人的帮助，因此，从便利性和通用性的角度来看，包装的人性化设计应更多顾及老人及残疾人的特殊需求。选用的包装物及包装技术应方便患者开启、使用，或者在包装中另附简易装置，而无须患者自行寻找开启或使用工具。药品包装应兼顾患者和药店或医院的不同需求，其药品基本信息内容不易丢失，并易于各类患者使用。

（3）经济与环保

人和社会需要的不是包装物本身，而是它的包装功能。因此，在满足包装功能的基础上，不必要的过度包装和不切实际的大剂量包装，都会导致药品或包装材料上的浪费，影响环境资源的充分利用。从经济合理、保护环境的角度出发，以生态学的观点和方法为基础，合理地实现各种可能的包装功能，是人性化包装设计所追求的目标之一。例如，针对儿童、慢性病人、医院等不同的消费群体提供不同容量的药品包装，以避免不必要的药品浪费，或是降低包装成本，减少因拆分包装而造成的人力浪费。此外，包装瓤小体大或者过于精美，价格偏高，都会增加中药消费者的负担。况且包装多为一次性消费品，尤其对于药品包装，使用者多为身染疾病的患者，使药品包装很可能具有疾病的传染性，这就容易导致包装一旦被使用后便常常直接转化为固体废弃物。如果设计者不注意对药品包装材质的选用、用量的节约，就很容易增加此类包装废弃物对环境的污染。因此，设计师应提高环境保护意识，关注自然界和整体的社会利益，使包装产品从原料选用、生产制造，到使用、回收的整个过程都能体现节源、高效、无害的要求，以达到人与自然环境和谐统一的人性化设计目标。

（4）情感的尊重

药品的人性化包装设计不仅体现出物质功能上的人性化关怀，还应强调其与中药消费者的情感交流，真正做到人与物的和谐统一。由于特定药品的消费群体往往因疾病的形成规律而具有相对的特定性，这就要求设计师应结合药品的特性和中药消费者的情感需求，针对不同的消费群体进行差异化的个性化设计。例如，对于儿童类药品，包装上可以采用儿童喜欢的卡通或动物图案，采用活泼亮丽的色彩，降低儿童对用药的恐惧感；对于适用女性病症的药品，在包装设计上则应体现出柔美、圆润的特点；而对于适用男性病症的药品，包装则应表现阳刚、果毅之气。此外，不同的药品还应结合其功效充分发挥色彩对人心理的影响，如具有消炎、解热、镇静功能的药品包装宜采用蓝色和绿色进行设计，使人感觉凉爽、安静；对保健滋补药品包装则宜采用红色和黄色，使人产生积极向上、生机勃勃的联想。事实上，如果药品包装能充分把握患者的情感，真正做到人性化关怀，不仅使人感到亲切温馨，还增加了药品的可信赖度，并在一定程度上起到减轻患者心理压力，增强其治愈疾病信心的心理辅助治疗的作用，达到药未到病已三分除的功效。

3. 药品包装人性化设计的改进措施

人性化设计的主要目的在于多角度、多层次地满足人的各种需求，因此进行药品的人性化包装设计，首先要结合药品的特性，了解使用对象的年龄、心理，甚至生活方式、社会地位、职业等信息，在细分消费群体的前提下，归纳总结出特定消费人群的主要需求，并有针对性地确定相应的设计方案，使药品包装能够有效地和中药消费者沟通，使中药消费者感受到更多的人性化关怀。

此外，从设计内容来看，药品包装在注意结合安全、便利、环保等人性化设计的基本要求上，还要做好包装的选材、结构、装潢设计等多个方面。

（1）包装材料的选择

药品的质量安全直接影响到患者的人身安全，因此药品包装材料的选择首先应考虑其本身无毒、无味，性能稳定，具有对药品良好的保护功能，还要考虑其强度、韧度，以避免运输中不必要的损耗，以及对使用人和环境资源的影响。总的来说，在包装材料的选择上应主要遵循以下几个原则：

①能保护药品在储藏、使用过程中于一定时间内不受环境的影响，保持药品原有属性；

②包装材料本身性质稳定，不会与药品发生物理、化学意义上的反应；

③易于清洗和灭菌消毒处理，在分装药品时不会污染药品生产环境；

④材料轻量化、薄型化，便于搬运，具有一定的抗振性和防跌落性，能适应运输途中可能的恶劣环境；

⑤包装材料与药品应处于基本同等价格档次上，不应过度奢华包装，增加中药消费者不必要的经济负担；

⑥尽量选择新材料、新工艺，力求降低包装成本，增加外观美感；

⑦材料无毒害性，包装被拆卸、切割或破损后，残品对人不具有伤害性；

⑧选用可回收、可降解、可再生材料，尽可能减少对环境的污染；

⑨尽量在同一包装产品中减少材料种类数，选择可压缩材料，以便回收和处理。

（2）包装结构

包装结构的好坏直接影响到包装功能的发挥，人性化的包装结构甚至在一定程度上可以弥补包装用材上的不足。可以说从器形、体量到具体每个部件的构造，每个细节设计的好坏，都会对使用人的舒适度感受发生影响，包装结构的人性化设计是包装设计中的重要内容。良好的结构设计应主要遵循以下几个原则：

①注意包装的可拆卸式设计，以便中药消费者能按照环保要求拆卸、压缩包装；

②选择合适的包装容器，防止使用过程中药物间不必要的磨损，影响药品质量；

③针对不同消费群体用药量大小，选择合适的包装体量；

④应考虑实际装载药物后容器的大小和重量，选择大小和形状合适的容

器，或者增加辅助装置，以便于对药品及其包装的运输、使用；

⑤对于必须配套使用的药物，可采用组合型药物包装结构；

⑥注意人体工程学在包装结构上的应用，提高包装使用上的舒适度和通用度，使老人、左撇子、残疾人都能便利地使用，同时还应增加防儿童开启、误食的结构设计；

⑦对于如液体、粉末类须逐次取出非标准量化的药品，应注意配备计量工具，以便准确量取药物，不至于所使用的药品因用量过多或过少而增加毒性或降低药性；

⑧改进出药口，控制出药量，避免因患者手抖或不慎造成药物大量撒落或受到外界污染；

⑨使药品使用说明书紧附于药品容器上，防止说明书丢失带来的不便；

⑩注意包装结构的防盗性，使药品内包装未经破坏无法取出药品，且破坏后的包装无法还原到最初状态，以便中药消费者判断药品是否被开启过。

（3）包装装潢设计

包装装潢设计作为传达商品信息的载体，包括文字的编排与设计、图形图案设计和色彩设计，是生产厂家与中药消费者互动与沟通的最初环节。药品包装装潢设计不能理解为简单的平面设计，还要充分考虑药品的属性和病人的心理感受等因素，使其不仅达到药品信息传达与宣传的目的，还要尽可能起到关怀、慰藉患者心灵的作用，从而成为药品包装人性化设计最为直观的表现内容。从设计要求上看，人性化的装潢设计主要应当遵循以下几个原则：

①注重个性化、人文化，在反映药品特征的前提下，充分尊重患者的心理需求，使人产生信赖感；

②说明书与标签上的药品信息应真实详尽规范，文字通俗易懂，尽量增加外文与盲文，扩大适用范围；

③注意重要信息的强调性特别标示，增加警示说明，提高其使用的安全程度；

④图案、色彩不应过于活泼，以免与食品混淆，或吸引儿童兴趣，造成儿童误食；

⑤提高包装科技含量，增强防伪性；

⑥文字编排合理，重点突出，主次分明，信息读取上使人一目了然；

⑦大力发展系列化包装外形设计，通过药品包装表现企业形象，完成更深

远意义上的沟通；

⑧注意了解药品销售地区的民俗习惯，准确把握文字、图案、色彩的寓意，避免不必要的文化冲突；

⑨以老年消费群体为主的药品，包装上应注意增强色彩的对比度和选用较大的字体；

⑩对非处方类药物可适当增加印制格式化的医嘱建议，以便于医师填写。

（五）中药包装设计实例

包装设计公司在接到一个设计任务时，至少要用 2/3 的时间调研和思考，1/3 的时间设计。接触产品的第一时间不是考虑怎样把包装设计得多么漂亮，而是先通过对行业、企业、产品、中药消费者等一系列的调查研究，来制定包装的整体设计策略，确定包装的格调、形式、内容。调查越系统、分析越彻底，产品决胜终端的把握性就越大。以东阿阿胶股份有限公司的补肾产品“海龙胶口服液”的包装设计过程为实例加以说明。

2003 年，东阿阿胶股份有限公司重新将企业定位调整为：打造中国第一滋补品牌，启动从女性滋补到全面滋补的战略转移。而男性滋补药品——海龙胶口服液的推出，独特的产品成分、极佳的滋补价值，恰恰承载了战略突破口的角色。因此，在包装设计上，为了追求系列产品在视觉上的统一，海龙胶口服液采用了与阿胶极为相似的设计手法，结果事与愿违，在终端销售上出现了强烈的视觉混淆。

为改进并调整设计方案，设计公司首先对竞争品牌进行了深度分析。中国补肾产品，从早期的延生护宝液到张大宁，从汇仁肾宝到太极补肾益寿胶囊，产品更新越来越快。补肾产品大致可分为温补肾虚、速效壮阳、温猛双效三大类，在包装设计风格上多以热烈、粗放、浓重为主。色彩上多以红色调为主，图案上采用肾脏、松树、仙鹤、龙等造型，品牌字体大多是黑体、书法体，终端冲击力千篇一律。

根据东阿阿胶的企业定位和海龙胶口服液新的产品定位，目标市场是 35~55 岁，有一定消费能力和生活品位，对自己健康不够满意、又没有大毛病的男人，而最终的购买人群却绝大多数是他们的家人，准确地说是妻子。而既要兼顾传统人群，又要照顾到决策性购买人群，这就要求设计公司在包装设计上跳出传统思路，切合产品特点，找到海龙胶口服液的消费设计语言。

经过大量的调查、考证和分析，设计者终于为海龙胶口服液找到了设计突破口。

第一，秉承“融古今智慧，创健康人生”的企业理念，深度挖掘东阿阿胶两千多年中药文化内涵，使产品包装古朴、典雅、含蓄、深邃，体现现代感和浓重的传统文化的结合。

第二，采用主形象、色彩、构图、工艺四大视觉区隔，利用底色和文字的视觉反差对比，强化品牌记忆点，增强受众的心理共鸣，避免产品混淆。

第三，力求美感、品质感、亲和力与产品的内在质量与价值相适应，烘托产品中高端形象，给中药消费者带来附加利益和心理满足感。

三大突破口相得益彰，全面反映出海龙胶口服液全新的包装设计策略：立足历史背景文化、追求现代视觉主张。

在包装主体形象上，设计人员收集了大量关于企业、产品等资料，在头脑风暴会上，东阿阿胶博物馆一幅具有浓郁民族味道、熬胶场景的图片，引起设计者的注意，用盛大的熬胶场面，辅以装饰画特殊表现，既能够完全反映出企业悠久深远的历史文化背景，又能够切实与产品特质相吻合。大家一致通过把它定为包装的主形象，并派人赶赴东阿拍摄、联系版权事宜。在品类名称上选用了刘炳森的隶书字体，庄重大方与主形象遥相呼应。

包装构图采用左右对称式构图，特意把“海龙胶口服液”分成两行，采用烫金击凸的特殊工艺，占用了包装 1/3 的位置。把功能诉求“温补肾阳”排在品类名称的上下之间，使顾客对产品功效一目了然。为了区别其他包装色系，“海龙胶口服液”主色调以杏黄色为主，辅以红色、专银、专金调节，艳丽跳跃的装饰画改为点阵效果的单色，整体包装彰显文化底蕴、华丽品质。

根据中药消费者的视觉流程习惯，把主形象、品牌名称、品类名称、常规信息逐一串联，经过全新视觉整合，海龙胶口服液快速实现了使中药消费者一目了然的设计初衷。包装是在不断检讨、完善中求得发展与成熟的。设计在创作前期是做加法，而到了创作后期则是做减法，下定狠心去掉那些无谓的装饰，用最少的元素表达观点。所以相关的人员，要经常检讨其在市场上的表现，不断地进行比较、调整，使其成为成熟、稳定的商品。

二、产品定位与定价策略

价格作为一种十分复杂的经济现象，它的变动不仅涉及企业经济活动的各个方面，而且影响到一种产品、一个企业生存和发展的全过程。中药的价格除了涉及上述影响，还对社会医疗保障总费用、政府财政和居民的经济负担产生影响。因此，中药产品实行政府调控下的企业自主定价机制。中药企业在进行产品定价时不仅要考虑企业内部的影响因素，还要分析企业外部的各种影响因素，为企业实现利润目标提供帮助。一方面，中药企业研究分析影响其产品定价的因素，可以降低各方面的费用成本，以提高产品竞争力，扩大企业利润。另一方面，政府可以通过对影响中药企业产品定价的因素研究分析，制定合理的药品定价管理制度，以控制医保费用，减轻国家政府财政和居民的经济负担，提高药品的利用率和配置效率。

国家药价改革步伐的加大，是药品价格真正发挥市场作用的前提。充分运用价格利器，压制对手、扩张市场、促进销量、提高利润，是价格方略的成功表现。

（一）中国药品定价现状

从 2000 年开始，中国又对药品价格管理进行改革，主要是针对政府定价部分进行调整。根据国家宏观调控与市场调节相结合的原则，药品实行政府定价和市场调节价。实行政府定价的药品仅限于列入《国家基本医疗保险药品目录》的药品及其他生产、经营具有垄断性的少量特殊药品（包括国家计划生产供应的精神、麻醉、预防免疫、计划生育等药品）。政府定价药品以外的其他药品实行市场调节价。不同企业生产的政府定价药品，在其产品有效性和安全性明显优于或者治疗周期和治疗费用明显低于其他企业的同种产品时，可申请单独定价。政府定价原则上按社会成本确定价格，对供大于求的药品，要按社会先进成本定价。流通环节的进销差率和批零差率合并计算，实行差别差率。对于政府定价，除少数垄断性经营的药品如麻醉药品、精神类药品必须严格执行政府定价外，大多数政府定价为最高零售价，经营者可以低于政府定价销售。

（二）影响中药企业产品定价的因素

中药产品定价不仅仅是定价方法与技巧的简单组合，而是要系统地处理好本企业产品价格与竞争者产品价格之间的关系，产品价格与替代品和补充品价格之间的关系，中药企业外部环境对产品价格的关系等。影响中药企业产品定价的因素很多，既有企业内部因素，也有企业外部因素；既有主观的因素，也有客观的因素。概括起来，大体上可以有产品成本、市场需求、竞争因素和其他因素四个方面。

1. 成本的影响

任何中药企业都不能随心所欲地制定价格。企业对产品进行定价是为了促进销售、获取利润。因此，中药企业既要考虑成本的补偿，又要考虑中药消费者对价格的接受能力。从中药消费者讲，尽管药品是一种特殊商品，但在企业销售目标既定的情况下，中药消费者也会对其价格的可接受程度有个上限，决定了中药企业定价的上限，价格高于这个限度，就达不到销售目标。从中药企业本身来讲，成本是一个关键的因素，产品的成本费用决定了它的最低价格。显然，对中药企业的定价来说，成本是一个关键因素。中药企业产品定价以成本为最低界限，产品价格只有高于成本，企业才能补偿生产上的耗费，从而获得一定盈利。从长远看，中药企业产品的销售价格只有高于总成本费用，中药企业才能补偿生产成本和经营费用，获得一定的盈利；低于总成本费用，中药企业就会亏本，使生产难以为继。从这个意义上讲，成本是价格的生命线，抓住这条“生命线”，中药企业就有可能获得成功。中药企业制定价格时所估算的成本，包括生产成本、销售成本、储运成本和机会成本等。

（1）中药企业生产成本是企业生产过程中所支出的全部生产费用，是从已经消耗的生产资料的价值和生产者所耗费的劳动的价值转化而来，包括原料及主要材料，包装材料，燃料动力，直接工资，制造费用和其他直接支出。当中药企业具有适当的规模时，产品的成本可以降低。但不同的医药产品，在不同的条件下，各有自己理想的批量限度，其生产超过了这个规模和限度，成本反而要增加。

（2）销售成本是商品销售过程中的广告、推销费用。在计划经济体制下，销售成本在商品成本中所占比重很小，因而对商品价格的影响也微乎其微。而在现行的市场经济体制下，广告、推销等是药品实现其价值的重要手段，用于广告，推销的费用在药品成本中所占的比重也日益增加。虽然国家在 2002 年就明确规定 OTC 类药品可以在大众媒体做广告，而处方类不得在大众媒体做广告，但可以在专业杂志和书刊上登广告。因此，在确定药品的营销价格时必须考虑销售成本这一因素。

（3）储运成本是商品从生产者手中所必需的运输和储存费用。商品畅销时，储运成本减少，商品滞销时，储运成本增加。药品的储运主要体现在流通上面。中药企业产品的流通越快，其所需要的费用也就越少。

（4）渠道流通成本的影响。从商品流通的角度看，药品出厂后大多需经过批发企业、零售（连锁）企业或医院药房等多个环节才能到达中药消费者，多次商品所有权的转移势必要增加药品的流通费用，同时也影响到药品的流通速度。而流通费用的增加被分摊到药品上，最终影响到药品的价格。

常见的渠道流通模式有以下几种：

①药品生产企业直接向医院和药店及较低的医药批发商供货。因此，医院及零售店已经可以不经过医药站进货，减少了中间批发环节。

②医药站特别是二级以上医药站一般同时设有几个经营部。这些经营部均为独立经营，其经营范围虽有所侧重，但并无明显的界限。因此，同一地区虽然只有一家医药站，但实际上是有多家药品经营企业。

③一些贸易公司也加入药品批发行列，更有许多国营医药公司及其经营部转给集体或个人承包，按年或实体的销售额收取管理费，其体制虽不变，但实质上是个体经营。

④医院及药店已不局限于本地医药公司进货，也可以向附近或外地在本地所设立的分公司进货，因此各地医药公司的竞争相当激烈。

（5）机会成本。机会成本是企业从事某一项经营活动而放弃另一项经营活动的机会，另一项经营活动所应取得的收益。但是，商品的成本不是个别企业的商品成本，而是所有生产同一产品的生产部门的平均生产成本。在通常情况下，机会成本对个别企业的商品成本影响比较大，对平均生产成本的影响比较小，因而对商品价格的影响也很小。

在实际工作中，产品的价格是按成本、利润和税金三部分来制定的。成本又可分解为固定成本和变动成本。产品的价格有时是由总成本决定的，有时又仅由变动成本决定。成本有时又分为社会平均成本和企业个别成本。就社会同类产品市场价格而言，主要的是受社会平均成本影响。在竞争很充分的情况下，企业个别成本高于或低于社会平均成本，对产品价格的影响不大。如果就制定价格时要考虑的重要性而言，成本无疑也是最重要的因素之一。因为价格如果过分高于成本会有失社会公平，价格过分低于成本，不可能长久维持。企业定价时，不应将成本孤立地对待，而应同产量、销量、资金周转等因素综合起来考虑。成本因素还要与影响价格的其他因素结合起来考虑。

2. 需求的影响

根据市场营销理论认为，产品的最高价格取决于产品的市场需求，最低价格取决于该产品的成本费用。在最高价格和最低价格的幅度内，中药企业能把这种产品价格定多高，则取决于竞争者同类产品的价格水平。因此，市场需求、成本费用、竞争产品价格对中药企业定价有重要影响。而需求又受价格和收入变动的影响，其表现为需求弹性。因此，中药企业在定价时须考虑：

（1）需求价格弹性。需求价格弹性是表明价格变动而引起的需求数量变动程度，其一般关系是价格越低，需求量越大；价格越高，需求量越小。药品作为一种特殊的商品，既是必需品，也是普通消费品。一般来说，必需品的需求价格弹性小，非必需品的需求价格弹性大。不过，当市场上没有替代品或者没有竞争者时，购买者对较高价格不在意。

（2）交叉弹性。交叉弹性是用来衡量一种产品的价格变动影响到另一种产品需求量的变动程度。若乙产品的价格上涨，造成甲产品的消费量增加，则说明交叉弹性为正值；反之，交叉弹性为负值。交叉弹性越大，甲乙两种产品间相互替代性就越大；交叉弹性越是趋于零，二者间的替代性就越小。随着科学技术的不断进步，市场上的产品越来越丰富，特别是全球经济一体化发展及中国是世贸组织成员国，能够相互替代的产品日益增多。而中国中药企业生产的产品多数生产规模又不大，科技含量不高，产品无特别优势，内部又进行无序竞争，中药企业在产品定价时，必须考虑产品之间相互影响的程度，特别是与国外企业的产品。

（3）需求收入弹性。需求收入弹性主要说明需求量的变动对于收入变动的反应程度。一般而言，生活必需品的需求收入弹性较小；高档食品、耐用消费品、娱乐支出等类的需求收入弹性较大。药品既是必需品，决定了中药消费者在用于医疗方面的费用不会因为收入的变化而有很大的变动；也有普通消费品的特性，在有替代药品的情况下会影响中药消费者因收入的变化而做出适当的调整。因此，中药企业在定价时，须考虑到不同地区经济发展状况，人们收入情况、支出结构、消费观念等因素，同时也要考虑国家的法规政策，以对产品价格进行适当升价或降价。

3. 行业竞争的影响

市场竞争也是影响价格制定的重要因素。根据竞争的程度不同，中药企业定价策略会有所不同。按照市场竞争程度，可以分为完全竞争、不完全竞争与完全垄断三种情况。

（1）完全竞争

完全竞争也称自由竞争，它是一种理想化了的极端情况。在完全竞争条件下，买者和卖者都大量存在，医药产品都是同质的，不存在质量与功能上的差异，中药企业自由地选择医药产品生产，买卖双方能充分地获得市场信息。在这种情况下，无论是买方还是卖方都不能对医药产品价格进行影响，只能在市场既定价格下从事生产和交易。

（2）不完全竞争

不完全竞争介于完全竞争与完全垄断之间，它是现实中存在的典型的市场竞争状况。在不完全竞争条件下，最少有两个以上买者或卖者，少数买者或卖者对价格和交易数量起着较大的影响作用，买卖各方获得的市场信息是不充分的，它们的活动受到一定的限制，而且它们提供的同类医药产品有差异，因此，它们之间存在着一定程度的竞争。在不完全竞争情况下，中药企业的定价策略有比较大的回旋余地，它既要考虑竞争对象的价格策略，也要考虑本企业定价策略对竞争态势的影响。

（3）完全垄断

完全垄断是完全竞争的反面，是指一种医药产品的供应完全由独家控制，形成独占市场。在完全垄断竞争情况下，交易的数量与价格由垄断者单方面决定。完全垄断在现实中也很少见。中药企业的价格策略，要受到竞争状况的影响。完全竞争与完全垄断是竞争的两个极端，中间状况是不完全竞争。在不完全竞争条件下，竞争的强度对企业的价格策略有重要影响。所以，中药企业首先要了解竞争的强度。竞争的强度主要取决于医药产品制作技术的难易，是否有专利保护，供求形势以及具体的竞争格局。其次，要了解竞争对手的价格策略，以及竞争对手的实力。最后，还要了解、分析本企业在行业竞争中的地位。

（三）中药企业产品定价策略

1. 中药企业定价的范畴

（1）国家指导性定价。它是指国家物价部门和业务主管部门规定定价权限与范围，指导价格制定和调整的企业定价方式。其定价方式有以下三种：

①浮动定价。它是指国家规定医药产品的基准价格、浮动幅度和方向，由企业在规定的范围内自主作价。

②比率控制定价。它是指国家规定医药产品的差价率、利润率与最高限价范围，由企业自行灵活地确定价格。医药产品价格可采用高进高出，低进低出或高进低出等形式，但不得超过规定的控制比率。

③行业定价。它是指为了避免同行业企业在生产和流通中盲目竞争，国家采取计划指导，由同行营销者共同协商制定医药产品的统一价格，并由协商者共同遵守执行。这能防止价格向垄断转化，有利于市场竞争。

（2）医药市场调节定价。它是指在遵守政策和法规的前提下，根据市场供求状况、市场竞争程度、中药消费者行为及企业自身条件等因素的变化趋势，由营销者自行确定药品价格。这种定价主要适用于生产分散、营销量大、品种规格繁多、供求情况复杂、难以计划管理的商医药产品，且主要依靠价值规律自发地调节医药产品价格。市场调节定价有两种形式。

①协议定价。是指买卖双方在不受第三者影响的情况下，相互协商议定医药产品价格。

②企业议价。是指实行部分指令性计划价格医药产品的企业，在完成国家任务后，超产部分由企业根据市场状况确定其价格。这是国家为了增强企业活力，提高企业劳动积极性所采取的一种鼓励性措施。

2. 中药企业产品差价与比价因素

中药企业产品差价与比价，是价格体系的重要组成内容，也是国家价格政策的组成部分。

（1）中药企业产品差价因素

中药企业产品差价是指同一医药产品由于销售地区、流转环节、销售季节、质量高低、用途等不同而形成的价格差额。商业医药产品差价形成的主要理论依据是上述各种情况下耗用的劳动量不同。其形式有地区差价、批零差价、季节性差价、平议差价等。

①地区差价因素。地区差价是指同种医药产品在同一时间、不同地区的价格差额。它由医药产品在地理空间转移过程中所增加的劳动消耗而形成。另外，由于不同地区的技术水平、资源条件、劳动熟练程度等不同，也会形成地区差价。中药企业定价时应考虑差价因素，这是因为：其一，商品由于受地区差价的影响，必定会产生地区间流动，从而使某地区医药产品总量发生变化，这样势必使中药企业调整自己商品的价格。其二，中药企业对异地医药产品提价时，差价过大，则竞争对手增多，差价过小，中药企业无利可图。

②批零差价因素。批零差价是指同种商品在同一时间、同一市场零售价与批发价之间的差额，即零售价减去批发价的余额。由于它反映批发商与零售商的利益分配关系，因此，批零企业定价时应考虑合理的差价，这样才有利于双方对医药产品的销售。

③季节性差价因素。季节性差价是指同一医药产品、同一市场、不同季节之间价格的差额。它主要由于医药产品供求在时间上的矛盾而造成。对于这类医药产品，在销售旺季时，可采用高价策略；而在销售淡季时，则使用低价策略。生产企业则应更多地考虑产品的生产时间，准确预测医药产品需求的季节变化。比如根据流行性感冒的季节变化可以实施季节性差价。

④平议差价因素。平议差价是指同种医药产品在同一市场中国家计划价格与市场价格间的差额。企业在按时按质完成计划任务后，应使自己产品参与市场竞争。

（2）中药消费者心理和习惯

价格的制定和变动在中药消费者心理上的反应也是价格策略必须考虑的因素。中药消费者心理和习惯上的反应是很复杂的，某些情况下会出现完全相反的反应。习惯性，这类中药消费者对零售商或品牌等产生了信任或偏爱。因此，企业定价可略高。但应注意，价格过高会导致中药消费者购买的转移性。

3. 医药产品信息不对称

药品定价过程中的信息不对称。信息不对称是中国药品定价实施过程中的一大特点。药品监督管理部门与药品生产厂家的信息不对称，药品生产者、提供者与中药消费者之间的信息不对称，造成了政府部门与中药消费者的信息成本相当高昂。信息成本过高，一方面抑制了政府药价主管部门的工作力度，难以全面准确核定政府管理的药品价格，另一方面增强了药厂虚高定价的动机，制造药价构成的模糊性。市场经济下，追求效益最大化是企业管理的首要目标，企业成本管理工作中也应树立成本效益观念，实现由传统的“节约、节省”观念向现代效益观念转变，从投入与产出的对比分析来看待投入的必要性、合理性。只要成本的增加能提高企业产品在市场上的竞争力，最终为企业带来更大的经济效益，即使企业的近期成本有所增加，这种成本增加也是符合成本效益观念的。

降低流通费用，把交货成本降到最低水平。要求对直接供应人、客户和中间商的成本进行分析，把向最终用户交货的供应链成本降低到最低，去除中间环节和加入中间环节都必须慎重考虑。理想的医药流通模式应是：药厂→物流配送中心→零售终端。其中，物流配送中心起着连接上下游企业的作用，产品从生产出厂经过物流配送网络直接到达销售终端，商流即产品的所有权在物流配送环节可不发生转移，这样，就改变了过去流通环节过多的状况，通过企业之间的相互合作消除重复操作，提高服务质量，减少总体成本。

建立完善的药品定价制度体系。有效的组织是制度变迁的关键，中国药品定价制度变迁的驱动力是药品定价管理中的信息不对称问题，导致信息成本过高。化解这一问题只有政府，有效的政府组织是中国药品定价制度变迁的关键。因此中国药品定价制度是建立完善的药品定价制度体系，具体包括：①建立并完善药品价格监测体系，利用现代科技手段，高效、快捷、准确地掌握药品市场供求、价格动态，为政府价格决策提供客观依据。②实现定价规则科学化。药品定价应借鉴药物积极性原理，从按生产成本加合理利润的定价公式过渡到依据治疗总费用的节约程度定价，从而实现降低总费用的目标。③完备定价组织。充分考虑药品定价的复杂性和艰巨性，发挥药学、医学、制造工艺学等各方面的专家作用，形成政府组织、专家参加的定价组织体系。④提高程序透明度。政府定价的过程要规则化、制度化，通过论证会、听证会、协调会等方式增加定价过程的透明度。国际上的通行做法如加拿大联邦政府专门成立了专利药品价格审查委员会（Patented Medicine Prices Revive Board，PMPRB），直接制定和指导地方政府管理药品价格，有效控制了药品过高价格。

依靠政府的制度管制，消除信息不对称情况制度。变迁的源泉是药品相对价格的变化，导致药品相对价格变化的因素是信息成本。因此，中国药品定价制度变迁的源泉就是降低药品定价过程中存在的高昂的定价成本。在药品定价过程中，医院与药品销售和生产企业的信息不对称、医师和患者的信息不对称，导致药品生产和销售企业以及患者高昂的信息成本。信息成本是交易成本的关键，中国药品定价制度变迁的中心任务就是围绕着如何降低这个信息成本，消除不同利益主体之间的信息不对称情况，这只有依靠政府的制度管制来完成。所以政府药品定价管理制度的第一个内容应该是由政府直接对药品价格进行监管，随着中国市场经济体制的不断完善，市场竞争机制作用的不断增强，以及国民收入水平的提高、社会承受能力的不断增强，药品将逐步实现市场定价。

通过对影响中药企业定价因素的分析，针对中国中药企业的现状，中国必须严格执行药品生产经营的准入制度，提高质量，扩大规模，减少重复建设。2004 年对于中国医药行业来说具有重大意义：GMP、G 促销认证工作的完成，重新调整中国药品生产、经营企业格局，优胜劣汰，关闭了一批不合格企业，鼓励企业兼并、重组，在优化资源的同时扩大企业规模，在一定程度上降低了药品生产、经营企业的低水平重复，减少了资源的浪费。同时政府也要加大对药品价格的监管力度，加快药品流通体制改革，进一步加强药品生产成本核算与市场供求分析，重新核定政府定价的药品价格，加强对零售药品的价格监督检查；药品销售严格实行明码标价，逐步实行由药厂在药品零售外包装上印刷零售价格的办法，以增加药品价格的透明度，强化社会监督作用；整顿药品流通秩序，严格执行药品经营的准入制度，鼓励药品经营企业集团化、连锁化；加强多部门协作，协调各方利益，进行中国医药流通市场的彻底改革。

本章小结

本章着重从消费者认知、产品定位、产品研发现状与趋势、新药研发策略等角度，介绍并论述了中药产品研发对中药营销的关键意义和作用。

中国的中药新药研究开发已走上科学化、规范化、标准化和法治化的轨道。美国 FDA 分别于 1997 年 12 月和 1998 年 3 月通过了“复方丹参滴丸”和“银杏灵”新药临床研究（IND）预审，实现了中药的历史性突破，随之而来有更多成熟的中药品种进入国外市场。

中药新药的研究策略包括以市场需求来引导中药研发的方向，充分挖掘中药优势，正确处理疗效与剂型、类别、安全和临床试验的关系。中药研发中存在的问题：资金匮乏、投入不足、重复建设严重、结构不尽合理、受国家医药政策影响比较大。中药研发的重点仍然集中在从中药中提取有效部位和剂型改革上，中药研发方向为新剂型的开发、中西药复方研究与开发、提取有效单体等。

产品定位贯穿于产品研发、制造工艺、包装设计、定价策略、渠道选择、促销方式、推广主题与媒介选择等整个市场营销过程。个性化、差异化乃至定制化成为未来中药产品的主导消费模式。研究市场，细分市场，把握、满足甚至引领消费趋势和潮流，准确定位产品，是赢取市场的关键。

制定中药开发战略应对新产品前景及研发成本进行技术经济分析，中药开发过程中要考虑药源保障问题，对研究工作进行全面的成本、质量与进度管理，设计上有可持续研究意识，重视专利的检索和申报。

第五章
中药渠道策略

第一节 中药渠道现状与趋势

一、药品经营渠道现状

中国市场充分竞争的程度日益成熟，以及消费者的成熟，使中药厂商面临一个困境：以前靠一个优秀的分销商和优秀的产品就可以抢占市场，而现在却变得异常困难，甚至曾经很成功的合作也因为激烈的竞争而逐渐疏远，厂商与分销商的合作似乎出现了前所未有的危机和冲突。

同样地，与厂商共生共存的分销商和下游代理商也面临着产品单一所带来的经营困境：由于医药市场规模扩张迅速，消费者开始分流，渠道商仅凭一个品牌的产品已经不能够满足用户的细分需求；而且由于代理产品的单一，造成了渠道资源的浪费，这样就直接导致渠道竞争聚焦于重点城市，造成渠道严重重复建设，而分销商却没有足够的资本去拓展二、三级市场，最终的结果是渠道商的生存空间被压缩。

这种态势说明，国内市场的生态环境发生了根本性的变化，其中最为关键的就是消费需求全面分流，消费品的营销从大众市场逐步转向“小众”市场，这直接影响到渠道的未来取向。

对供应商而言，要适应市场的竞争以及实现对未来市场的期望，就需要推出多元的产品来满足用户多元的需求。不过，如果渠道规模和渠道网络没有进行相应的扩张，供应商的产品仍然难以做到理想的面的覆盖。在这种情况下，一些供应商根据产品线确立分销商，通过多家分销商代理不同的产品线。

例如，同仁堂采用的就是整体多家而具体产品线独家的分销方式，这样的方式可以避免分销商之间的恶性竞争，有利于供应商自身产品市场价格的稳定。不过，这里存在一个难题，就是当前国内渠道集中于某些区域，厂商要实现销量的提升，仍然需要借助分销商进行渠道网络的扩张。

对分销商而言，由于竞争的加剧，利润空间被压缩，与此同时，分销商要满足供应商的产品更宽泛的面的覆盖，势必需要经营更多的渠道来扩大渠道规模，这就会造成分销商经营成本的提高。一方面是利润的下降，另一方面是成本的提高。因此，分销商需要做出相应的改变才能适应当前的生态环境，其中比较有效的方式就是经营同类产品的多种品牌，相对而言，通过这种方式可以提高渠道的利用率，分销商就可以降低经营一个品牌产品的成本。这样，分销商便可以有足够的成本空间进行渠道拓展，通过人员的共享和信息的共享，最大限度地做到产品对消费者的覆盖。分销商经营多品牌的分销模式，专家将其称为渠道复合化。渠道复合化，无论是对供应商还是分销商和下游代理商，都具有非常大的价值，它可以提升整个供应链的价值和内涵。

对供应商而言，海量分销对产品的销售是大有好处的。但对于分销商而言，进行海量分销需要考虑在降低成本的同时提高效率。而海量分销的原则，将大大压缩分销商以及下游代理商的生存空间，不利于整个医药供应链的发展。因此，必须业务结构复合化、渠道复合化。

分销商进行渠道复合化，追求的是通过实现边际效益来降低渠道的运营成本。一方面，利用龙头产品复合别的品牌的产品，充分释放渠道的价值和作用。这与单一品牌相比，它的价值和作用无疑是更大的。龙头产品一般是市场规模比较大、竞争特别是价格竞争比较激烈的产品，利润比较差，通过扩展小的品牌，可以形成互补。无论是分销商还是代理商，这种互补都是不可或缺的。另一方面，分销商在二、三、四级地市进行复合，人员的共享、信息的共享，减少对三、四级市场的投入，利用复合的方式可以获得边际效益。

医药供应链连接着的是供应商、分销商和渠道商的利益，而且三者之间的利益是共生共存的。因此，作为医药供应链的一个环节，分销商进行渠道复合化，其本质虽然是基于分销商自身发展前景所作的一种判断，但渠道复合化对于供应商以及渠道商而言，它也能带来一些实质性的价值。可以说，分销商进行渠道复合化，最终的目的就是在当前商业生态环境下进行变革，以提升整个医药供应链的价值和内涵。

对于上游供应商来说，由于市场竞争激烈，致使许多供应商的毛利率都出现不同程度的下滑。面对日益激烈的市场竞争环境，要保持自己的市场地位，厂商就必须提高产品的竞争力，同时在销售渠道方面必须做到有亮点：第一是渠道网络尽量宽泛；第二是渠道成本尽量降低。直销是其中一个极端的选择，完全去掉渠道层，这样渠道成本几乎为零，但不利的一点在于销售网络有限，同时，这种方式的缺陷在于整个销售过程中的推广力度不够，毕竟少了很多帮手。连锁也是不错的选择，沃尔玛的成功告诉人们这是一个有效的途径，不过这需要考验厂商的耐心，以及海量管理的能力。从现状来说，多元化、平衡式的复合渠道结构，算是最为可行的一种方式。这种方式通过寻求多元代理结构，使得销售网络能够覆盖更宽泛的范围，而同时渠道代理多品牌同类产品的模式，使得厂商可以减少对于渠道商的投入，降低成本，而并不会引起渠道生存的问题。这样的好处是可以促进渠道在厂商喜欢的领域逐渐变得专业化，从而提高销售的效率。

对渠道而言，分销商进行渠道复合化，意味着自己所能销售的品牌以及产品更加丰富和多元，这样就增加了渠道对终端用户的吸引力，增加了渠道的赚钱机会，而且由于经营多种品牌的产品，渠道复合化也可以减少甚至避免鸡蛋放在一个篮子里的风险，多了更多赚钱的机会。

总而言之，渠道复合化是国内医药供应链演变的一个结果，围绕供应链，无论是供应商、分销商，还是下级渠道商，供应链的价值都是他们所关注的焦点，而价值所促成的渠道复合化的诞生，无疑是国内渠道发展的趋势。在明确了渠道复合化的价值和意义之后，所面临的问题就是如何进行复合化。根据国内医药企业多年来的探索以及实践，我们认为进行复合化大致有以下三种形态。

第一种形态是品牌的复合。分销商面对的上游是厂商，分销商可以代理厂商多个产品，因此分销商首先想到了品牌复合。分销商按照品牌划分组织结构，比如某个企业一个部门做一个品牌的多种产品，比如一个部门里就有原料药、中成药、保健品等。

第二种形态是渠道复合。企业按照客户类型对渠道进行分类，成立了二三级地市、大客户等部门，甚至二三级地市又分成了不同的产品部。

第三种形态是领域复合。首先从产品领域上开始复合，其次进行人员的复合、渠道的复合。

国内的分销业已经发生了很大的变化，已经完成了第一次整合，市场趋于集中，竞争格局开始呈现金字塔状态。在渠道形态上，随着安利、Dell 直销模式在国内市场的巨大成功，许多厂商开始尝试直销这一销售模式；与此同时，随着中国在 2004 年年底开放零售市场，国外医药连锁模式的介入也已对国内的医药渠道带来巨大的影响。

中国医药市场消费需求活跃，医药商业销售稳步增长。根据商务部发布的 2021 年药品流通行业运行统计分析报告，2021 年，全国药品流通市场销售规模稳步增长，增速逐渐恢复至疫情前水平。全国七大类医药商品销售总额 26064 亿元，其中药品零售市场销售额为 5449 亿元。2021 年中国中医药（中成药 + 中药饮片）行业销售收入达 6791.9 亿元，同比增长 10%，创造利润 917.4 亿元，同比增长 24%。

医药商业已经摆脱了计划经济时期的“统购包销，逐级调拨”模式，进入了多渠道、少环节、开放式的运营。与此同时，医药商业企业数量开始增加，企业内部分散经营，医药流通企业走上了由集中到分散的道路。2021 年是中国“十四五”规划的开局之年，国家把中医药传承创新发展提升到国家战略层面，把传承精华、守正创新、充分发挥中医药特色优势，放到“健康中国”战略之中。中国成为世界上规模最大、品种最多、生产体系最完整的中药材生产大国，近年来中国中药材和中药饮片产量持续增长，2022 年中国中药材产量达 521 万吨，中药饮片产量达 357.6 万吨。而由于中成药产品增长动力不足，从而导致企业的中成药产品产量下跌，2022 年中国中成药的产量为 227.7 万吨，较 2021 年下跌了 1.8%。

截至 2021 年年底，全国共有《药品经营许可证》持证企业 60.97 万家。其中，批发企业 1.34 万家，零售连锁总部 6596 家，下辖门店 33.74 万家，零售单体药店 25.23 万家。2021 年，药品批发企业主营业务收入前 100 位占同期全国医药市场总规模的 74.5%，同比提高 0.8 个百分点，占同期全国药品批发市场总规模的 94.1%。其中，4 家全国龙头企业主营业务收入占同期全国医药市场总规模的 44.2%，同比提高 1.6 个百分点；前 10 位占 56.8%，同比提高 1.6 个百分点；前 20 位占 64.6%，同比提高 1.1 个百分点；前 50 位占 70.9%，同比提高 0.9 个百分点。2021 年药品批发企业主营业务收入排名前四的企业分别为中国医药集团、上海医药集团、华润医药集团和九州通医药集团，营收均超过 1000 亿元，其中中国医药集团营收为 5390.12 亿元，远超其他企业，是中国药品流通行业的绝对龙头。一些大的企业正在加速组建企业集团或集团公司，新的市场交易主体将以较大的市场份额成为全国医药流通领域的主力军。蓬勃发展的国家医疗机构和民办医疗机构、个体诊所构成了用药主体。

跨地区、跨行业的购并重组加速了医药流通领域的规模化、集约化。连锁经营、现代物流和信息技术的应用，加快了医药流通领域的结构调整和经营方式的现代化。2021 年《"十四五"国家药品安全及促进质量发展规划》中指出，鼓励医药流通企业、药品现代物流企业建设医药物流中心，完善药品冷链网络化布局及配套冷链设施设备功能，提升药品冷链全过程信息化管理水平，推动医药流通企业按《药品经营质量管理规范》要求配备冷藏冷冻设施设备，支持疾控中心、医院、乡镇卫生院等医疗网点提高医药冷链物流和使用环节的质量保障水平。《商务部关于"十四五"时期促进药品流通行业高质量发展的指导意见》也指出，推进"互联网 + 药品流通"，加快 5G 网络、大数据等技术应用，优化药品流通传统模式，实现要素、结构、流程、服务的迭代式升级，推动行业进行数字化改造与升级，促进企业"上线上云上平台"，深化市场营销、运营管理、仓储物流、产品服务等环节的数字化应用。

在不断加剧的市场竞争中，医药零售市场保持了较快的发展势头，年增幅在 15% 左右。随着农村两网建设和新型合作医疗制度改革的推进，农村药品市场也得到了发展。

二、中药渠道创新策略

中药产业的发展主要得益于建立了一套以中医医院为主体的医疗服务体制，中医医院构成中药处方药分销的主要渠道。2021 年，全国医疗卫生机构中中医类医疗卫生机构人数超 160 万人，全国中医类医院人数超 139.4 万人，全国基层中医类别执业（助理）医师近 19.6 万人，但中医医疗服务体系在规模数量上仍然难以与西医医疗体系抗衡，同时由于中医理论复杂，多数西医特别是年轻医生在处方中使用中药的比例较低，因此，中药通过处方销售仍然受到很大的限制。

处方销售渠道的相对狭窄促使许多中药企业把销售重心转向非处方药市场，药品分类制度的实施以及非处方药销售的快速增长为这些企业创造了一个良好的市场契机，其中一些企业成功推出了主导产品，从而带动了整个公司的发展。随着越来越多的中药企业开始采取同样的营销策略，中药产品的竞争日趋激烈，厂家需要投入的营销费用也越来越多，而成功的可能性则更小了。而政策方面，如招标采购对中药产业的影响小，且中药产品的操作难度较大，未来实施的可能性不大。

现代疾病对人类的威胁正在或已经取代以往的传染性疾病，人类医疗模式已由单纯的疾病治疗转变为预防、保健、治疗、康复相结合的模式，各种替代医学和传统医学正发挥着越来越大的作用。同时，人们对医药的消费也越来越重视安全和成本，加上从化学合成物中发现新药的难度大、成本高、周期长，而且毒副作用大，国际社会对天然药物的需求日益扩大。英国和法国自 1987 年以来植物药的购买力分别上升了 70%和 50%。美国市场每年也以高于 20%的速度增长。日本的汉方制剂从 20 世纪 90 年代开始，每年都以 15%以上的速度增长。国际植物药市场份额已经达到 1064.2 亿美元。中药在中国有着几千年的历史，并形成了完整的中医药理论体系。中药在中国的应用有着良好的科学、文化和社会基础，国家产业政策也鼓励中药产业的发展，从 2023 年公布的基本医疗保险、工伤保险和生育保险药品目录来看，西药有 1586 种，中成药包括民族药则达到 1381 种，另外还有基金可以支付的中药饮片 892 种。

渠道是药品流通的“血管”。未来的中国医药销售渠道，将集中垄断在特大型和区域性医药流通企业集团手中。这是一场愈演愈烈的争夺市场主动权和发言权之战。从太极、中新、三九、广药、北药、同仁堂等大型中药企业集团大张旗鼓组建终端连锁网络，到以联华超市为代表的商业巨头异军突起涉足医药零售业，再到众多民营资本的蠢蠢欲动，医药流通渠道争夺战日趋白热化。从 2003 年起，中国允许外商经营医药零售业。这意味着，外国企业可在中国从事药品的采购、仓储、运输、配送、批零及售后服务等一系列药品分销经营活动。国际化争夺正式揭幕，适应这种变化，中药企业在渠道模式上需要进行如下几个方面的整合和创新。

1. 挖掘第三终端潜力

城市社区和农村市场是医药流通与分销的第三终端市场。成长型的中药企业可避开主战场，创造新途径，将民营医院、社区药店、健康超市、社区卫生服务站和私营诊所都纳入分销终端之列。占中国人口总数 80% 的农村只享有 20% 的医药资源，农村医药市场正以 15% 的速度快速递增。农村市场将成为中药企业尚待开发的大市场。

2. 增加 OTC 产品市场份额

国际医药市场上药品 80% 通过药店销售，20% 通过医院销售。中国 OTC 的销售比重也快速提升至 20%，市场容量以每年 15%~30% 的速度递增。尽管国内市场医院仍然掌控着医药产品的市场主体，但 OTC 产品的增长将成为不可阻挡的趋势。因此，中药企业需要未雨绸缪，加大 OTC 产品的研发力度，尽快培养和造就自己的 OTC 队伍，扩大市场份额，抢占未来市场优势。

3. 网络营销

药品网络营销对销售观念、服务的影响和销售渠道的变革、整合，以及对效率的提高和成本的节约，史无前例。网上售药只是规范管理期间的过渡政策，而且国家药品电子商务认证监测系统已在多家医药经营企业进行试点。“网上药店”只是时间和监管问题，应有超前的思想意识和充分的基础准备。三九的“电子调配柜”和中国 OTC 协会推出的“OTC 多媒体导购系统”，已迈出了步伐。

第二节　如何处理与经销商 / 供应商的关系

企业渠道策略的实质在于处理上下游客户的关系，具体表现为处理与经销商和供应商的关系。

一、企业与经销商的关系

妥善处理企业与经销商的关系，主要工作就是提高经销商的满意度。因为经销商代理的不仅是产品还包括品牌，经销商的行为直接关系到其品牌形象，提高经销商满意度有利于维护品牌形象；经销商将直接面对消费者，只有提高经销商满意度，才有可能提高最终用户满意度，从而有利于提高销售业绩；提高经销商满意度有利于发展厂家与经销商良好的合作关系，并最终实现双赢。

企业可以从以下几个方面入手提升经销商满意度：

（1）运营支持环节，包括建店支持、金融 / 财务支持、产品支持、整车供货、销售与维修培训、备件供应、维修技术支持、客户管理支持等。

（2）营销激励环节，包括销售任务制定、返利政策、年终奖励等。具体而言，如销售任务制定是否贴近市场、返利是否及时、奖励是否公正等。

（3）广告支持环节，包括营销广告和服务营销广告支持，如厂家可鼓励经销商自己进行广告宣传，并提供适当的广告费用支持，增加服务营销广告投入等。

（4）管理监督环节，包括销售网点（布局是否合理、网点建设是否冒进等）、库存处理等。

（5）沟通协调环节，如信息反馈渠道是否顺畅、能否听取经销商合理建议等。

（6）厂家人员服务环节，包括服务态度、业务水平等。

确定了涉及经销商满意度的几个环节后，企业可以通过经销商满意度调查，并根据调研结果对症下药：继续保持优势环节、重点改进问题环节。

对于那些不直接面向顾客，而是通过合作伙伴比如渠道商、代理商或者加盟店铺等间接地接触顾客，那么企业与经销商之间的关系就变得微妙。对于厂商而言，顾客是他的最终客户，而合作伙伴也是厂商的客户；对于经销商而言，顾客既是他的直接客户也是最终客户。

经销商是厂商的客户，尽管从接触管理上是厂商与最终客户之间的桥，但是由于经销商控制这一定区域或者范围的顾客资源，能够为一定范围内的顾客提供优质服务，从而经销商的需求和特征也是需要厂商来关注关怀和细分的。

厂商面对的是全国区域或者大片区域的市场，但是中国幅员辽阔，每一个区域的顾客，消费习惯不同、对产品的认可不同、价值观念不同、购买频率不同等，造成经销商的个性化需求很多，这是厂商倡导标准化流程和服务的过程中经常遇到的类似问题。

客户关系管理强调的是对客户要进行客户细分，针对不同的客户群进行差异化服务。而厂商对于自己的经销商，也要把他们作为客户进行细分，不同区域或者等级的经销商提供的产品系列、服务系列或者激励系列等都不一样，这样有利于在标准的流程下有针对当前客户细分的个性化需求实现。

二、企业与供应商的关系

（一）企业与供应商关系现状

企业，不管是工业企业还是商业企业，消费者和供应者对企业而言，都不是简单的交易关系，而是血肉相连的关系。工业企业是通过用资金从供应商中购得生产中所需要的原辅料，生产出价值被提升的产品，最终销售给消费者，收回升值资金，来完成其活动过程的。商业企业是通过用资金从供应商中获得产品，通过服务进行价值提升，最终销售给消费者，收回增值的资金，来完成其活动过程的。现代社会工业、农业、矿业以至商业企业都是互为供应者和消费者的，它们构成供应、生产或服务、消费的网，来创造整个社会的财富。从企业与供应商及消费者的关系分析，企业的价值链是：供应商—企业生产或服务—消费者关系的价值链。在竞争中企业利润的获得是通过：从供应商中获得优质低价的原辅料，生产出优质（甚至创新）、低成本的产品，卖个好价。因而处理企业与供应商的关系，对企业发展来说是十分重要的。在处理与供应商关系时，企业要考虑以下四个方面的关系问题。

1. 互利又矛盾关系

企业与供应商既存在互利，又存在利益分配的矛盾。没有互利就不存在企业与供应商的交易，但企业与供应商之间又存在信息不对称和各自谋求利益的最大化，也就是利益分配的矛盾。这一矛盾产生了交易过程中的讨价还价。所谓让利，目的是获得长远的利益。

2. 依赖强度的转变关系

对于企业来说，特别是在物资短缺及供应商有能力把持物资供应的情况下，供应商有话语权。当今产油国、石油供应商有话语权；近几年中国迅速发展，许多电子、电器产品的关键零部件由国外厂家供应，供应者有话语权。在社会化的大生产中，任何企业都是供应者、生产者或服务者以及消费者。对于一个具体企业而言，与供应商存在着相互依存关系，这种关系在不同时期的依赖强度是不同的，但也是在不断变动的。市场竞争的发展，会使市场由买方市场变为卖方市场，也会逆转为由卖方市场转变为买方市场。

3. 供应商利益的心理同盟

供应商之间虽然存在着互相竞争，但从企业的根本利益出发，企业对待供应商的根本原则是：诚信和善待供应商。一个企业如果对某个供应商不诚信和恶待，不但会引起这个供应商的报复，更可怕的是会引起其他供应商的效仿，大家纷纷对企业避而远之。

4. 多层面、复杂的动态竞争博弈关系

企业是面对多个供应商，供应商是面对多个企业，并且企业面对多个竞争者对供应商的争夺，因而，企业与供应商的关系是：多个企业争夺供应商及企业与多个供应商之间错综复杂的连续动态博弈的关系。

（二）如何处理企业与供应商的关系

供应商关系管理，是企业供应链上的一个基本环节，它建立在对企业的供方（包括原料供应商，设备及其他资源供应商，服务供应商等）以及与供应相关信息完整有效的管理与运用的基础上，对供应商的现状、历史，提供的产品或服务、沟通、信息交流、合同、资金、合作关系、合作项目以及相关的业务决策等进行全面的管理与支持。关系与沟通，包括人之间的以及组织之间的，这不仅仅是对有关的对象相关信息的系统管理与应用，也包括对多种多样的沟通渠道（例如各种基于网络的新型通信 / 互动方式，电子信件，实时通信，视频会议，远程的小组协同工作等）的直接集成与支持，以及对业务、事件、计划的跟踪管理等。

在供应商关系管理体系中，不一定独立地实现这些功能，而是与相应的企业信息系统功能，例如分布式的企业办公环境相集成。一直以来，供应商指的是那些向买方提供产品或服务并相应收取货币作为报酬的实体。由于交易内容简单，双方的交易关系自钱货两讫时就基本结束。在其他条件一定时，交易价格则成为双方力争的焦点。

20 世纪 90 年代中后期，发达国家的供应商与买方的关系开始发生战略性的变化，简单地说，供应商正在从单纯的货物 / 服务的提供者转变为买方的商业伙伴。买方更多地从双赢的目的出发帮助供应商改进流程，降低营运成本。同时买方通过减少供应商数目，一方面控制自身供应商管理成本，另一方面增加单个供应商采购量，提高供应商依赖度。新的战略供应商关系已成为趋势。在更紧密的共同利益联系下，游戏规则从单赢变成了双赢。

在过去，供应价格被视作一项主要成本（外购原材料 / 服务成本），供应商管理的核心内容是如何降低价格。促使降价的手段主要包括公开招标，谈判车轮战，延长付款期等。由于双方关系是你进我退的单赢局面，尽管这些方法能够起到降低成本的作用，但除非整个供应链的成本下降，否则过度的压价可能彻底破坏供应商关系，失去供应商的支持。

在新的战略供应商关系下，供应链的双方有了共同目标。供应商成本的各项组成都成为买方的供应商管理的内容。例如，针对供应商的生产成本进行产品规格改进，针对供应商的销售成本和运输成本进行共同流程改进，针对供应商库存成本和管理费用重新设定服务水平。

（1）初级阶段

初级阶段，供应商筛选过程中很少引入新的供应商；企业缺乏完备的流程来评价和选择供应商。企业对供应商基本一视同仁，主要根据购买量确定战略供应商；很少与供应商分担风险。供应商谈判仅局限于价格谈判，不包括供应链和促销等方面；各业务部门与供应商分开谈判，没有利用购买力集中谈判，双方的谈判立场天然对立。

（2）中级阶段

中级阶段，企业建立了完备的新供应商筛选程序；对供应商全方位的能力进行评估，但公司内的应用并不一致。根据专门的业务需要确定一些战略供应商，但并不在全公司范围内采用；战略供应商通常与品种没有直接关联。

（3）高级阶段

进入高级阶段，企业建立了完整的程序用于筛选新供应商，全公司使用统一的全面的供应商能力评估标准，将供应商的反馈纳入管理和修正筛选过程中去；为大部分采购品种确定了战略供应商，供应商关系根据采购品种的角色和战略确定，与战略供应商分担较多风险；根据预定的目标建立了关系评分卡，用于跟踪供应商绩效，建立了完善的指标体系并深入分析以管理供应商的绩效；所有的品种使用统一的供应商评分卡，定期举行会议与供应商沟通改进评分卡。

供应商关系是一种供应链合作伙伴关系，即供应商与制造商之间，在一定时期内的信息共享、共担风险、共同获利的合作关系。对上游外部供应链上成员的关系管理即为供应商关系管理。制造企业长期以来一直视它们的采购业务和与供应商的关系为一个较难处理的问题，在企业应用了 MRP/MRP-II、ERP 和 JIT 之后，虽然在业务处理方面得到了一定的改善，但也只是对其业务过程在一定程度上进行了管理，并未上升到对其关系进行管理的高度。因此，人们一直在理论和实践方面进行不懈的努力，试图找出一种较好的解决方案。

随着管理理论和实践的不断发展，企业界正在以新的观念和理论寻求新的管理方法。许多企业已放弃了传统的买卖关系，并且大幅削减供应商的数目，试图以能维持长久关系的少量供应商取代原有数目过多的供应商。

供应商关系在企业的战略决策中占有十分重要的地位，良好的供应商关系能够提高公司的效率和服务的质量，进而提高竞争力；能够及时了解和满足顾客的需要，为顾客创造价值。由于中国特殊的经济背景，我国供应商关系的转变也就具有其特定的历史轨迹，本书通过分析我国供应商关系的演变过程及其动因，以期对我国的供应商关系有更深入而全面的了解，从而为企业的供应商关系管理提供指导。

随着经济体制改革，中国的供应商关系就转为“零和”的竞争阶段。制造商通常把价格视为主要决定因素，采用多源采购，即列出潜在供应商清单，分处采购，以免为单一供应商所困。同时由于市场的不确定性和供应商关系的不稳定性，企业拥有大量的库存，占用了大量的资金。这种方式下的买卖双方相互竞争，以求更好的价格或其他让步，直至利益的“零和”，这将导致供应商无法与某个制造商建立长期合作伙伴关系。

由于卖方市场向买方市场的转化，顾客需求的变化等，传统的供应商关系发生了很大的变化，他们之间不再是你死我活的竞争关系，而是建立在一定的合作基础上的“双赢”关系。他们加强了相互之间的信息交流和沟通，加强了供应商的关系管理，以期建立一种伙伴关系，库存减少，采购的总成本降低，实现了整个供应链的管理，以达到“双赢”的目的。

为了降低整个供应链成本，增强信息共享、保持双方操作的一致性，以产生更大的竞争优势，企业需要更高层次的合作与集成，于是产生了新型的战略合作伙伴关系模式。在这种关系当中，企业希望在全球的经济发展中寻求平衡和发展，所以双方强调直接的、长期的合作，强调共同努力实现共有的计划和解决共同的问题。如共同开发新产品，共享市场机会和风险等。制造商选择供应商不再只是考虑价格，而是更注重选择能在优质服务、技术支持、产品设计等方面能够进行的良好合作。信息技术和网络管理在该过程中发挥了至关重要的作用。

供应商是向企业及其竞争者提供生产经营所需资源的企业或个人，包括提供原材料、零配件、能源、劳务及其他用品。供应商所提供的原材料数量和质量将直接影响产品的数量和质量，所提供的资源价格会直接影响到产品成本、价格和利润。在物资供应紧张时，供应商更起着决定性的作用。企业对供应商的影响力要有足够的认识，尽可能与其保持良好的关系，开拓更多的供应渠道，甚至采取逆向发展战略，兼并或收购供应者企业，即提高企业一体化程度。为了保持与供应商良好的合作关系，企业必须和供应商保持密切的联系，及时了解供应商的变化和动态，使货源供应在时间上和连续性上能得到切实保证；除了保证商品本身的内在质量外，还要有各种售前和售后服务；对主要原材料和零配件的价格水平及变化趋势，要做到心中有数，应变自如。

正确认识和处理好与供应商的关系非常重要，良好的供应商关系不仅能使买方企业减少库存，降低成本，稳定原材料来源，提高企业的竞争能力，而且能使企业共享供应商的零部件设计技术优势，研制出更好的产品，最终取得战略上的竞争优势。

如何培育忠诚的供应商是企业对供应商关系处理的目标。忠诚的供应商关系，不仅在于遵守合同的诚信性，更是一种诚恳的相互合作伙伴关系。要达到这个目的，需要处理好以下七个主要方面的关系。

（1）处理好互利与矛盾关系

企业与供应商的关系要由交易关系到诚恳合作伙伴关系的转变，首先要在利益分配思想和行动上转变。在一般交易关系中，企业首先是考虑自身的利益，在实现自身利益极大化的前提下，尽量达成让供应商满意的交易；同样供应商首先是考虑自身的利益，在考虑自身利益极大化的前提下，尽量达成让企业满意的交易，最后在讨价还价中达到均衡，双方同意成交。而合作伙伴关系中，双方在考虑得到满意利益的前提下，更多地考虑对方的利益，在对方出现困难时给予让利帮助。忠诚是建立在双方忠诚的基础上的，要获得忠诚的供应商，首先企业对供应商来说是一个忠诚的企业。诚信通常是指履行合约而言的，要严格履行合约所规定的条款，而在合约谈判时可以以自身利益极大化为目的，争取合约更有利于自身，当然，诚信要求在合约谈判中不能以诈骗行为骗取对自身有利而损害对方利益的合约。忠诚则不同，它比诚信更高一级，忠诚是在合约谈判和合约签订中双方都更多地考虑对方的利益，要求企业与供应商相互忠诚，并不是出于宗教式的仁爱，而是出于双方共生的需要。企业与供应商是共生的，企业发展了，将会从供应商中购买更多的货物，促进供应商的发展；反之，供应商发展了，也会为企业提供更优质、低价的产品，从而促进企业的发展。供应商对企业的忠诚是建立在供应商认为该企业能为其提供更大期望利益的基础上的。

（2）处理好依赖强度不同时期的关系

企业与供应商的相互依赖关系在不同时期的依赖强度是不同的。企业要使供应商成为自己的忠诚供应商、合作伙伴，就要在不同时期对供应商依赖强度不同时同等公平对待。中国有句名言是“患难见真情”，在供应商困难时，企业要以诚相待，甚至帮助它解决困难，这是使供应商成为企业忠诚伙伴最好的机会。供应商为什么要对企业忠诚，因为企业是可靠的朋友，在困难时可以获得企业的帮助。在企业依赖供应商时，企业也要不卑不亢，要公平交易，严格履行合同，在供应商中树立良好的形象。

（3）诚信与善待是处理好供应商关系之本

上面谈到要与供应商结成伙伴关系，要使供应商成为企业忠诚的伙伴，这并不是对每个供应商都能做到的，也不是每个企业都能做到的，但是有一点，要处理好企业与供应商及供应商群体的关系，企业对供应商必须诚信和善待，特别在遵守合同方面要守信，企业是以信为立根之本的。不要以为供应商很多，对一两个供应商不守信不善待，不按期付款，是无关紧要的。对一两个供应商不守信，企业不仅破坏了与它们的关系，而且也破坏了与整个供应商群体的关系。如果由于企业不守信被供应商告上法庭，被媒体曝光，这时就会损害企业的整个形象，不仅失去供应商，并且会失去顾客。

（4）处理好竞争者争夺供应商的关系

在物资短缺的情况下必然引起竞争者争夺供应商，就是在物资并不短缺的情况下也存在着争夺低价优质产品供应商的局面，这是正常的现象。原来关系好的供应商转而供应别的企业，这也毫不为怪，所谓商场无父子，供应商也是向自身利益最大的方向流动的。供应商对企业的忠诚是建立在供应商认为该企业能为其提供更大期望利益基础上的。企业对转移的供应商要宽容，并且要改善与其他供应商的利益关系，这样也许企业暂时失去了一个原供应商，但却争取到了供应商的群体。

（5）处理好供应商风险与多渠道供应关系

无论企业如何搞好与供应商的关系，供应商风险总是存在的。供应商风险不仅来自供应商利益驱动的转移，并且来自供应商转产、破产等方面的风险，所以采取多渠道供应是企业解决供应风险的有效办法。但是，企业在采取多渠道供应时必须以降低风险为主要目的，不要挑起供应商之间的竞争，更不能以此来威胁供应商，从而为自身利益而伤害供应商的利益。企业采取多渠道供应，企业必须对各供应商同等诚信、善待。

（6）处理好签合同与履行合同关系

除了前面提到的信任、善待供应商外，企业更需要处理好合同关系。上面已多处谈到合同问题，这里再一次强调合同，是因为合同是维系企业与供应商的根本，它规定了供应商与企业交易的法律关系，体现双方的忠诚度。合同内容反映了双方的利益关系，一个诚恳的合同是充分照顾到双方利益的。合同的执行情况反映了双方的守信度。如果企业在签订合同时是不诚恳的，在执行合同时又不诚恳、不守信，与供应商就根本谈不上忠诚的伙伴合作关系。

（7）建立完善的供应商关系管理系统

企业要处理好与供应商的关系，沟通和处理好双方之间的小矛盾是重要的。一些矛盾来自相互不理解，一些矛盾来自双方工作人员的失误，一些矛盾来自小利益的冲突。企业必须建立完善的供应商关系管理系统，确定对供应商关系准则、行为规范、矛盾关系处理原则，定期召开供应商座谈会，听取供应商的意见、要求并及时解决，并了解供应商的情况以规避供应风险。

本章小结

本章主要介绍了中药企业渠道策略现状和发展趋向，阐述了中药企业处理上下游关系的战略和战术，指出了中药流通渠道存在的问题，进而对中药企业渠道创新提出了建议。

中国医药市场消费需求活跃，医药商业销售稳步增长。根据商务部发布的 2021 年药品流通行业运行统计分析报告，2021 年，全国药品流通市场销售规模稳步增长，增速逐渐恢复至新冠疫情前水平。全国七大类医药商品销售总额 26064 亿元，其中，药品零售市场销售额为 5449 亿元。2021 年中国中医药（中成药 + 中药饮片）行业销售收入达 6791.9 亿元，同比增长 10%，创造利润 917.4 亿元，同比增长 24%。

2021 年是中国“十四五”规划的开局之年，国家把中医药传承创新发展提升到国家战略层面，把传承精华、守正创新、充分发挥中医药特色优势，放到“健康中国”战略之中。中国成为世界上规模最大、品种最多、生产体系最完整的中药材生产大国，近年来中国中药材和中药饮片产量持续增长，2022 年中国中药材产量达 521 万吨，中药饮片产量达 357.6 万吨。但由于中成药产品增长动力不足，从而导致企业的中成药产品产量下跌，2022 年中国中成药的产量为 227.7 万吨，较 2021 年下跌了 1.8%。

截至 2021 年年底，全国共有《药品经营许可证》持证企业 60.97 万家。

其中，批发企业 1.34 万家，零售连锁总部 6596 家，下辖门店 33.74 万家，零售单体药店 25.23 万家。与发达国家相比，中国药品经营企业呈现数量多、规模小、经营分散、管理水平低的状况。2021 年，药品批发企业主营业务收入前 100 位占同期全国医药市场总规模的 74.5%，同比提高 0.8 个百分点；占同期全国药品批发市场总规模的 94.1%。其中，4 家全国龙头企业主营业务收入占同期全国医药市场总规模的 44.2%，同比提高 1.6 个百分点；前 10 位占 56.8%，同比提高 1.6 个百分点；前 20 位占 64.6%，同比提高 1.1 个百分点；前 50 位占 70.9%，同比提高 0.9 个百分点。2021 年药品批发企业主营业务收入排名前四的企业分别为中国医药集团、上海医药集团、华润医药集团和九州通医药集团，营收均超过 1000 亿元，其中中国医药集团营收为 5390.12 亿元，远超其他企业，是我国药品流通行业绝对龙头。

跨地区、跨行业的购并重组加速了医药流通领域的规模化、集约化。连锁经营、现代物流和信息技术的应用，加快了医药流通领域的结构调整和经营方式的现代化。企业渠道策略的实质在于处理上下游客户的关系，具体表现为处理与经销商和供应商的关系。妥善处理企业与经销商的关系，主要工作就是提高经销商的满意度。只有提高经销商的满意度，才有可能提高最终用户的满意度，从而有利于提高销售业绩；提高经销商满意度有利于发展厂家与经销商良好的合作关系，并最终实现双赢。随着卖方市场向买方市场的转化，顾客需求的变化等，传统的供应商关系发生了很大的变化，他们之间不再是你死我活的竞争关系，而是建立在一定的合作基础上的“双赢”关系。他们加强了相互之间的信息交流和沟通，加强了供应商的关系管理，以期建立一种伙伴关系，库存减少，采购的总成本降低，实现了整个供应链的管理，以达到“双赢”的目的。中药企业渠道创新的方向在于挖掘第三终端潜力，增加 OTC 产品市场份额，增加网络营销份额。

第六章 中药招商策略

第一节 医药招商现状与发展趋势

一、医药招商现状

中国医药企业在渠道策略上大致经历了三个阶段。第一个阶段，流动直营阶段，企业派出推销员到全国各地推销产品。第二个阶段为划区域驻地销售阶段，企业在重点城市建立销售办事处，以办事处为据点，向周围地区推销产品。上述两个阶段的策略适合工业品推销和用户较少的特定产品或新建企业的产品推广。随着用户群的扩大和产品市场的逐步成熟，直营渠道的人员费用、销售成本和相关物流现金流风险越来越大，渠道模式亟待更新，因而产生了招商阶段，即生产企业通过招商方式将渠道分销和终端管理业务全部或部分外包给经销商，生产企业只负责产品研发、制造和市场支持工作。

在《医药保健品营销招商必读》一书中，对招商的定义为："简单地说，（招商）就是企业寻找符合本公司产品渠道要求的经销商的活动；展开来说，就是企业为了向市场提供商品和服务，充分利用社会散存资源开拓市场，把处于价值链不同环节的各自经营的生产商、经销商、零售商，通过构建一种相对稳定的谋求双赢的伙伴关系，以实现优势互补、风险共担、利益共享的战略联盟"。准确地讲，招商就是营销过程中生产企业对产品分销和渠道经营权的全部或部分外包。招商的意义在于借助经销商的网络、资金、客户资源，摊薄销售费用，并大大降低货品和资金占压的风险。与此同时，渠道外包增加了生产厂家与零售终端及中药消费者的接触与沟通环节，容易造成信息不对称和不确定，一定程度上影响市场决策的针对性和及时性。招商本是企业借助经销商之势分销产品的好方法，通过借网络、借资金、借关系等弥补制造商力所不及之处，把产品送到顾客面前。在此过程中，企业与经销商各取所需合作生财。招商营销的目的分为四种：一是回笼资金，缓解压力；二是建立新网络，开辟新市场；三是打击竞争对手，扩大市场占有率；四是巩固老市场，增强竞争力。招商策划是招商过程的第一步，那么，招商策划的第一步又是什么呢？策划程序的第一步是确立目标，只有目标确立了，策划工作才能做到有的放矢。确定目标包括三个方面：第一，要达到的目标是什么；第二，围绕目标进行随后的一切工作；第三，目标是否得到了实现。在招商竞争中突出重围，首先要有一支出色的招商队伍。招商人员作为特殊商品的推销员，要求有一定的公关水平，在对外洽谈中要勇敢、自信、友好，树立良好的形象，同时还要求招商人员具有产品理论、市场营销、财务、法律等相关行业的专业知识。所以，组建一支专业招商队伍，可大大提高招商工作的质量，提高企业的外在形象，为招商工作增添发展后劲。样板市场是验证产品力和策划力的最有力证据，试点市场的成功可吸引经销商的眼球，得到更多经销商的响应，同时树立产品口碑，打动经销商追逐利润的心理，引爆招商市场。

中国医药招商已经进入整合招商时代。所谓整合招商就是整合多种招商手段，建立可持续发展的厂商共赢体系。它包括品牌整合、资源整合、策划整合、手段整合。招商的成功与否关系到企业、产品、市场、策划、投入、执行力、市场环境等，招商工作是企业整个营销活动的起点，接下来的工作更繁重、更具体，需要厂商紧密的合作。

二、招商原则和策略

随着招商市场的逐步成熟，生产企业或营销企业不仅需要有差异化明显、卖点突出、质量过硬的产品，还要制定切实共赢、有力度的营销政策和周密的策划，进行有针对性的“个性化招商”。

（一）中药企业招商原则

现代中药企业招商应遵循下列主要原则：

1. 思想上重视，组织上保障

招商企业从领导到普通员工都要把招商工作作为企业营销工作的重点，建立专门的招商机构，配置高素质的专业招商人员，提供前期相关市场费用，做到各部门通力合作，全力配合。

2. 确定产品定位和目标招商对象

生产企业在推出新产品以后，要根据产品的特点和性能、优势，来确定产品定位和要采取的渠道策略，确定产品的目标经销商。

3. 招商工作必须以互惠互利为原则

招商工作中要把握好“给”与“取”的关系。对于目标经销商在做好合作初期充分的相互了解之后，要舍得对区域市场的投入，要寻求有能力、有眼光、舍得市场投入的能与生产企业同甘苦、共患难的战略合作伙伴，通过双方的共同努力取得各个区域市场的成功。

（二）招商途径与策略

业内人士归纳了以下几个行之有效的招商途径。

1. 定向招商

定向招商是中小企业新产品上市和市场开发初期采用较多的招商方式，具有直接、针对性强、速度快等优点。业务人员为了更好更快地开发区域市场，多把目标经销商聚焦于行业相关产品的经销商或者竞争对手的经销商。这种方式能够与经销商面对面地交流，把招商信息直接传递给目标客户，把客户的要求反馈给生产企业，达到高效的双向交流目的。这种招商手段要求生产企业拥有知名品牌，产品具备差异化、个性化的卖点，销售政策有竞争优势，业务人员具备专业知识和沟通能力强。

2. 行业展会和会议招商

在市场竞争日趋激烈的情况下，经销商也逐渐成熟和理性。行业展会和会议招商具有费用相对少，目标客户和时间集中，针对性强等优点，也越来越在中小企业招商中扮演着举足轻重的角色。一些企业根本没有过多的业务人员，其经销商基本是通过行业展会和会议招来的。采用这种方式招商必须做好展会和会议前、中、后期的周密安排。前期充分准备，包括新品资料、图片、实物、各种认证、证书、销售政策、产品报价、演示效果等；展会和会议中必须紧紧抓住每一个潜在客户进行有效沟通，灌输产品概念和赢利模式，白天开会，晚上甚至利用展会和会议之余约到酒店详细洽谈；展会和会议期后，及时整理有效客户名单，做好后续跟进工作，趁热打铁。每一次展会和会议后还要总结出经验和教训，为下一次展会和会议提供经验。

3. 广告招商

通过投放电视、杂志或者报纸广告的方式进行招商，也是采用较多的一种招商方式。这种方式关键是要做好相关的电视招商短片和杂志、报纸广告的招商文案。由于现在的招商广告也非常多，鱼龙混杂，所以这类广告必须具有煽动性和诱惑力，通过目标客户的来电或者传真、E-mail、微信等进一步进行沟通，洽谈相关合作条款，最终客户上门考察签订合同，达成合作。这种方式对于生产企业业务人员少或者品牌具有一定知名度，在市场开发告一段落之后为了进一步扩大市场而采用者居多。但是这种方式花费较高，招商广告满眼都是，可信度低，不知名品牌或者新品上市之初的效果不是特别明显。

4. 通过经销商企业名录招商

医药类产品可以通过医药专业网站或杂志搜寻经销商的电话和公司资料，然后通过电话或者寄送资料等方式进行沟通，最后达成合作，取得招商工作的成功。这种方式的优点是费用花费比较少，缺点是进程缓慢，招商时间长。

在招商途径选定之后，就需要确定适当的招商策略。国内医药招商已付诸实践的招商策略有以下几种。

（1）竞标策略

生产厂家通过竞标方式，将其产品区域经销权让渡给某一经销商，经销商为取得该产品的区域独家经销权，要向厂家交纳一定数额的授权费。有的产品，同样是采用竞标，但其竞拍标的不是经销权，而是区域销售指标或者首批进货额。

（2）顺势策略

依靠原有品牌在市场造成的强大势能，轻松赢得经销商的信赖。这种顺着企业品牌势能做招商主要分为两大类：第一类是跨行业的顺势，如宝洁的CCM钙轻松获得3000万元的招商业绩，靠的就是这种策略，宝洁的势能来自日化产品。同样还有海尔药业招商案例，海尔药业靠的是海尔电器在中国市场沉淀下的丰厚的品牌资产，在招商中的号召力当然胜人一筹。第二类行业相近或相同，如海王集团推出了银杏叶和银得菲之后，推出海王金樽，招商获得了很大的成功。

（3）差异化策略

区别于竞争对手，提出更尖锐的产品核心卖点。婷美内衣就是一个典范，当大部分内衣还在说如何保暖的时候，婷美内衣却诉求“美体修形，一穿就变”，开创了保暖内衣新的市场空间，独树一帜。大多数保暖内衣深陷入各种各样“卡”的概念竞争的泥潭里，保暖内衣行业又有新的突破。

用差异化策略创造出独特新颖的产品核心卖点，无疑能吸引更多经销商的眼球，是撬起招商大盘的有力支点。

4. 效果体验策略

企业拥有的产品效果很好，而且在短时间内可以感知，往往可以采用效果体验策略。产品好不好，厂家说了不算，经销商可以到招商会现场感受产品效果，或者厂家邮寄样品给经销商试用，让经销商充满信心做自己的产品。这种策略一般用在医疗器械、化妆品或者显效特快的医药保健品。

第二节 招商技巧与要诀

一、中药招商技巧

招商是一个双向选择的事情，生产企业必须通过各种方式和手段来展示自己的魅力和实力，吸引经销商并努力说服他们来经销自己的产品。在招商中必须掌握以下技巧。

1. 突出产品差异化卖点和盈利空间

经销商选择与生产企业进行合作，首先考察的是企业的产品是否具有突出的卖点和良好的盈利能力，其次就是生产企业自身的实力和规模。在产品同质化现象严重的今天，具有差异化和突出卖点的产品无异于市场上的一个亮点，能够引起经销商的兴趣，而良好的盈利能力和生产企业的规模，则成为企业的经销商竞相追逐的目标。

2. 销售政策和市场运营模式支持

要想让经销商放心地经销你的产品，必须在招商之前就建立一套具有可操作性的经营模式和相关销售政策。从样机的支持、促销赠品的配备、年终返利到进场费用的分摊、展柜的制作、产品的摆放、导购员的培训、经营管理、促销推广、广告策略等形成一种模式。这种模式必须简单、可操作性强。经销商只要按照这种模式去执行和操作，就会有比较理想的收益。就笔者的经验，经销商其实大多并不担心投资的大小，关键是进了货能不能迅速销完，使其资金能够进入快速良性的周转。有了这些配套，经销商才能放心地去做市场。

3. 样板店或样板市场

在招商过程中，应考虑对重点区域的重点经销商给予政策倾斜，把产品和品牌在当地做出影响，在以后招商时就可以作为榜样，从而影响其他的经销商。这一点，在医药保健品行业应用得比较多，在一个新产品上市之初，企业会确定某个市场作为试点，摸索出一套有效的操作方法，进而复制到全国其他市场。

4. 建立责任企业和品牌服务观念

每个经销商都希望稳定地操作一个品牌，有责任心和品牌意识的生产企业会越来越受到经销商的欢迎。负责任的企业会为经销商提供过硬的产品质量和完善有效的营销支持和服务。生产企业只有在招商中切实把经销商当作合作伙伴、战略同盟，与经销商荣辱与共、资源共享，追求生产企业与经销商的双赢，才能快速实现成功招商。

二、招商失败原因分析

根据广州左亮营销咨询机构于2004年1月至10月对市场上的151家药品、保健品生产企业，62家药品、保健品经销企业，总共213家企业的招商进行的长期、全面跟踪调查结果显示，导致药品、保健品企业招商失败的主要原因有以下几个因素。

1. 过度承诺

药品、保健品企业为了博得经销商的好感，表示自己招商的“诚意”，给经销商开列的各项经销支持和优惠待遇远远超出了企业自身实力。当经销商发现企业的承诺不能兑现之后，招商合作即告失败。

2. 利益不对称

调查发现，有32%的企业在制定招商政策和游戏规则的时候缺乏双赢的换位思维，加入条件过于苛刻的要求：首批进货量居高不下、月度销售指标节节攀升、退货原则严之又严……经销商肯定不买企业的账，企业当然要在招商中失败。

3. 样板市场启动不成功

样板市场是一块试验田，是检验一个产品的市场前景、营销策略等各方面因素的最佳方法。产品好不好、市场大不大，样板市场最有说服力。如果药品、保健品企业本身样板市场开拓不成功，要想在招商中获得成功是一件非常困难的事情。

4. 招商时机选择不当

调查发现，一些与季节、气候因素密切相关的药品、保健品产品，比如减肥药、感冒药、清热药等，需要选择旺销季节到来之前进行招商。某些厂家不把握时机，由于错过了短期内能迅速见效益的最佳时机，导致招商失败。

5. 招商人员缺乏培训

招商人员是经销商与企业接触的第一道关口，也是经销商判断能否与企业将来保持顺利合作关系的窗口。个别企业往往是在招商前才临时招聘人员，或者干脆抽调业务人员、内勤人员充当招商人员。由于没有经过专业训练和培训，在招商过程中，这些人对产品知识不熟练，礼仪知识和沟通技巧欠缺，所以企业招商成功的可能性肯定要大大下降了。

本章小结

本章简述了医药招商现状与发展趋势，分析了中药企业的招商原则和策略、招商途径与技巧以及部分企业招商失败的原因。

招商就是营销过程中生产企业对产品分销和渠道经营权的全部或部分外包。招商的意义在于借助经销商的网络、资金、客户资源，摊薄销售费用，并大大降低货品和资金占压的风险。与此同时，渠道外包增加了生产厂家与零售终端及中药消费者的接触与沟通环节，容易造成信息不对称和不确定，一定程度上影响市场决策的针对性和及时性。

中药企业招商原则为思想上重视，组织上保障；产品定位明确和目标招商对象清楚；与经销商建立互惠互利的双赢关系。可选择的招商途径包括定向招商、行业展会和会议招商、广告招商、通过经销商企业名录招商。主要招商策略有竞标策略、顺势策略、差异化策略和效果体验策略。

中药招商技巧包括：突出产品差异化卖点和盈利空间、销售政策和市场运营模式支持、提供成功的样板店或样板市场、建立责任企业和品牌服务观念。部分中药企业招商失败原因在于：过度承诺、利益不对称、样板市场启动不成功、招商时机选择不当、招商人员缺乏培训。

第七章 中药终端策略

第一节 终端概念与分类

中药消费者直接采购和接触药品的销售信息末端称为销售终端。根据药品分销选择渠道的多样性，中药产品终端通常包括以处方药销售为主的医院终端和医院以外以非处方药销售为主体的零售药店及相关服务终端。在传统的渠道中，70%~80% 的药品通过医院医生处方售出，20%~30% 的药品则通过医院以外零售药店售出。

第二节 终端策略

一、医院市场终端及营销策略

在整个药品市场中，75% 左右的销量产生在医院，医院已经成为企业必争之地。很多 OTC 药品是通过医师的处方带动在其他零售市场的销售。

1. 医院终端模式

药品进入医院的形式主要有代理和直接方式。前者是医药生产企业委托某家医药经销单位，由其作为产品的代理，而使产品打入相对应的医院。后者是医药生产企业不依靠相关的医药经销单位，直接派出医药业务代表去医院做开发工作，从而完成产品进入、促销、收款的全过程；当药品进入医院药房后，还须开展临床促销工作。医院促销工作的方向是：以建立、联络感情为主，介绍公司、产品为辅。如涉及相应科室较多，要根据自己的人力、物力、财力，抓重点科室重点医生。医院推广会是医药企业开拓医院市场常用的一种方式，是指药品获准进入或已经进入大中型医院后，企业和医院联合召开的一种产品介绍会。目的是通过向医生介绍产品的药理研究、毒性实验、临床使用等多方面的情况，增加医生对产品的认识，促进医院用量增加。在现阶段，由于大中城市医院进药管制加强，因此，公关进药后，召开单个的医院推广会较为适宜。但在县级医药市场，采用多个医院联合推广会，可以快速地占领广大的农村区、乡医院。

2. 医院营销策略

非处方药管理办法规定，新药在上市两年后才可申请转换评价为非处方药，这就注定非处方药要经过处方药推广过程。在这个推广过程中，药品的安全性和疗效得到大量临床数据的充分证明，消费者对产品有所认知，降低了OTC市场运作风险。如泰诺止痛药在1960年以前，一直通过内科医生和药剂师推荐使用，1960年开始才逐渐向患者促销。泰诺在药剂师和内科医生中的牢固声誉赋予了公司明显的优势，因为消费者认为该药是医药专业人士推荐的安全产品。这里关键的一点，就是客户管理的问题。

客户管理已成了现今国内医药企业的“软肋”，国内企业应该借鉴国际型大公司的做法。在专业媒体上刊登广告，医药代表直接面向医生进行药品的推广，与政府或社区药店合作，面向公众开展疾病教育，这三方面结合是外企普遍的营销方式。国际型企业非常重视医药代表，因为他们代表着企业的形象，代表着商品的信誉。医药代表的功能主要集中在以下几个方面：完善医院和客户档案；解决客户在产品销售和使用上的疑难问题；为医师、药师提供先进、及时的医药学动态及治疗方案；为公司提供市场信息等。通过分析，我们将医院的推广模式总结如下：将医生处方推广、媒体广告、店堂广告、柜台陈列、店员推荐与客户关系等有效地整合起来。如芬必得、必理通等成功品牌，都采用了这样的营销策略。

二、中药药店营销策略

1. 卖场生动化建设

生动化是终端包装展示的形象指标描述。通过充足数量和多样形式的终端宣传展示品：灯箱、条幅、KT板、遮阳篷、立牌、挂画、吊旗、POP、台卡（历）、招贴画、笔记本、圆珠笔、测量仪、货架（台）等，充分营造市场氛围和生动展示零售终端形象。如此不仅直接刺激消费，更能加强全面品牌沟通，提升产品形象，强化其在中药消费者心目中的地位，把货同时铺到中药消费者的面前和心中。当然，对新技术、新材料、新功能陈列工具的运用也必不可少。如"自动推动系统"展示架，可自动伸缩，调整宽度、长度等，进行全系列展示，提升购买可能性。

2. 药店店员培训

优势联动医药零售推广系统监测结果表明：店员服务态度及导购技巧，对中药消费者的现场购买决策影响度高达47%。因此，对店员（含促销员、坐店医师等）进行系统的销售培训实际上是超值投资。内容包括企业概况、产品功效及卖点、使用方法及注意事项、服务态度及礼仪规范、产品摆放及终端布置、市场反馈及简单纠纷处理等；也包括同医生和店员建立利益及情感共同体的工作，最好能编制成培训教材。相对于前面的硬终端，此属软终端，但作用不容小觑。

3. 终端推广活动

医院、药店、超市、连锁店等零售终端，是药品销售的最后一环，也是至关重要的"临门一脚"。成功的终端促销，能有效达成顾客与销售人员的面对面沟通，加强顾客对产品的认识和了解，彰显企业形象，直接促进销量。终端促销的成功，关键在于把握时机，充分准备，加强监管，坚持不懈；同时，善于及时掌握和运用电子促销、仪器促销等先进促销手段及流动义诊售货车、义诊队、演出队等生动有效的促销形式。

4. 终端管理制度建设

从长远看，扎实的终端工作，也是塑造品牌形象的重要途径之一，应在实践中加强和推进此项工作的制度化、规范化建设，并纳入日常化、长期化工作轨道，培养全员终端意识。

三、中药第三终端营销策略

1. 第三终端的发现及其意义

2004年，国内学者和企业界人士提出第三终端概念，以覆盖医院、药店之外的药品零售市场。第三终端的主要阵地是城乡接合部、县、乡、镇以及广大农村市场，如城市社区卫生服务站，社区个体诊所，乡镇卫生院，农村卫生所、诊所，学校的医疗保健室，厂矿企业门诊等。根据市场份额的分布，与第三终端并列但占据主导市场地位的城市医院和零售药店分别称为第一终端和第二终端。

第三终端的这一市场是一直存在的，众多医药企业在探索中，发现了这样一个客观存在的市场。2004 年，祝匡善针对这一市场提出了“第三终端”的概念。随后，业界一些知名专家对这个概念进行演绎发展，最终得到广泛认同。第三终端的发现是竞争加剧和市场细分的结果，同时国家对“三农”政策和农村两网建设的大力推进，使第三终端逐渐发展和壮大起来。

第三终端是一个竞争还不激烈的市场，有专家形容第三终端是医药市场最后一块诱人的蛋糕。第三终端是处于困境中的中国药企寻求突围和发展的窗口。但是，由于第三终端兴起得比较晚，其营销研究和操作的模式和方法比第一终端医院市场、第二终端大中城市主流 OTC 药品市场要落后得多。随着我国医疗制度改革的逐步深入，第三终端市场必将越来越成熟，竞争必将越来越激烈。

2. 第三终端推广策略

综观医药行业，每个企业都有自己成功的法宝，在第三终端营销方面归结起来有以下几点。

（1）产品驱动

任何购药的消费者都有内在的用药需求，希望所购药品能解决实际的病痛或者有保健强身的功效，从对第三终端消费者收入、学识、信息接受途径等方面的消费特征分析可知，这些人群更加务实，能够促使他们使用和购买的内在原因就是产品本身。

如果企业不进行市场研究，一股脑儿将所有产品都向第三终端推，很难取得成功。要想开拓第三终端，药企首先得明确第三终端需要什么样的药品。从品种大类来说，在第三终端份额较高的依次为消化系统、解热镇痛、皮肤用药和抗生素这四大类；从剂型来说，由于第三终端卫生资源丰富程度不高，所以口服、外用等剂型要比注射类更受欢迎；从价格来说，第三终端的消费水平决定了他们不可能花太多的药品费用，对价格具有非常大的敏感性；从药品新老来说，第三终端客户务实的品性使得成熟普药会更具有市场，也更符合中国低水平广覆盖的医保政策。

（2）借助医生推广

习惯于第一、第二终端拼杀的药企来到第三终端，可能一下子觉得手足无措，不知该如何下手才好。如果使用学术推广手段，首先是产品技术含量不高，没法学术化；其次是推广对象学历层次不高，没有必要。如果用费用促销呢？产品价格不高，运输成本占了一大块，没有操作空间，难以支撑。

药企营销推广的目的是提升销量，推广的对象分为两类，一类是医务工作者，另一类是病患者。虽然第三终端有特殊性，但原理还是一致的，那就是既要推动也要拉动。

石家庄制药集团在2005年年初开展的“百万乡村医师培训项目”，通过该项目既提高乡村医生的素质，解决农村医疗水平落后的问题，又能为开拓第三终端造成广泛影响。抗生素是石家庄制药的支柱产品之一，而抗生素在农村市场需求量又相当大，有了百万医生作为支撑，不愁市场没法打开。期望开拓第三终端的药企就应该在推广手段上进行创新，而不在于投入的多少。如果真正从为农村医疗解决实际问题出发，做实事、起实效，那么产品销量自然就会增长。

当然，药企在推广的时候更可以借助合适的媒体进行宣传，比如电视、报纸、自媒体等；在这类媒体上的宣传会给企业开拓第三终端带来巨大的帮助。

（3）全员营销

光有好的产品、好的策略还不够，业绩的实现需要有一支骁勇善战的队伍才行。扬子江药业从1981年开始，企业销售连续8年翻番，2004年以80.6亿元登上中国药企销售额榜头名宝座。助扬子江药业腾飞有一对翅膀，其中之一是研发和生产，另一个就是遍布全国各地的药品销售队伍，能渗透到中国每一个有药品需求的市场。独特的管理模式使得队伍与扬子江药业命运相连、荣辱与共，他们都将个人的事业与公司的事业联系在一起。虽然有的企业会认为依靠药品代理企业也能做大，企业也能发展，但是如果希望企业快速成长，希望成为中国有影响力的药企，建立自己的推广队伍是必需的，而且要努力尝试创新的管理模式，激发员工的积极性。

（4）客户关系营销

由于80/20原则的存在，且第一、第二终端的客户数量有限，虽然有些企业在原来的客户管理方面还有很多要提高的方面，但毕竟还有章可循。而一旦来到第三终端，客户群体数量突然变大，客户构成复杂性也增强，无疑对那些即使有经验的外企来说也是一件非常令人头痛的事。很多药企在发展之初客户管理比较薄弱，对于任何有需求的客户都一视同仁。当然这对于希望解决生存问题、刚发展起来的企业未尝不可，但如果希望在第三终端有所建树，将第三终端作为公司未来发展战略重要部分的企业，必须在客户管理方面逐步提升。

这些企业需要从模糊粗放转变为精细科学，从一网打尽转变为精耕细作，从一视同仁转变为区别对待。第三终端客户按区域可分为城市社区和农村，农村又可分为一类农村、二类农村、三类农村、四类农村；按性质可分为乡村卫生院、工矿医务室、乡村药店、乡镇卫生院和社区卫生机构；按规模又可分为大客户、中客户和小客户。

（5）品牌营销

面对第三终端，药企应该以产品为突破口，通过产品品牌来带动企业品牌。杭州民生药业的“21世纪金维他”成功的秘诀就是最初的走平民化路线品牌策略。中国市场上复合维生素品牌众多，大品牌更是抢占了主要的城市市场。杭州民生药业避开城市白领市场，主攻中国的中小城市和农村市场，并且一反通常的“从概念出发”的做法，针对中小城市和农村目标人群消费行为的特征，“从症状出发”，以效动人、以情感人，取得了业绩的飞升。当然，杭州民生药业在基础扎实以后又开始“农村包围城市”的战略，不断扩张。

（6）微利营销

四川蜀中制药有限公司80%的销售来自第三终端，其阿莫西林年销售占全国近三成市场，其氨咖磺敏胶囊、板蓝根、双氯芬酸肠溶片都销售业绩喜人，该药企的制胜法宝是什么呢？那就是“低价”。

所以要想进入第三终端的企业，没有一点价格方面的优势是不可能成功的，而低价优势又来自规模效应和专业化生产。如果像有的企业那样生产批文上千个，在产品种500多，每种产品都想做大，那么等待他们只有一个结果——没有一个产品做大。

本章小结

本章主要介绍了中药营销终端概念、分类和中药企业可选择的终端策略。在讲述医院终端、药店终端营销的同时，讲述业内广泛关注的第三终端理论与实施策略。

根据药品分销选择渠道的多样性，中药产品终端通常包括以处方药销售为主的医院终端和医院以外以非处方药销售为主体的零售药店及相关服务终端。在传统的渠道格局中，70%~80% 的药品通过医院医生处方售出，20%~30% 的药品则通过医院以外零售药店售出。

医院的推广模式是将医生处方推广、媒体广告、店堂广告、柜台陈列、店员推荐与客户关系等有效地整合起来。药店推广策略包括卖场生动化建设、药店店员培训、终端推广和终端管理。

2004 年，国内学者和企业界人士郑重提出第三终端概念，以覆盖医院、药店之外的药品零售市场。根据这一概念，第三终端泛指城市大医院、大城市药店之外，直接面向消费者开展医药保健品销售的所有零售终端。第三终端的主要阵地是城乡接合部、县、乡、镇以及广大农村市场，如城市社区卫生服务站，社区个体诊所，乡镇卫生院，农村卫生所、诊所，学校的医疗保健室，厂矿企业门诊等。第三终端的推广模式包括产品驱动、借助医生推广、全员营销、客户关系营销、品牌营销和微利营销。

第三终端是处于困境中的中国药企寻求突围和发展的窗口。但是，由于第三终端兴起得比较晚，其营销研究和操作的模式和方法比第一终端医院市场，第二终端大中城市主流 OTC 药品市场要落后得多。随着我国医疗制度改革的逐步深入，第三终端市场必将越来越成熟，竞争必将越来越激烈。

第八章

中药品牌策略

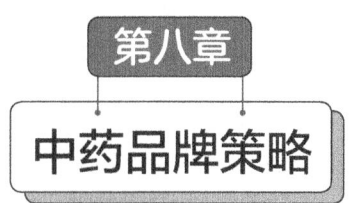

随着现代化经济的发展和中国加入 WTO，跨国医药公司纷纷在华设厂，展开市场争夺。如何在“与狼争食”的商业竞争中赢得优势，成为中药企业共同关心的话题。由于中药是中国的传统文化，有着几千年的历史，使得中药市场产品同质化严重，因而品牌成为企业识别和赢得竞争优势的主要手段和无形资产。品牌尤其是知名的品牌便于企业广告宣传、树立形象、占领市场，同时也是在同质化严重的中药市场中药品识别的标志。拥有知名品牌的企业更容易赢得经销商和消费者的信赖、赢得行业内的话语权和议价能力。

第一节　品牌概念与品牌营销模式选择

一、品牌概念、内涵与核心价值

（一）什么是品牌

美国市场营销学会给品牌的定义为：品牌是一种名称、术语、标记、符号或设计，或是它们的组合运用。品牌是企业与顾客双向互动的过程。如果没有客户的信赖和支持，品牌就会失去价值和意义。从本质上说，品牌是销售者或制造者的识别标志。品牌的要点是销售者向购买者长期提供的有共同特征的利益和服务。品牌传达质量信息和产品定位，品牌传递企业和产品的属性、利益、价值、文化、个性、目标使用者等信息，品牌最持久的含义是它的价值、文化和个性。

（二）品牌内涵

1. 品牌资产的起点——知名度

中药的品牌建设首先要打造品牌的知名度，通过品牌推广将品牌“嵌入”消费者优先选择的品牌名单中。这就要求其在营销推广上有上好的表现，通过良好的销售业绩来积累品牌基础。国药第一品牌，同仁堂恪守“炮制虽繁必不敢省人工，品味虽贵必不敢减物力”的古训，以“配方独特，选料上乘，工艺精湛，疗效显著”享誉海内外。突出的品牌优势和市场知名度使其主导产品乌鸡白凤丸、六味地黄丸等在国内久负盛名，在同行业长期处于领先地位。

2. 品质形象的体现——认知度

中药消费者对一个中药品牌的品质和疗效的看法主导了他们对这个品牌的认知，对产品的销售有着直接的影响。因此，建立良好的品质形象，已成为企业发展战略的关键。但应注意的是，提升产品品质和建立品质形象是不同的，品质形象是指中药消费者对品质的印象和看法，有时单靠改善产品品质并不一定就能建立良好的品质形象，因为中药消费者不是药学专家，他们并不关心药品的理化指标，也不会去判断药品质量的好坏，他们往往有着自己的评判标准，如包装、颜色、口感、疗效等，因此要想建立起良好的品质形象，提升产品的认知度，就必须了解并妥善地掌握运用这些指标，去影响中药消费者的判断。

3. 品牌建设的目标——忠诚度

在品牌资产中，居于核心地位的是品牌忠诚度。拥有一群忠诚的中药消费者，就像有了竞争门槛，能够有效抗击住一定的市场冲击，企业也就有了稳定的利润来源。提高品牌忠诚度是建设品牌的目标，市场营销不仅是在“卖东西”，更重要的是在“买东西”，买的就是中药消费者对品牌的忠诚，有了忠诚，就相当于人与人之间有了感情。提高忠诚度的方法，就是设法加强中药消费者和品牌之间的关系。高知名度、受肯定的品质以及强有力的品牌设计，都能协助达到这个目标。在中药药品这个行业，那些能直接建立品牌忠诚度的营销策略，已经越来越扮演着重要角色。近年来，风靡医药营销界的服务营销、会议营销、体验营销、亲情营销、俱乐部营销等，无不是在建设忠诚度方面做足了文章，取得了突破性的进展，并为行业的发展做出了贡献。

4. 品牌形象的延伸——品牌联想

品牌联想就是中药消费者在被提及某一品牌时所勾起的所有印象、记忆及情景延伸。品牌形象能够帮助中药消费者更感性地认识品牌、了解品牌、记忆品牌。品牌联想多种多样，其内容可概括为以下几种。

（1）产品类别的联想：一个品牌与它所代表的产品种类紧密相连时，意味着当中药消费者想到产品类别时就会想到该品牌。如提到可乐，就会想到可口可乐。

（2）产品特征的联想：每个产品一般都有自己的特征，如果这些特征能满足中药消费者的要求，符合中药消费者的利益，那么品牌联想便成为中药消费者购买的理由。如“白加黑”使中药消费者联想到白天不瞌睡、晚上睡得香等。

（3）产品用途的联想：通过宣传将产品与具体的应用过程联系起来，一旦中药消费者处于某种环境中就会想到该品牌。如汇仁肾宝的“他好，我也好”与夫妻生活的联系。

（4）产品使用者的联想：一定的品牌还可以使人想到特定的消费群体，如太太口服液让人联想到使用者为妇女。品牌使用者联想能加强对目标中药消费者的吸引力，有利于加强顾客的忠诚度，但这也给品牌的延伸带来很大的限制。

（5）相对价格的联想：在一种类型的产品中，往往存在几个层次的价格，而该品牌往往使中药消费者想到一定的价格层次。如万艾可，消费者就认为它的价位很高。

（6）竞争者的联想：有的品牌是根据与另一个品牌相比较的结果来记忆的。

（7）企业的联想：如由一个产品品牌像“999”，便会想到企业的创新能力、企业文化、价值观等。

（8）人物的联想：有些品牌与名人联系在一起，如范伟与万通筋骨片，倪萍和21世纪金维他等。

5. 品牌的法律资产——商标

商标是中药消费者认识品牌的标志，相当于品牌的容貌和名称。医药品牌的商标首先要能让中药消费者产生健康、生命、活力、专业、科技的联想。商标属于品牌的法律资产，也是品牌权益的保障。一个成功的商标能整合和强化一个品牌的价值，并且让中药消费者对于这个品牌的价值更加印象深刻。

对于中药企业而言，中药商标保护不仅是一个饶有兴趣和极富争议性的学术热点，而且更是一个十分迫切的、在经营管理中不容回避的现实操作问题。对于由传统产业向现代高新技术产业迈进的中国中药企业而言，可以吸收和借鉴其他行业的成功经验，加快中药企业国际化经营的步伐。

中国中药企业对于商标的重要作用缺乏认识，普遍表现为商标意识淡漠。《中华人民共和国商标法》和《中华人民共和国药品管理法》都规定人用药品必须使用注册商标，未经注册不得在市场上销售。但实践中药品商标的注册量却很少。许多驰名商标在国外被抢注后，中国企业再斥巨资把商标购回，给企业造成巨大损失。

中药企业商标保护的最大问题是，企业往往把药品通用名称与商标混淆。一些企业在开发出一种新药后，将药品的性能名称注册为商标。后来，该药品名称被收入《中华人民共和国药典》，被主管部门认定为药品的通用名称，该名称则失去了商标的意义，任何厂家都可以把它用在自己的产品上。拥有该注册商标的企业，不得不再重新注册一个商标，使得原商标中所蕴含的无形资产，也随之失去。

中华老字号同仁堂品牌誉满海内外，其“同仁堂”商标已受到国际组织的保护，在世界50多个国家和地区办理了注册登记手续。同仁堂的海外投资，无论是以品牌入股的合资形式还是采取独资、特许加盟、连锁等其他方式，都注意把“同仁堂”这个中华老字号的金字招牌向海外输出，拓展海外市场。同仁堂的知名品牌已成为同仁堂集团开展跨国经营的特有优势。

因此，中药企业一方面要充分利用各种辅助手段保护本企业商标的商誉，比如，应用数码防伪、印刷工艺防伪、材料防伪等新技术提高仿冒的门槛，在新产品研发时施加特殊辅料形成商品“暗记”等措施；另一方面，在突出企业主商标设计理念的同时，对药品的具体品种也应相应地设计出商品的专用名称，并注册为副商标，以适应不同的市场定位及其相应运作方式。

（三）品牌的核心价值

一个产品从品牌角度来看可以分为三个层面：物理属性、感官体验、情感抒发。品牌核心价值就在第三层面，即情感抒发。在产品日趋同质化的今天，通过产品的物理属性战胜竞争对手的概率越来越小，尤其对于医药这个行业来说，仿制药越来越多，产品的成分、生产、工艺技术等已无专利秘密可言，人们在选择品牌时，往往更在意的是情感的传递和疗效的好坏。所以说品牌卖产品，更是卖精神和文化，品牌核心价值恰恰将没有生命的产品带到了有血有肉有灵魂的精神情感世界，赋予产品生命。

品牌核心价值是品牌资产的主体部分，它让中药消费者明确、清晰地识别并记住品牌的利益点与个性，是驱动中药消费者认同、喜欢乃至爱上一个品牌的主要力量。核心价值是品牌的终极追求，是一个品牌营销传播活动的原点，即企业的一切价值活动（直接展现在中药消费者面前的是营销传播活动）都要围绕品牌核心价值而展开，是对品牌核心价值的体现与演绎，并丰满和强化品牌核心价值。

美国营销大师菲利普·科特勒曾说："营销是卖信誉、买忠诚，营销的根本目的是培养更多的忠诚客户，企业营销是卖产品还是买忠诚，前者是把产品卖出去，后者则注重赢得顾客的心，这才是永久的市场。"由此可见，塑造一个品牌，尤其是品牌的核心价值的意义所在。

建立品牌要付出包装费、标签费、成本费、宣传费、法律保护费等，同时还要承担不为中药消费者所接受的风险，但有了品牌可以为企业带来一些好处。例如，有了品牌名称可以使销售者比较容易处理订单时发现一些问题，品牌化有利于细分市场，有助于建立公司形象，有利于新产品推出，同时也使企业在市场上占有独特的优势：

（1）由于其较高的品牌知晓度和忠诚度，使得公司在营销过程中的成本减少。由于中药消费者在购买商品时一般都会详尽了解商品各项质量功效，一个品牌为较多的中药消费者所熟悉，那么中药消费者就会更容易接近；同时当它有较高的质量和功效时，就会使中药消费者重复购买，而减少营销成本。

（2）由于中药消费者喜欢这些品牌，因此希望分销商与零售商经营这些品牌，这加强了公司对他们的讨价还价能力。

（3）由于该品牌有更高的认知品质、质量和功能，公司可以比其竞争者卖更高的价格。

（4）由于该品牌有较高的知晓度、信誉度和美誉度，公司可以更容易地开展品牌的拓展和延伸推广活动。

（5）在激烈的价格战中，由于中药消费者对品牌的偏好和忠诚，品牌给公司提供了一定程度的保护作用。

但由于一些中药企业规模小，产品的科技含量少，企业建立时间较短，而品牌的建立需要一个较长的时间。另外品牌的建立费用投入较大，很多企业没有那么多的资金投入，无法建立起自己的品牌。然而中药企业要想发展必须走品牌之路，不断地提升品牌价值，提升企业品牌，已有一些中药企业在品牌建设方面取得了一定的成绩，他们的模式提供了可借鉴之处。

二、中药企业应用品牌营销的模式

从中国的中药市场来看，同一类药品常常有多家企业在生产，如板蓝根颗粒，几乎所有的中药厂都生产。同时，随着患者和医生获取信息的渠道增多、速度加快以及数量增多，中药消费者的需求层次和购买习惯发生了变化，越来越多的人选择到平价超市和大商场医药专柜购买药品。而药品又是与人的生命健康息息相关的，因此中药消费者面对诸多选择时，自然相信那些具有良好美誉度和信誉度的名牌产品。企业面临如此激烈的竞争市场，若是有知名品牌支撑，就会缩短中药消费者的“产品认知”过程，大大减少新产品进入市场的风险，使新产品迅速、顺利地进入市场。但一个品牌的建立、维护和宣传是需要耗费巨大资金的，它往往超过了产品原始生产成本的数倍乃至数十倍，且广告投入正在呈现边际效应递减趋势，建立一个全国性的品牌所需的投入越来越大。市场竞争要求企业必须选择合适的品牌营销模式，将品牌的知名度迅速打入市场，并且创造品牌的美誉度，不断提升品牌形象。

（一）多品牌战略

当一个企业同时经营着2个或2个以上相互独立的品牌时，采用的就是多品牌战略。哈药集团取得的业绩，与多品牌建设密不可分。近年来，哈药集团坚持“打造哈药品牌平台，共享哈药品牌资源效应”的市场战略，把申报“中国驰名商标”作为企业品牌营销工作的重点。在打造品牌优势上，公司首先全面整合企业资源，将企业名称由“哈尔滨医药集团有限公司”变更为“哈药集团有限公司”，正式向国家商标局申请注册“哈药”牌商标，并将所属企业名称前均冠以“哈药集团”品牌，努力形成以“主品牌”拉动“副品牌”的“多品牌战略”格局。实施多品牌战略可以最大限度地占有市场，实现对中药消费者的交叉覆盖，并且还能降低企业的经营风险——即使一个品牌失败，对其他品牌也没有多大影响。不过，多品牌战略是地道的强者游戏，如果不是强势企业，不要轻易尝试。

（二）单品牌战略

单品牌战略包括单一品牌，一品一牌和企业与产品同名。相对于多品牌战略，也有企业把所有产品都使用同一个品牌。例如自 999 胃泰知名后，999 皮炎平、999 感冒灵及 999 双黄连等一批同品牌产品相继涌现，而且都取得了较好的市场业绩。

1. 单一品牌

单一品牌主要是指所有产品共用一个品牌。好处在于可大大节省传播费用，对一个品牌的宣传同时可以惠泽所有产品，众多产品同时陈列在货架上可以彰显品牌形象。不足之处在于品牌下某一产品出现问题，极有可能产生恶性连锁反应，殃及池鱼。

此外，使用同一品牌时，产品之间的属性也不宜出现太大反差，否则可能引起中药消费者心理不适，造成品牌稀释。

2. 一牌一品战略

一牌一品战略是指一个品牌下只有一种产品的品牌战略。一般来说，有两种情形：多品牌战略下，每一品牌只有一种产品；或单一品牌战略下，每一品牌下只有一种产品。

实施一牌一品战略的最大好处是有利于树立产品的专业化形象。例如金嗓子即采用一牌一品战略，由于产品有个好名字——“金嗓子”，可谓雅俗共赏，容易记忆。许多中药消费者一提到咽喉问题就马上想到“金嗓子”这个品牌，因此在咽喉药市场上，“金嗓子”稳居市场龙头老大的位置，通过长期在中央电视台的广告投放，成功建立起品牌壁垒，设置了竞争者难以赶超的高门槛。

3. 企业与产品同名战略

海王药业、三九药业等企业实施的就是企业与产品同名的战略。这一战略可以减少传播费用，因为在宣传企业品牌的同时也在宣传产品品牌，宣传产品品牌时又可以宣传企业品牌。中药消费者会将每一次产品行为都当作企业行为，也会将每一次企业行为积累到产品身上，进而积累到整个品牌上。

这种企业品牌与产品品牌的互动，将有效、快速地实现品牌的积累。例如海王药业推出的感冒治疗产品“海王银得菲”，本来只是产品行为，但因为产品名“银得菲”前面冠有企业名字“海王”，大部分中药消费者会把它与企业行为挂钩。不过，产品和企业名称间的捆绑关系，容易一荣俱荣，一损俱损。

4. 一牌多品战略

一牌多品战略即多种产品都使用同一个品牌的情形。海王药业实施一牌多品战略的好处是显而易见的。2001 年，海王药业在中央电视台及全国十大卫视台展开了大规模的广告投放，其主推产品只有三个：海王银得菲、海王金樽及海王银杏叶片。据海王药业的消息，这三个产品都供不应求，这也是意料之中的。然而意想不到的是，海王药业旗下其他并没有做广告的产品，销量也都有不同程度的上升，甚至在医院销售的处方药，也越来越走俏。

（三）副品牌战略

副品牌战略是以企业中一个成功品牌作为主品牌涵盖企业的系列产品，同时又给不同产品起一个生动活泼、富有魅力的名字作为副品牌，以突出产品的个性形象。

副品牌战略虽然适用面窄，但内涵比主品牌丰富。而且副品牌凸显商品个性之美，主品牌往往难以充分展现每个产品大类的个性，副品牌正好能弥补这一不足。不过，值得注意的是，在实施副品牌战略的过程中，品牌传播的重心一定要放在主品牌上，副品牌只能处于从属地位。

（四）担保品牌战略

达克宁、吗丁啉、西比灵等都是比较成功的品牌。探究它们的背景，人们会发现它们都是西安杨森制药有限公司生产的产品。在传播品牌时，西安杨森制药有限公司有意将这一信息传达给了中药消费者。与其他品牌关系相比，达克宁、吗丁啉、西比灵等品牌与西安杨森制药有限公司之间的关系比较松散：包装上，“西安杨森”的位置并不突出，它只起到一定的担保作用。但人们提起这些产品，一般都会马上想到：哦，这是西安杨森出品的，这就是担保品牌战略的效果。

例如“强生—泰诺”所宣传的是“强生泰诺，信心承诺”。它们突出的是具体的产品品牌，而不是企业品牌，优秀的企业品牌只是对具体产品品牌作出信誉、技术、服务或实力上的保证与承诺。像宝洁与“飘柔”“海飞丝”“舒肤佳”之间也是如此，一般只会在广告末尾点上一句“宝洁公司荣誉出品”。

采用担保品牌战略主要是想向中药消费者保证，这些产品一定会带来所承诺的优点，因为这个品牌的背后是一个成功的企业，它有条件、有能力生产出优质的产品。担保品牌战略尤其适合推广新品。不过，一旦有一天被担保者违背了承诺，那么担保人的信誉也将受到损伤。

（五）品牌联合战略

品牌联合也叫双重品牌、多重品牌，甚至品牌联盟，品牌与品牌间相互联合，把品牌联合起来以创造更好的产品或服务，或者从事有效的战略性或战术性活动，以实现相互借势，达到“1+1>2”的目的。

世界制药企业间的品牌联合频频发生。比如葛兰素史克公司（Glaxo Smith Kline）、惠氏制药（Wyeth）和勃林格殷格翰（Boehringer Ingelheim）等知名品牌。在国内医药界，品牌联合战略方兴未艾，例如新华和鲁抗合并成的新华鲁抗集团。

品牌联合战略一般通过股份相互占有、技术相互转让、市场共同拥有的方式，实现联合各方在新的市场竞争格局中的生存与发展。这种方式对中国中药企业尤其是不太有优势的企业十分值得借鉴。

（六）品牌特许经营战略

特许人与受许人借助同一品牌，在相同模式下实现品牌扩张，达到双赢或多赢目的。当特许人向受许人提供统一的品牌、技术、管理制度和营销策略等之后，受许人要向特许人支付一定费用。品牌特许经营战略可以使品牌快速扩张，并能借助受许人的资金和渠道优势，降低产品上市的风险和成本。采取品牌特许经营战略的特许人，希望能为受许人提供机会在一家或多家加盟店/直营店运营两项或多项特许经营业务，并希望多个强有力的品牌联合后所获得的利润要比各单项特许经营业务的总和更大。

2002 年，深圳海王星辰医药有限公司引入美信医药的经营管理技术，开始用特许加盟的形式在中国拓展美信医药的加盟业务。美信医药是全球特大型连锁药店之一，在世界各地拥有 1300 家连锁药店，进入中国 2 年就已在中国大陆地区成功开设了 50 多家加盟药房，主要分布在广东省、福建省、江苏省、浙江省和上海市。美信医药的特许商除了按照国家要求配备执业药师、驻店药师外，药房的药师每年还必须接受特许商美信医药的专业训练与专业认定。

（七）品牌虚拟经营战略

GMP 认证已成为制药企业首先必过的一道门槛，而来自中国中药企业竞争力研究课题组的一份报告显示，通过 GMP 认证的企业之中有 50%以上的企业设备闲置，缺乏新品，资金链紧张。这说明，药品产能已经明显过剩。因此，在政策许可的前提下，委托加工方式已大踏步进入医药领域。

国际上许多成功的经验表明，生产、营销和品牌是完全可以分离的。药品委托加工在欧美国家非常盛行，很多专注于药品研发的公司，他们无须配备任何生产设施，通过委托生产即能获得研发产品的后期回报。一些拥有新药证书的单位和个人都可将产品委托给相关的生产企业生产，药品的质量控制、不良反应导致的召回以及市场推广等都由委托方负责，被委托的生产者完全按照委托人的工艺条件和质量要求进行加工生产，只对生产这一环节负责。这种品牌与生产的分离，使品牌持有者从烦琐的生产事务中解脱出来，专注于技术、服务与品牌推广，使各自的专业水平能得到更好的发挥。

例如湖北红桃 K 集团，1994 年以来，产值、销售收入、利税等主要经济指标以 300%的速度增长。1999 年，红桃 K 销售收入 50 亿元，成为当年中国销售收入最大的保健品生产企业。他们所建的企业模式，正是新经济的时尚——虚拟经营。因为他们发现，不少国有制药企业都有闲置的厂房设备，有的厂甚至已处于停产和半停产状态，生产能力利用率很低。如果充分利用这些资产存量，不仅投产快、效率高，而且可以超越原始积累阶段，使产品直接进入大规模生产。根据这种思路，红桃 K 集团选择专业化程度较高的企业分别生产加工，不仅避免了重复建设和大量占用资金，而且突出了专业化优势，克服了许多企业追求门类齐全的弊端，使产品质量得到了整体提高。通过委托加工，红桃 K 公司以少量的投入在一年时间内达到了产业化的目标，使年产值迅速超过了亿元。红桃 K 的主要精力是抓市场营销和技术开发。

随着人民生活水平的提高和医疗保健意识的增强，预计在未来相当长的时间内，国内中药市场的销售量仍将保持稳步增长的势头，现代中药理念和品牌对中药企业生存和发展所显示的作用越来越重要，由于中成药缺乏科学的质量评价规范，中药消费者对产品的信心就更多建立在品牌之上。中药企业的成功更大程度上依赖品牌的建设，如百年老字号的企业同仁堂、雷允上、云南白药等，以及近十几年新创立或正在创立品牌的企业，如太极集团、四川地奥、天津天士力、吉林敖东和通化东宝等。

第二节　中药企业如何打造品牌

中药营销的终点是中药消费者，营销过程是在产品、渠道、终端、中药消费者等几个关键环节上进行有效的资源和价值分配。中药消费者对药品认知的核心是功效，中药消费者对药品没有消费经验时往往会信赖品牌，品牌能够促进中药消费者购买；反过来，中药消费者对于药品良好的消费经验也会促进品牌的形成。因此，将中药及中成药做成品牌药是每个生产企业都需要做的事情。企业打造中药品牌，一般从其知名度、认知度、忠诚度、品牌联想、商标符号等方面入手，来塑造良好的品牌形象。

一、运用品牌战略提升药企业竞争优势

截至 2021 年年底，中国中药生产企业有 4318 家，其中中成药企业 2178 家，饮片企业 2140 家。截至 2023 年，中国中药企业的注册资本主要分布在 1000 万 ~5000 万元，共有 2319 家；其余注册资本在 200 万 ~500 万元、500 万 ~1000 万元以及 5000 万元以上的企业数量均在 1200 家左右，反映出中国中药企业的整体竞争实力不强，竞争优势不明显。特别是在当前中国中药企业面临着“医”“药”分家及加入 WTO 后外资企业纷纷进入中国医药市场的情况下，中国中药企业的生存竞争环境发生了巨变，给中药企业的传统运作模式带来了巨大的冲击。中国中药企业如何适应新的竞争环境并在新的环境中获得比较竞争优势？综观国内外各个成功的企业，品牌无疑是同质化产品在自由竞争阶段最为重要的成功因素之一。

（一）品牌逐渐成为中药消费者购买行为的主要动力

品牌是指一个名称、标记、符号、设计或它们的联合使用。中药品牌可帮助中药消费者辨识厂商的产品或服务，并与竞争者的产品相区别。品牌能为顾客提供其认为值得购买的功能利益及附加价值的产品，向购买者提供产品质量同一性的保证。由于市场竞争加剧，中药消费者可以根据个人对产品信息的获得与喜好选择购买。品牌的客户满意度 = 品牌价值 × 产品销量，如果产品的品牌价值或产品配销一方为零，都将无法传递客户满意度。一个品牌之所以能经久不衰，就在于它能以品牌的现有价值转换未来的现金流量。这项经济价值

来源于两个方面：一方面是有效的品牌经营、维持及市场成长所形成的价格优势；另一方面则是建立品牌的忠诚度，延缓市场上新品及替代品的进入，使未来的收益得到保障。

中药消费者自行购买药品主要是OTC药，而在世界范围内，OTC药占整个药品市场的份额约为15%（欧洲占25%~30%），但各个国家其比例差别很大。中药消费者在购买OTC药物，越来越多地受到产品品牌的影响。

品牌已经逐渐成为中药消费者购买行为的主要驱动力，强势品牌可以降低公司的营销成本，使产品进入市场的壁垒降低，中药消费者接受速度加快。比如广为人知的999品牌，就是由其拳头产品999胃泰确立了胃药霸主地位后，999品牌成为全国驰名商标，随后相继推出的999皮炎平软膏、999感冒灵、999库克小儿速效感冒颗粒、999双黄连等药品，利用其既有完善的产品配销体系和品牌效应，同样取得不俗的市场业绩。而以“青春宝”知名的杭州正大青春宝集团，利用“青春宝抗衰老片”的品牌知名度，推出“青春宝美容胶囊”，上市4个月内就产生2000多万元的销售额。这都是品牌产生的经济效应。

市场研究公司对北京、西安、成都、沈阳、广州五个城市的中药消费者调查结果表明：同样名字的产品，在中药消费者第一次购买的情况下，三成多的中药消费者会选择自己熟悉的品牌，约三成的中药消费者会根据店员推荐做出选择，两成多的中药消费者会根据亲朋好友的推荐选择，另外两成的中药消费者则是通过其他方式进行选择。而其中的亲朋好友推荐也多含有产品的品牌知名度高的缘故。比如同样是乌鸡白凤丸，北京的中药消费者多选择同仁堂产品，广东的中药消费者更倾向于陈李济产品，而沈阳的中药消费者则偏爱世一堂产品。为什么呢？因为同仁堂、陈李济、世一堂都分别是当地的知名品牌，在当地中药消费者心中的地位根深蒂固。因此，品牌对中药消费者购买行为影响力之大可见一斑。

（二）品牌与产品之间的关系

产品与品牌在很多的企业中没有给予明确的界定，很多消费者知道某一品牌的产品，却不知道生产该产品的厂家，这正是品牌的魅力所在。

产品和品牌从本质上来说根本不是一回事，产品是带有功能性目的的物品，除此之外，品牌还能提供附加价值。当然，所有的品牌皆附着于产品，但并非所有产品都是品牌。二者正类似物质与精神的关系。功能性的目的和附加价值这两种价值对中药消费者的表现形式就是动机利益和差别利益之间的微妙平衡。动机利益就是指促使中药消费者消费该领域中任一品牌的利益，这通常是功能性的；而差别利益是指刺激中药消费者选择这种品牌而不是别的品牌的利益。所以，在实际需求下，品牌促进了企业价值的实现。可见产品与品牌之间的差距最主要体现在附加价值的差异性，附加价值对品牌显然是非常重要的，原因有如下几点。

（1）源自品牌成长过程的附加价值，包括熟悉感、已知的可靠性和风险的减少。一个品牌被人熟知之后，就能使品牌个性深入人心。

（2）附加价值源于使用此品牌的各种人的主观感受——富裕的和势利的，或者富有魅力的，或有男子气概的或有女人味。

（3）附加价值源于中药消费者对品牌效用的信赖。“盲式实验”证明品牌能够解除 1/4~1/3 的疼痛，也就是说，品牌犹如药品的一个特殊部分，与药物的活性成分相互作用，产生比非品牌的药片更大的作用。

（4）附加价值源自品牌的外观。随着通用医药产品同质化情势日趋明显，中药企业实施自己的品牌战略已经刻不容缓。产品是竞争的基础，把产品做成品牌，企业才真正具有竞争力。因为中药消费者可以自主购买的 OTC 药物与在医生的指导下使用处方药物，在市场营销上有着本质的区别。中药消费者在治疗同一症状时，可根据不同的心理或喜好，自由选择产品。在 OTC 药物的市场运作模式中，附加在商品的内涵外的品牌规划、品牌个性、品牌价值等一系列无形资产在竞争中显得尤为重要。据相关统计数据，中国名牌 OTC 产品的销售额已占到所有 OTC 药品的 65%以上。

品牌和产品之间是如何互动的呢？二者关系的发展经历了怎样的过程呢？品牌和产品之间的发展经过了三个阶段：首先开发产品，赋予其功能价值，这是根本；其次通过产品的附加价值，形成品牌；最后改进产品，提升品牌。也就是说，先有产品这个物质基础，实现中药消费者的功能价值需求；如果这个功能价值需求实现得很好，中药消费者很满意，那么产品的知名度提高，企业再追加产品的附加价值，逐渐形成了自有的品牌；好的品牌形成以后，为了维护其品牌形象不倒，企业还要不断提高产品的功能价值……如此，就形成了一个良性循环。有时品牌提供的附加价值甚至可以远远超过其功能价值，一个好的品牌甚至可以挽救一个产品。

（三）品牌是中药企业获得竞争优势的必要条件

品牌竞争力已不容忽视，在日益动荡多变的市场条件下，品牌已经成为赢得顾客忠诚和企业求得长期生存与成长的关键。

在全球环境下，现代企业的核心竞争力已经越来越多地和产品品牌的竞争力联系在一起，两者彼此制约，相互依存。特别是中国加入 WTO 后如何保持自己的竞争优势，或许更多的是强化品牌竞争力，因为中国制药企业与跨国公司相比最缺乏的就是品牌竞争力。而品牌战略优势在于提升销量，减少费用，节省品牌建设成本，利于品牌资源的深度挖掘和利用。广州医药集团自推行品牌战略以来，以“广州药业”为重点，抓好“广药”品牌的推介和宣传工作，经济效益逐年得到提升，“广药”这两个字已经成为医药行业里一块叫得响的招牌。另外如华北制药、太极集团等都是其中的佼佼者。

企业核心竞争力是指企业内部经过整合的知识和技能，尤其是协调各方面资源的知识和技能，是超越竞争对手的不可模仿的整合控制能力。制药企业的核心竞争力是企业多方面的技能和企业运行机制的有机融合，是企业在特定的环境下竞争能力和竞争优势的合力，是企业技术系统和管理系统的综合提升，其实质是资源整合能力和持续创新能力。综合分析，市场研究预测能力、规划设计创新能力、客户吸引与发掘能力、资源有效整合与统筹能力构成较高的竞争性，最有可能获得竞争优势。品牌成为核心竞争力的必要条件，评价企业核心竞争力可按照以下四个标准：

（1）增值性和效益性——为用户价值做出明显贡献。

（2）领先性和独特性——不能被竞争对手所模仿。

（3）延伸性和多样性——不仅用于单一产品或服务，更可延展其他产品和服务。

（4）协调性和整合性——内外资源的整合优化。

品牌竞争不仅是来自市场营销，更不是广告宣传，而是以客户为中心的客户关系管理（CRM），是建立并维系中药消费者和产品之间持续的良好的关系，品牌作为这种关系的纽带，是基于企业和客户之间相互信任的前提下而建立的。品牌竞争优势之所以要建立良好的客户关系为前提，是因为竞争对手具备了模仿其竞争对手的产品、服务、系统甚至整个过程的能力。保持一个品牌的差异性市场定位再也不像以前改进产品质量、降低成本和分销市场那么简单，也不能单靠广告长期维持一个品牌形象。也就是说，传统营销模式已经难以奏效，而客户关系培植具有唯一不可替代性。

（四）企业品牌战略管理规划与模式

有不少人片面把品牌模式的选择等同于品牌战略规划。其实，品牌模式的选择仅仅解决的是一个品牌框架与结构的问题，品牌战略规划远不仅是一个品牌模式的选择问题，它的核心是规划以品牌核心价值为中心的品牌识别，还包括是否需要使用品牌的决策、规划品牌远景、品牌管理组织与机制规划乃至品牌战略与企业 CIS、CS 等战略之间的整合等方面。

企业品牌战略规划的四条主线：企业首先要从企业的发展战略出发并结合企业产品的特点来制订企业品牌的战略规划，通过品牌战略规划这条主线来带动企业各项工作的全面发展，从而提高企业的竞争优势，实现企业的价值。

具体来说，我们通常见到的是单一品牌、多品牌、主副品牌、背书品牌等四种主要品牌模式。P&G 宝洁公司的洗发水采取的是一品多牌的多品牌模式，同样是洗发水分别有几个品牌：海飞丝、飘柔、潘婷、沙宣等，这些品牌定位各不相同，但都获得市场认可。不过这种品牌模式耗资巨大且要求品牌管理的能力相当高，一般的企业不可轻易尝试。下面结合制药企业的实际情况来探讨品牌战略管理模式。

品牌形象是企业文化的外在体现，具有张扬性，而企业文化根植在品牌形象土壤，具有内涵性。品牌竞争力是企业竞争力在市场上的商品化的综合表现，是企业核心竞争力的物化表现，品牌竞争力决定企业未来的盈利能力。要使品牌成为企业的核心竞争能力，有赖于企业文化而存在。核心竞争力是品牌竞争力的核心内涵。

通过品牌战略管理模式，可以进行企业的品牌设计、规划、提升。从品牌统率整合上看，金陵药业、鲁抗医药、哈药集团给我们很多的启示。金陵药业的核心产品“脉络宁”曾经连续几年单品种销售额达 6 亿多元，成为全国销售额最大的六大中药产品之一。鲁抗医药大力塑造企业的品牌战略形象，用品牌凝聚人心。哈药集团借品牌抢占市场，靠品牌赢得效益，全面促进了企业健康发展。

质量与科技，体现品牌根本：任何企业要在中药消费者中塑造过硬的品牌形象，首先传递给中药消费者的信息是过硬的产品质量。鲁抗医药是全国医药系统中首家通过 ISO 9001 质量体系认证的企业，鲁抗医药的拳头产品青霉素原料和粉针曾荣获国家质量金奖，在市场销售中的份额很大。哈药集团下属的世一堂制药厂不懈地追求产品的高质量、高层次、高品位，企业建立了完善的质量管理体系，过硬的产品内在质量保证了产品的疗效，也得到了广大中药消费者的认可。依靠科技给品牌注入生机活力，品牌的生命力取决于企业的创新能力。

统一品牌，树立核心价值：金陵药业为维护品牌和企业形象，建立了无形资产管理机构及制定一系列无形资产管理办法。“脉络宁”国际商标使“脉络宁”商标在国内外得到统一管理和有效保护；而“以诚信为本、做现代中药”的经营理念，丰富了“脉络宁”品牌的科学内涵，进一步提升了广大中药消费者对“脉络宁”品牌形象的美誉度。

发展品牌，建立基本识别：品牌的核心是技术。金陵药业承担国家重大科技专项“名中药——脉络宁的二次开发研究”课题，为此以“脉络宁”系列产品深度研究为主线，以治疗心脑血管疾病为研发方向，围绕“脉络宁”注射液这一产品展开梯形开发，形成扇形扩展的产品结构，做好做强了“脉络宁”系列品牌的延伸工作。

提升品牌，优化延伸识别：金陵药业根据“脉络宁”品牌产品的疗效特点，争取做成国内在治疗心脑血管疾病天然药物生产销售方面有较大影响的骨干企业。为此，金陵药业药品生产基地进行了技改搬迁，现已通过了国家 GMP 认证。从美国、德国等国家引进的“脉络宁”产品生产线，代表了国内中成药生产企业最先进的水平。为从源头上控制“脉络宁”的质量，金陵药业根据国家 GAP 要求，建立自有的中药材种植基地，满足“脉络宁”规模生产需要。

VI 管理，夯实品牌形象：鲁抗医药于 1992 年更换了商标。由于这一商标在产品包装、企业宣传、广告促销、重大活动庆典等方面得到广泛、规范的应用，1998 年该商标的无形资产被确认为 1.89 亿元。鲁抗医药改革开放以来全方位的跳跃式发展铸就了自身辉煌的品牌形象，辉煌的品牌形象又有力地促进了企业的发展。科学的“识别系统”管理，夯实了鲁抗医药品牌的形象宣传基础，鲁抗医药近年来尝试实施 CI 导入战略，使得企业品牌形象的塑造第一次有了标准和规范。

广告宣传，扩大品牌知名度：在竞争日趋激烈的市场形势下，好产品、好品牌还要靠好宣传，鲁抗医药主要采取了“两条腿走路”的方法。一是形象广告宣传，就是紧紧抓住有利企业宣传的不同契机，及时在众多媒体上宣传企业形象和产品。鲁抗医药设有多层次的专兼职通讯报道人员，遇有重大宣传题材，如兼并联合、股票上市、重大工程建设、大型庆典等，则由专业宣传人员分工撰写，重点宣传，通过消息、广播、电视等新闻媒体登载播发，借此扩大企业的影响力。而世一堂制药厂则是把用名牌产品开拓市场当成宣传企业形象，提高企业经济效益的一个重要手段，几年中投入的广告费达近亿元，运用广播、电视、互联网、报纸、车体、路牌等多种传播媒体去宣传品牌。除此之外，世一堂还采取多种方式进行宣传活动，搞过义诊义卖，举办过音乐会、洽谈会……短短几年，世一堂制药厂声名鹊起，客户主动上门订货不断，企业用品牌战略打开了市场大门。

客户关系管理，提升品牌：品牌管理的策略应该是感性化的，而不是理性化的。上述各种品牌管理手段主要是为了吸引客户，然而品牌战略的最终目的是要留住客户，让客户对这一品牌具有忠诚度。与客户培养和塑造一个感性的、富有个性色彩的品牌关系需要经历这样的过程：首先，要有知名度，让客户获得足够的信息，能够充分地了解品牌；其次，要有美誉度，获得客户对品牌的尊重，和客户建立友谊关系，进而获得客户的认可；最后，要有忠诚度，即客户由信任而产生对品牌的忠诚，客户和品牌之间转变为亲密的合作伙伴关系。通过这样的客户关系管理，品牌形象才会得到根本性的提升。

（五）运用品牌战略失败案例分析

品牌对提升一个企业的竞争力已经逐渐被企业认识，但是品牌战略在企业的运作过程中也有许多失败的案例，对中药企业有很多的借鉴意义。

（1）主副品牌界限模糊。主副品牌模式的本质是一种品牌延伸策略。比如“长虹—喜临门”“海尔—小神童”中，长虹、海尔是主品牌，喜临门、小神童是副品牌。主品牌往往代表的是一个类别的产品品牌，而不仅仅是个企业品牌，比如“长虹—喜临门”“海尔—小神童”中的长虹、海尔首先是作为电视机、洗衣机这两个类别的品牌，其次才是企业的品牌；在宣传上主品牌是重心，副品牌处于从属地位。相应地，要让中药消费者去识别、信任与忠诚的主体是主品牌，而不是副品牌。因此，主副品牌模式的成功必须建立在一个成功的主品牌基础上，它需要利用中药消费者对现有成功主品牌的信赖和忠诚度，推动副品牌产品的销售。

（2）副品牌不属于系列类产品，无法引起中药消费者相关联想。副品牌必须附着于一个成功的主品牌，而且是一个成熟的产品类别品牌。只有这样它才能与主品牌相得益彰。一般来说，副品牌是成系列化的，而且集中在某一产品类别下，它往往适用于拥有某类系列化产品的主品牌。

（3）错误地把产品类别作为副品牌。这样的错误其实很多国内企业都有。如排毒养颜胶囊、六味地黄丸，都只是一个产品类别的名称，任何企业都可以用，但是有的企业误把产品类别当品牌，花巨资培育市场，却被大量的跟进者分享了。“银杏叶片”“牛初乳”也只是一般产品的公用名称而已，早已经作为该类产品的名称存在，此种做法，同样只能为其他跟风的“牛初乳”“银杏叶片”做了免费的市场培育工作。

其实品牌的模式本身无所谓“对”与“错”，但必须把握不同的市场与行业环境，领悟其本质。中国企业的确缺少在品牌战略指导下的品牌传播，品牌战略规划的确是当务之急的事。片面地理解主副品牌模式就犯了常识性错误，我们真诚地希望中药企业能够结合企业自身特点，踏踏实实进行品牌建设，打造更多中国健康产业的强势品牌。

企业的发展，必须有自己的品牌，无论是 OTC 药物还是处方药，中药消费者自主选择购买的比重越来越大，而产品同质化的结果是品牌成为影响消费决策的关键因素。可以说，品牌决定着企业的发展命运，所以中药企业应该在发展战略、人员观念、实际操作等层面强调品牌建设意识，从品牌的核心价值、基本识别、品牌延伸来规划品牌轮廓，通过品牌的美誉度、忠诚度、知名度与优化品牌战略模式品牌构架来丰富品牌内涵并提升品牌价值，通过产品的质量、包装设计、广告宣传与软新闻、终端生动化、人员推广和服务等细节来传递并强化品牌信息和品牌影响。

二、品牌建设的策略和方法

（一）前期强大的市场调研活动

市场调研是企业品牌建设的基石。市场调研对于保证临床推广、适应市场需求，开创新的品牌显得越发重要。上市之前的营销调研投资就像一个保险计划，少量的资金，较早的投入，综合后将会得到令人惊奇的结果。这方面做得好的公司从产品上市前到上市后，会做范围极广的一系列的市场调研，以提供做决策时所需的重要数据和深度分析。

品牌经理认为，早期的市场调研可能会揭示产品不易被觉察的市场潜力。如果中药企业不是依据大量的市场调研来揭示医生们或患者们的潜在兴趣，很可能会在产品开发阶段就陷入一个误区，提出一个并不适宜的品牌形象。

在国内中小型制药企业普遍面临经营困境的同时，一些境外药品品牌却在国内市场取得了良好的销售业绩。以天津中美史克公司为例，1997 年仅康泰克就占据国内感冒药市场 30%的份额。境外药品品牌之所以能取得如此骄人的成就，与他们认真研究分析目标市场、科学地进行战略性的系统策划和务实的调研是分不开的。

（二）广告与市场沟通

广告在建立品牌过程中起着不可替代的作用。广告通过传播价值和增加个人情感，帮助建立品牌。尤其是在国内，近年来在央视广告中排前六名的感冒药，恰好都是销售量的前六名，因此要扩大自己的市场占有率，提升自己的品牌知名度，就一定要抓住广告这一极好的促销资源。

合理的广告投入，可迅速提高品牌的知名度，拉动产品的市场需求，促进品牌快速成长。许多中药企业充分利用报刊电视等大众媒体强有力的社会传播力，尽快提升社会影响，通过塑造企业品牌形象，扩大产品的知名度，来带动市场，促进销售。

（三）营销团队的推动

在影响品牌建设的各个重要因素中，销售队伍给予的支持是很具分量的。如果销售人员不积极接受一个新产品，那么产品将不会得到最佳的市场效益。所有行动，从对产品潜力的沟通到销售激励机制计划的细节，都得首先使销售代表在产品上市之前就建立起对品牌的认知、热情和信任。

在品牌营销队伍建设方面，哈药集团所属企业通过实施“营销队伍种子计划”，使销售人员整体素质得到了提高。哈药集团重点拓展医院、药店两个终端市场渠道，加大农村市场的开发力度，有效增强了主导品种在终端网络中的品牌影响和竞争力。

第三节 中药利用品牌营销走出国门

中国的中药品牌曾有着悠久历史和强大的影响力，如同仁堂、胡庆余堂等品牌早已为世人所熟知和认可。但中国中药产业的品牌现状却不尽如人意，中国在中药材、植物提取物和中成药这三大类中药产品的出口中，中成药出口增速仍然最低，绝对值最小。而在欧洲市场上销售的浓缩人参汁和整参，大多来自韩国。因此加强国内中药品牌的战略管理已势在必行。中国要实施“中药现代化”和“中药走向世界”的发展战略，就要努力实施中药的品牌战略，培育一批有较大影响、较强竞争力和较广市场覆盖面的世界名优中药品牌。可见，加强中药品牌的战略管理对中药企业本身乃至整个中药产业经济，都具有重要的现实作用和长远意义。

品牌营销战略就是要不断提高品牌资产，提高企业形象，建造“世界品牌”在现代营销活动中赢得主动的企业经营行为。品牌作为开展营销活动的手段，已成为企业高层次竞争和占领市场的重要工具。中药企业应在加大科研投入、提高产品质量的同时，实施品牌战略，不断提升企业形象，靠品牌取胜。

从品牌战略的角度看，拥有老字号招牌的中药企业，如北京同仁堂、天津达仁堂、杭州胡庆余堂等，经过上百年的经营，其品牌凝聚着信誉、商德，有良好的效应。但是名牌是一个动态的概念，创名牌不易，守名牌更难。

要实施品牌战略，必然要求中药企业加速现代化经营进程。实施品牌战略对中药企业来说，关键是要在产品质量、疗效、技术含量和品牌推广等多方面努力，只有这样，中药才能逐步与国际药品标准接轨，改变过去中药产品技术含量低、玄妙、说不清的印象，从而才能真正创建一批“世界级”的中药品牌。当然，对于一个企业来说，国际化并不是一条容易的道路，需要组建中药现代化的联合舰队，将有实力的企业和科研院所组织起来，加大科技投入，瞄准国际医药市场，开发出符合国际标准的优质中药产品；通过品牌战略的实施，定位企业的产品优势，重视新产品开发和市场开发，使中药民族产业活跃于世界经济舞台，为世界人民所认同。

借世界范围内绿色药品的浪潮，加强中医药品牌文化的国际交流活动，是实施品牌战略的重要方式之一。人们接受一种新产品的过程，往往也是接受一种新的文化和生活方式的过程。医药商品是一种特殊商品，与人们的生命安全和健康息息相关，要让一名根本不了解中医药文化或是知之甚少的异国消费者接受中药治疗，只有“文化先行”。反观许多进入中国市场的跨国公司，在其营销全过程中，特别是前期开辟市场阶段，文化先导是其最常采用的策略。中国中药企业应当积极参与中医药文化的推动、中医药理论知识的国际传播，通过文化传播，引导西方中药消费者需求，并促进其需求的技术内涵向传统适当回归，影响国外中药消费者的思维习惯，从而使其接受中医药。

以中药为主题，实施多种营销战略计划。营销活动就是组织与公众之间进行信息传播和沟通的过程，它有利于树立企业良好的公众形象和美誉度，促进企业与中药消费者之间的沟通。中药企业进行跨国经营，要让公众对这个组织及其产品有所了解和支持，就要在组织与公众之间形成畅通的双向交流，就必须善于运用公关的传播沟通手段，举办新闻发布会、记者招待会、展览会、联谊会、沙龙和赞助、社会公益活动、新闻宣传等公关专题活动。

在营销战略计划中，以中药为主题，可结合以下几个方面内容进行营销推广：第一，以理服人，用中医药在全世界发展的事实去说服国外的中药消费者。第二，要结合当地的文化特点，对中医药产品进行恰当宣传。由于中医药产品广告在欧美各国受到限制，中国中药企业对产品宣传可采用“商品展览会”等形式，对中医药产品的性能、功效和外形设计、包装等进行宣传，从而建立顾客对产品的信赖。第三，与国外合作，建立多种形式的中医药研究机构。在欧美各国，医生的推荐是影响中药消费者行为的重要因素。我们可以在中医药研究机构中，加大中医、名医的宣传力度，使人们在信任中医的同时，也自然地接受了中药。

总之，实现中药国际化，就是要从实施品牌营销战略的高度，强化中药企业的商标保护力度，使得中国的中药企业在激烈的国际市场竞争中站稳市场，始终立于不败之地。

本章小结

本章介绍了品牌概念与品牌营销模式、中药企业品牌建设与管理策略及品牌营销在国际市场上的应用。从本质上说，品牌是销售者或制造者的识别标志。品牌的要点是销售者向购买者长期提供的有共同特征的利益和服务。品牌传达质量信息和产品定位，品牌传递企业和产品的属性、利益、价值、文化、个性、目标使用者等信息，品牌最持久的含义是它的价值、文化和个性。品牌的内涵包括知名度、认知度、忠诚度、品牌联想、商标。

品牌核心价值是品牌资产的主体部分，它让中药消费者明确、清晰地识别并记住品牌的利益点与个性，是驱动中药消费者认同、喜欢乃至爱上一个品牌的主要力量。核心价值是品牌的终极追求，是一个品牌营销传播活动的原点，即企业的一切价值活动（直接展现在中药消费者面前的是营销传播活动）都要围绕品牌核心价值而展开，是对品牌核心价值的体现与演绎，并丰富和强化品牌核心价值。品牌建设的关键在于前期强大的市场调研活动、广告与市场沟通、营销团队的推动。中药企业的品牌战略模式包括多品牌战略、单品牌战略、副品牌战略、担保品牌战略、品牌联合战略、品牌特许经营战略、品牌虚拟经营战略。

品牌营销战略就是要不断提高品牌资产，提高企业形象，建造“世界品牌”，在现代营销活动中赢得主动的企业经营行为。品牌作为开展营销活动的手段，已成为企业高层次竞争和占领市场的重要工具。中药企业应在加大科研投入、提高产品质量的同时，实施品牌战略，不断提升企业形象，靠品牌取胜。

第九章 中药广告与传播

第一节　广告的定义与分类

一、广告的定义

“广告”一词源于拉丁文 Adverture，是吸引人心，或注意与诱导的意思。1300—1475 年的中古英语时代，演变为英语中的广告 Advertise，其含义是“一个人注意到某种事”，后来又演变为“引起别人的注意，通知别人某件事”。“广告”一词在 20 世纪初才输入中国。

根据现代广告的基本特征，本书作者对广告定义为广告是广告主通过有偿占用媒体资源（包括时间、版面、空间位置等）发布商品或劳务的信息，以满足商业目的的传播手段。

这个定义包含以下四个方面含义：

（1）广告对象是广大消费者，是公众传播，不是“一对一”推销的个人传播行为。

（2）广告内容是传播商品或劳务信息。

（3）广告发布是通过采购媒体时间或版面，即有偿占用媒体资源而实现，它有别于新闻信息传播。

（4）广告目的是满足广告主的商业目的。

广告是一种信息传播活动，任何广告的本质属性都是通过一定的媒体，向大众传播一种信息。这是任何社会形态下广告具有的共性。

从大的范围来区分，广告可分为广义的广告与狭义的广告两类。广义的广告，包括商业性广告与非商业性广告。商业性广告所登载的都是有关促进商品或劳务销售的经济信息，是为经济利益服务的。非商业性广告，是指除了商业广告以外的各种广告。这种广告的范围很广，如各社会团体的公告、启事、声明，个人的遗失声明、寻人广告、征婚启事……凡是按规定向有关广告媒体缴付广告费的，也属于广告范畴。狭义的广告，指商业性广告，广告的传播者是推销商品、劳务的经济组织或个人，广告内容主要是出售商品或劳务的有关信息，广告的接收者是需要购买该种商品或劳务的经济组织或个人。商业性广告占广告的绝大部分。

二、广告的分类

广告可以按照不同的区分标准进行分类，分清广告的类别，有助于根据不同的广告目标的要求，正确地选择和使用广告媒体。

（一）广告覆盖的地区分类

由于广告选用的媒体不同，广告覆盖面及其影响的范围是不同的，可分为以下几类。

1. 全国性广告

全国性广告是指选用全国性的媒体，如全国性的报纸、杂志、电视、电台等。其目的是通过全国性广告激发国内消费者对广告产品的需求。采用全国性广告的多是一些企业规模大，产品服务遍及全国的广告主；广告的产品多数是通用性强，销售量大，选择性小的产品；也有一些是专业性强，使用地区分散的产品。服务性行业由于地区性强，不宜采用全国性广告。

2. 区域性广告

区域性广告是指选用区域性的媒体，如省报、省电台、省电视等，其传播面在一定区域范围内。此类广告多数是一些地方性产品，季节性产品，销量有限而选择性较强的产品。中小企业多选用区域性广告。

3. 地方性广告

地方性广告比区域性广告传播范围更窄，选用的媒体多数是地方性传播媒体，如地方报纸、地方电台、路牌、霓虹灯等，此类广告多数是为配合密集性市场营销策略的实施；广告宣传重点是促使人们使用地方性产品。广告主多为商业零售企业、地方性工业、服务业。

（二）按广告对象分类

商品有不同的促销对象，广告也应该有不同的对象。广告根据不同对象可分为以下几类。

1. 消费者广告

消费者广告面向最终消费者，它由生产者或商业经营者向消费者推销其产品，故也可称为商业零售广告。此类广告占广告的大部分。

2. 工业用户广告

工业用户广告主要是由生产企业或商业批发企业发布，指向对象是某类工厂或公司中的管理人员和操作人员，广告目的可能是推销产品，如机械设备、原料等；也可能为了推销工厂、企业所需的个人用品或劳务，如防护用品等。

3. 商品批发广告

商品批发广告主要是由生产企业向商业批发和零售企业发出的广告，或是批发商业之间、批发商业向零售商业发出的广告。它指的对象是商业企业，都是为了引起比较大宗的买卖。

4. 专业广告

专业广告的对象主要是针对从事某些专业化工作的人，如医生、牙医、建筑师、律师和会计师等。广告的目的主要是说服他们采用其职业领域中的某种商品（如医疗器械、医药品等）；说服他们使用某种个人产品，并通过他们影响广大消费者，如牙膏、牙刷、口腔清洁用品等，能得到牙医的使用和介绍，其影响力是很大的。

（三）按广告的直接目的分类

商业性广告最终目的是推销商品，取得利润。为达到广告的最终目的，不同的广告有不同的策略，这就是广告的直接目的。

1. 以推销商品为目的的广告

以推销商品为目的的广告又可分为以下三种。

（1）报道式广告以教育性和知识性的文字或图像，向消费者介绍商品的性质、用途、价格等情况，促使消费者对商品产生初步需求。其基本任务是使人们知道而不是劝导购买，属开拓性广告。

（2）劝导式广告。这是以说服为目标的广告，通过产品间的比较，突出本企业产品的特点和给消费者带来什么利益，使消费者对产品的品牌、商标加深印象，刺激选择性需求。此类广告属竞争性广告。

（3）提示式广告。此类广告的商品，都是一些消费者在已有使用习惯和购买习惯的日常生活用品。提示式广告的主要目的是刺激重复购买，强化习惯性消费。

2. 建立企业商誉，宣传企业的历史与成就的广告

此类广告的目的是加强企业自身的形象，加强消费者对企业的信心，沟通企业与消费者的公共关系，从而为长期的销售目标服务，具有长效作用，故又称为战略性广告。

（四）按广告传播方式分类

广告选用不同的媒体就有不同的传播方式，其作用与特点都有所不同。此类广告分类有细分与粗分两种方法。如按广告媒体细分，则可分为报纸广告、杂志广告、广播广告、电视广告、招贴广告、路牌广告、交通广告、灯光广告、邮寄广告、网络广告等。如按广告媒体的共同特点相似者归类，则可粗分为视听广告，如利用广播、电视、电影、幻灯播放的广告；印刷广告，如利用报纸、杂志、印刷品刊登的广告；户外广告，如路牌、招牌、招贴、电器和交通广告；销售现场广告，主要指企业销售现场的各种形式广告，它是一种综合性广告，可以起到直接的商品推销效果，如橱窗广告、招牌广告。

第二节 广告理论、目标、功能及要素

一、广告理论

1. AIDMA 理论

从广告心理的观点而言，在广告作用阶段上，常常引用 AIDMA 一语，它是自广告披露到注目广告到购买行为，可分为下列五个阶段：Attention（引起注目）、Interest（提起兴趣）、Desire（激起欲望）、Memory（促使记忆、加深

印象），有的以 C 取代 M，C 是 Conviction，确信之意）、Action（引起行动）。将这五个阶段所使用的英文字头一字母，组合起来就成为 AIDMA。当然它的过程并非一成不变。

譬如现在播出某一广告，假定有 70%的人注目该广告，而注目的人中有 70%感到有兴趣，感到有兴趣人中有 70%的人感到需要该商品，感到需要的人中有 70%的人记住了该商品品牌，记住了品牌的人中有 70%的人实际购买的话，那么全体 16%的人，就是因为该广告的影响而购买的。

如果我们把一个金属货币投落地上，正反两面的概率是 50% 对 50%，这意味着有一半的概率。上边所提的 16%看起来是个小数目，但是如果真正有 16%的人采取购买行动的话，也可以说是相当大的数字。

但是此种情形，是各阶段以 70%的预期率，此一估计数字未免太高，如果各阶段的预期率比 70%低的话，那么采取购买行为的数值势必变小。再者，有时并非一一经过各阶段，可能越过其中某些阶段，直接移到行动阶段。在说明广告作用过程上，AIDMA 一语，十分顺口，容易记忆，如果预期率真能准确算出来的话，也是颇有趣味的。

现在面临广告泛滥时代，引不起注意的广告于事无补。尤其视觉表现的广告，引人注意尤为重要。

2. 广告螺旋理论

广告螺旋（advertising spiral）理论，是奥波・克莱普纳教授 1925 年在其著作 *Advertising Procedure* 中最先倡导的。商品在市场上的发展阶段，可分为开拓期（pioneering stage）、竞争期（competitive stage）、保持期（retentive stage）三个阶段。阶段的划分，固然一个阶段向另一阶段进行，但在某一阶段途中，就开始了另一阶段。以开拓期进入竞争期而言，它是竞争期开始后，开拓才算过去，才真正进入完全竞争期，竞争期巅峰刚过，保持期又将来临。此时，市场上的商品自行调整，残余的商品完全成为保持期的阶段。经过以上三个阶段后，迈入另一个三阶段，那就是新开拓期、新竞争期、新保持期。这种进展情形，并非在同一个圆圈中旋转，而是以螺旋状扩大市场范围。所以不论广告战略的诉求方式，或表现内容的发展，必须顺应市场的发展趋势予以变化。换言之，必须配合螺旋状向前进展。这种构想，类似商品生命周期理论，即商品诞生前期—诞生期—竞争期—安定期—衰退期，再从商品诞生前期开始（以下过程同上），作周期循环，生生不息。

3. 传播扩散理论

在广告管理方法中，有所谓以广告目标来管理广告，传播扩散就是这个理论的总称。通常将广告的认知或知名阶段、理解阶段、确信阶段、行动阶段等称为沟通光谱。广告接受者看到广告后，首先知道广告主或商品名称，由知名促使理解，由理解促使确信，由确信促使购买行为。为了管理广告传播的成果，必须考虑这一连串关系。

4. 商品定位理论

商品定位是指以塑造品牌形象，或强化品牌形象为目的，树立产品特征在消费者心目中位置。可供定位参考方法有如下几种。

（1）按商品特性对顾客利益定位——品牌与商品特性，品牌与商品利益联合运用。

（2）按价格与品质定位——例如品质好价格高，所谓高级品，以及合适的价格实用的品质，所谓普及品。

（3）按使用情形定位——将品牌关联到生活中使用的场景。

（4）按商品使用者定位——用名人扮演使用者。

（5）按商品种类定位——例如名噪一时的七喜汽水 Un-Cola 广告活动。

（6）按文化的象征定位——以其他竞争者所未使用的象征，对广告对象具有意义的品牌相结合。

（7）按竞争对手所做的定位——例如 Avis 出租汽车公司竞争对手 Hertz，打出 Avis 只不过是第二位的口号，而获得极佳的反应。

5. USP 法则

广告主题的选择对广告效果关系甚大。如果广告的主题即广告所传达的核心内容与消费者的需求不相吻合，那么广告的效果就会大打折扣，所以广告传达什么内容相当重要。任何商品都有很多特性，要能找出何种是消费者最喜爱的，那么商品的效能才能被消费者所重视。与其他品牌相比，你的商品特性越独特，其效用就越大，消费者就越喜欢，对该品牌就会产生好感，因此根据 USP（Unique Selling Proposition）法则来决定广告课题，是绝对需要的。

什么是独创性销售主张——USP？

USP 法则的基本构想：

（1）找出其他品牌所无的独有特性——Unique。

（2）适合消费者需求的销售——Selling。

（3）发挥提议的功能——Proposition。

现在，将上面三个要点归纳为一句话："独创性销售主张 U 促销。"利用 U 促销广告成功实例：USP 的主要前提是"买这个产品或服务，您就能得到这项特殊的利益"。为达到此项广告目的，其前提是所有广告人员都必须密集地从事产品研究、创意开发以及进行了解消费者的工作。

二、广告目标

广告最基本的目标是要协助完成销售的目标，从广告的心理效应角度来说，广告的目的是要改变消费者的态度、印象或行为，使他们对广告产品或企业能产生良好的印象与态度，进而采取购买行为。

广告是企业的重要促销手段，它包括促销商品、促销服务和树立某种观念，为完成企业销售目的服务。广告的这种促销作用，主要是通过下述两点去完成的：一是给予潜在的需求以刺激，使其明显化，起促进购买行动的作用；二是诱导已经明显化的需求转向特定的品牌、商标，特别是在商品种类繁多的情况下，选择性需求的引导是十分重要的。

三、广告功能

经济广告的基本功能，是利用媒体将有关商品、劳务的信息，向潜在的购买者大众传播。

1. 指导消费，刺激需求

认识商品是购买商品的前提，只有加强对商品的认识，才有可能激发起购买兴趣和购买欲望。广告通过商品信息的传播，向消费者介绍商品的品牌、商标、性能、用途、特点、价格、购买地点，以及如何使用、如何保养和各项商业服务措施，这实际上是帮助消费者提高对商品的认识程度，指导和方便消费者购买。其中，对新产品、消费者没有使用习惯的商品、性能与结构复杂的商品、调整价格后的商品，以及从外观上难以判明内在质量的商品，指导消费尤为重要。

广告对消费者购买行为的影响，不仅是起介绍商品、传递信息的作用，更重要的还是起诱发与刺激需求的作用。广告的诱发与刺激需求，包括初级需求与选择性需求。初级需求是指对某类商品的需求，如新产品进入市场初期，由于人们对其性能、用途认识不足，就较多运用广告来刺激初级需求。选择性需求是指对特定商品品牌的需求，这是初级需求形成后的进一步发展。广告主通过介绍某一品牌商品的优点，从而诱发消费者选择性需要，引导其认牌购买，形成良好的印象。此外，广告的指导消费、刺激需求方面，还可以起创造流行，形成时尚的作用，许多流行性商品的出现，是与广告的不断宣传分不开的。人们的消费习惯与消费观念，也会受广告的影响而改变。

2. 加速流通，扩大销售

对企业来说，广告最重要的功能在于加速商品流通和扩大商品销售。加速流通，从微观来说，为企业提高经济效益；从宏观来说，它起繁荣市场，促进社会经济发展的作用。广告宣传对销售所起的作用，首先是从引起消费者的注意开始的，其次是诱发对商品的兴趣，激起购买欲望，最后是促成购买行动。广告的不断实施，还可使潜在购买者不断转变为现实购买者。

3. 抢占竞争优势

市场营销的竞争主要表现在产品是否创新、质量是否优良、价格是否合理、外形是否美观、服务是否良好等方面。广告既是商品促销的工具，也是商品销售竞争的工具。竞争是一种较量，通过竞争区别先进与落后，体现优胜劣汰。没有广告，竞争难以造成声势；没有广告，竞争条件难以公之于众，并接受社会的监督与群众的检查；没有广告，消费者对竞争商品难以选择、比较。同时，企业为在市场竞争中处于不败之地，必然要处处维护商誉，保持与提高商品质量，努力开发新产品，提高服务质量，改善经营管理，加强企业与消费者之间的良好关系。企业所登的广告，是向社会大众提出的保证书；其他企业的广告，是向本企业的挑战书。

4. 沟通商情，活跃经济

市场流通的结构，不仅有物流、商流，也包括信息流。广告就是生产与消费、生产与生产之间的信息沟通桥梁。企业发布广告，不仅是把商品信息向广大消费者的通告，同时，各类型的企业也可以从浩瀚的广告中，了解与掌握各类商品的产、供、销信息，这些都是重要的商业情报来源。正确利用广告，有利于及时掌握市场动态，了解生产技术的发展情况，了解竞争对手的营销策略和各种措施，这对正确制定企业的营销目标与策略是重要的。此外，通过广告传递科学技术知识、商品的使用和保养知识，这些都会促使社会教育的进步。

四、广告要素

广告是一种动态活动过程，它不是孤立地指某一种信息。广告活动的构成必须具备如下几个基本要素。

1. 广告主

广告主也叫广告者，是发布广告的主体。任何广告都有发布者，既可以是企业、团体，也可以是个人。比如，工厂、商店、公司、个体经营者等。

2. 信息

信息是广告的内容，它包括商业、劳务与观念。商品与劳务是构成市场活动的物质基础。

商品信息包括产品的性能、质量、用途、购买的时间与地点、价格等有关信息。

劳务信息包括各种非商品买卖或半商品买卖等服务性活动的消息，如文娱、洗染、美容、浴室、照相、旅游、饮食等行业的经营服务项目。

观念信息是指通过广告倡导某种意识，使消费者树立一种利于广告者推销商品或劳务的消费观念，广告内容虽不直接谈及商品或劳务本身，但究其目的也是为推销服务的。

3. 广告媒体

广告既然是信息传播的一种手段，那么，广告活动也就必然要运用一定的物质技术条件。广告媒体就是把广告表现出来的媒介物，如报纸、杂志、电视、电台、互联网等。

4. 广告费

广告活动要有经费，广告利用各种广告媒体就要支付费用。广告主支付广告费，其目的是要扩大商品销售，获得更多利润。

为什么把广告费作为广告要素之一？除了因为广告活动要有费用支出这个原因外，更重要的是要把广告和其他不用支付费用也能起信息传播作用的传播手段区别开来。例如，新闻稿既传播信息，又是不收费的，但新闻不是广告。广告主既要节省广告费开支，又要取得最大的广告经济效益，这就要求编制广告预算，制定正确的广告策略，有计划地实施广告。

5. 广告受众

广告受众是指广告信息的接收者。信息传递有发布者，也要有接收者，这才形成信息沟通。广告要发挥其作用，预期中的广告阅听者必须能够接触到该媒体，如果阅听者都不是消费者或潜在消费者，则所做的广告就是一种无效广告。因此，不能认为只要广告发布出去就万事大吉了，如果实际受众不符合广告目标要求或受众很少，广告效果就很差。

第三节 中药广告策略与效果评价

一、中药广告策略

资深营销人士刘寄奴认为，制定药品广告策略必须依据如下因素：一是广告的诉求对象要针对产品（服务）所适合的目标人群以及具有购买决策权的人进行宣传，做到有的放矢；二是诉求内容要真实、清晰、单一，药品广告更要求诉求单一，让受众清楚地了解主要的治疗作用，因为现在谁也不会相信世上有能包医百病的灵丹妙药；三是诉求主体应选择合适的工具或方法去传播，要考虑到整个产品的营销战略，区域广告媒体的宣传要更适合产品细分市场的需求。

什么样的广告才有效？桑迪营销机构迎兵认为极端广告最有效。要么特别有创意，或幽默，或新颖；要么土得掉渣，直诉功能，甚至令人生厌。幽默或新颖的广告给人美好的印象，给人留下美好记忆；直白广告给人直观印象，让人明白产品的具体功能及诉求，印象也比较深刻。药品、保健品更多的是功能性产品，需要明明白白告诉中药消费者产品的利益点，才能促成销售或提醒购买。因此，唯美的广告对于中药不见得会很适用。

综合上述观点，中药广告需适合产品所针对的目标人群，诉求内容要真实、清晰、单一，突出产品主要功效，诉求主体、传播媒介和方法要符合产品营销战略和细分市场的需求。富有创意，幽默或直白的广告更受欢迎。

二、药品广告的创作原则与注意事项

1. 创作原则

（1）以理服人。药品的特殊使用环境决定了其在广告传播中应该做到以理服人，要向中药消费者阐明作用机理，但这绝不意味着药品广告就可以一味枯燥地说教。

（2）通俗易懂。由于绝大多数中药消费者并不具备相应的药品专业知识，因此，在广告传播中必须做到深入浅出、通俗易懂，但这也绝不意味着药品广告就可以以粗俗的面貌出现。

（3）以情动人。一则好的药品广告除了要阐明作用机理外，还应该能煽动中药消费者的激情，引起中药消费者的共鸣，勾起中药消费者的购买欲望，但这与矫揉造作是完全不同的两码事。

（4）夸张有度。药品广告允许适当的艺术性的夸张，但绝不能随意夸大功效和作用，更不能信口开河，捏造事实，作虚假的广告宣传。夸张和夸大的界限往往很容易混淆，其根本的原则区别是看符不符合药品广告管理的相关法规。

（5）幽默风趣。广告大师波迪斯说："巧妙地运用幽默的宣传方式，就没有卖不出的东西。"幽默是广告的润滑剂。一则优秀的广告能够让人们在观看（阅读）的同时不由自主地发出会心的笑声，在愉悦中对产品留下深刻的印象。

2. 注意事项

（1）定位准确、诉求单一。从来就没有所谓包治百病的灵丹妙药，每一种药品都有其相应的适应证。所以在进行广告创意时，一定要准确定位。一种药品可能会同时具有若干种功效，但在实际传播中往往只需要针对其中的一种就够了。因此，如何提炼出最核心的一个诉求（单一诉求），集中火力，重点突破，便成了广告策划人员的关键任务。很多成功的药品广告往往只有寥寥数语，却能给人留下深刻的印象。如广西金嗓子喉宝凭着一句"保护嗓子，请用金嗓子喉宝"；西安杨森达克宁霜的"杀菌治脚气，请用达克宁"；河北承德颈复康药业（原承德中药集团）的"治颈椎病，选颈复康"等都是很不错的广告诉求。

（2）富于感染力和亲和力。药品广告并不一定要高高在上才能表现产品的高科技和高品质。尽管中药消费者在选择药品的时候往往都会显得比较理性，但人始终是感情动物，情感是人类最为看重并对人的活动影响最大的因素之一，因此，广告中的情感诉求始终是广告策略中的主旋律，情感广告与明星广告、对比广告一起被称为实效广告中的“三剑客”。

（3）广告风格上应有可识别性。为了不在铺天盖地的广告浪潮中被淹没，就必须使广告具有明显的、区别于其他同类广告的独特之处。换句话说，就是要让你的广告具有可识别性，能够让目标中药消费者一眼就发现，并能牢记在心里。如感冒药中的白加黑独创“白天服白片，不瞌睡；晚上服黑片，睡得香”，令人印象深刻；康必得强调“中西药结合疗效好”，也取得了不俗的业绩；而海王银得菲则强调“治感冒，快”，一下子就在众多感冒药中独树一帜。

（4）情节富有戏剧性。一则优秀的广告作品实际上就像是一幕短小的戏剧（或一篇小小说），不仅要使中药消费者“乐意看”，还要能使中药消费者“乐意买”。这就需要广告作品在情节设计上能吸引人、说服人，如妇科产品可采用伊人净的广告，不仅情感丰富，而且情节生动，很能打动女性中药消费者。

（5）表现充满趣味性。“咋地了哥们？让人给煮了”；“感冒了，正发烧呢”；“整点易服芬吧！”——电视画面上两只螃蟹哼哼唧唧地说着人话……这则广告之所以给人们留下了深刻的印象，就在于它巧妙地运用拟人化的手法，以动物的幽默与滑稽表演拉近了中药消费者与产品之间的距离，使人们在忍俊不禁的同时也记住了产品以及产品特性。又如白加黑推出的“雪村版”广告，借用曾风靡一时的幽默歌曲《东北人都是活雷锋》，由雪村本人重新演绎，不失为一则成功的趣味性广告。

（6）慎用“明星”代言。自从20世纪80年代李默然第一个“吃螃蟹”为三九胃泰做了第一则名人广告以来，名人、明星代言广告蜂拥而至，几乎泛滥成灾。凡事过犹不及，越来越多的媒体曝光使得不少明星们头上的光环大为逊色，普通民众对明星的信任度已经大打折扣，“名人效应”在消费日趋理性的今天所能起的作用已经极为有限。当然慎用并不意味着不能用，关键还在于如何用。

（7）内容应真实可信。虚构或夸大功能、疗效的药品广告，最终只能是搬起石头砸自己的脚。因为这不仅为政策法规所不容，而且也是职业道德之大忌。

三、广告调研与广告效果评价

1. 药品广告调研的作用

20 世纪 30 年代美国经济危机后，广告调研逐渐受到了广告公司和广告客户的重视，调查的内容也日渐丰富。尤其是盖洛尔教授等发明的抽样调查方法，使市场调研手段有了突破性进展，企业决策者越来越重视广告调研所提供的信息。对于药品广告，市场调研同样也能为其事前、事中、事后决策提供科学指导。

（1）广告调研为广告创作服务。产品欲以广告形式向众人展示之前，市场调研能为广告创意带来灵感。若没有事先周密细致的市场调研，很难想象谁能闭门造车式地“发明”绝佳策划。

（2）广告调研为确定宣传媒介提供依据。报刊、广播、电视、网络等媒体各具优劣，某个产品的广告计划往往要由多种方式组合而成。通过调研报纸、杂志的发行量、读者层，电波媒体的视听率、喜好节目等信息，可设计出最为适宜的媒体计划。修改后的《中华人民共和国药品管理法》，处方药物今后将不再允许在大众媒体亮相，通过广告调研掌握今后处方药广告的走势，了解国家有关部门对药品广告的特别规定，将有助于企业策划出利于传播的广告来。

（3）广告调研为广告管理服务。调研中最重要的就是不断地对所投入的广告费追究是否获得了足够的报偿。基于此目的，应测定广告传播的效果对销售的影响。计划、实施、评价是经营管理的三步骤，一般人大多着重于计划实施，却忽略了最后一步的评价。企业往往只知争抢中央台的黄金时段，盲目地加大广告投入，一味追求广告创意，但花了大笔广告费之后究竟发挥了多大作用却不得而知，少有过问。相比之下日本等国家的广告业注重广告播出后大众对其效果的评价，将其作为整个策划的焦点之一。广告投资与效果的关系虽十分复杂，有时花了钱打广告却不一定能马上卖出商品，有时商品即使卖出去了也并非纯粹是广告的力量，但总还是有章可循的。

（4）广告调研为广告预算和费用控制服务。确定产品处在其生命周期的哪个阶段，从而为广告投放量的大小作决策参考。

2. 市场调查与广告调查

所谓市场调查就是有系统地收集、记录分析有关产品及劳务的行销资料。市场调查有助于确认消费者需求，开发新产品及传播策略，并能增加行销计划及促销活动的效率。市场调查有以下几个步骤：第一，界定问题及调查目标；第二，分析内部资料并收集辅助资料以引导探究性的研究；第三，收集主要的资料并通过分析得出结论和建议。

市场研究的主要调查方式包括定性研究和定量研究。定量研究通常须正确地探测特定产品或服务的市场状况，其成功与否有赖于抽样方法的运用及问卷调查设计。较常用的两种抽样过程是随机抽样及非概率抽样。调查的问卷设计应具有扼要、简洁、单纯的特点。行销人员利用定性调查以获得对市场的概略印象。至于定性调查方法主要通过案头研究、专家深访和焦点小组座谈会进行。广告调查常用于评估和测量广告策略及产品概念。其研究结果有助于广告主确定产品概念，选择目标市场，并研究出所要传达的主要广告信息。通过调研结果，广告主可以评估广告费分配是否合理。广告投放前的市场调研是为了查出并消除广告活动计划中的盲点和缺失。而广告投放后的调研通常用于评定广告活动对销售促动和品牌提升的帮助。事前调研的方法包括价值顺序测验及知觉意识研究等。事后调研的方法包括辅助回想法、纯粹回想法、态度测定、询问法及销售测定。每种方法皆有其运用的时机，使用上的限制。

3. 广告调查主要方法

（1）视向测验

视向测验，是用研究视线方向的机器测试广告文案。其原理是：向眼球侧方投入小光点，这个小光点触及角膜，引起反射作用，因为眼球并非完完全全的球体，就是光源在固定位置，其反射光也会随眼球转动而转动；用一般照相机、小型电影摄影机或电视摄影机，把这种反射光照在软片或映像管上，这就叫视向测验。在测验之前，先观察测试形态的四隅，测定反射光转动范围，如超过范围时应予矫正。按照反射光所能照射范围来调整透镜，务使所测试的广告纳入范围之内，将光点移动情形拍摄下来，以测定广告中之各要素，观看者观看的顺序如何，在每一要素上停留的观察时间如何。

（2）单面镜研究法

单面镜研究法，是在一间特别设计的房间，在室内墙壁镶上一面极大的镜子，此壁与邻室毗连，从这间特别设计的房间来看，完全是一面镜子，但从其邻室向这边看，却似一扇大窗户，能看到这个特别室的内部。利用这种特别设计的房间来作测验的主要原因，在于测验时，尽量不要让被测试者有被测试的意识，在自然状态下观察被测者。

被测试者在等待被质询时，为了解闷会翻阅杂志。主持测试者透过透视镜，按照被测试者如何翻阅杂志，如何去阅读，阅读哪一页，视线注视情形如何，加以详细记录。然后，针对被测试者所读的内容或所看过的广告，当面询问。本法与使用机械测验相比，由于并非强制测验，而且限制条件少，是一种极度接近正常的状态之下所做的测验。这虽然是原始的做法，却能获得令人信赖的丰富内容。

（3）EDG 测验法

本法是用检流计所做的测验，称为 EDG（electro dermogram），或称 GSR（galvanic skin response）、PGR（psyeho galvanic response），亦称测谎器法。测验时须将被测试者两根手指系上电线，以电池和百万分之一安培精致的电流做成线路，一旦加入任何刺激，由于汗腺活动，增加出汗作用，皮肤的电气抵抗力顿时减少，然后再恢复到原来状态。但此种测验由于电流精致，显示出的信号十分精密，实际上无法识别其经过情形，必须增大幅度，把它记录在电流变化指示器上。此种方法最大的价值，就是被测验者在意识上看不出或说不出的情形，换言之，就是被测试者无法控制无意识的反应，也能作为客观的反应而被记录下来。

（4）节目分析法

节目分析法是节目播映前，测验视听者对节目或广告喜好之反应。令被测者视听所播映的节目，当被测者感到广告或节目引人注意或感到有趣时按绿钮，一直有趣就继续按，不引人注意或无趣时按红钮，两者皆否时不按钮，就这样随时间进行一直记录下去。至于统计反应之方法，可用参加受测者全体人员的合计值来表示，也可采取每个被测者的记录，作为结果的表示。此种测定，可以测出节目中哪一个场面视听者最感兴趣，哪一个场面不感兴趣。但是，却无法获知为何对这一场面感兴趣，为了获知感到有趣的理由，必须在测试结束后，针对节目内容加以研讨，并听取受测者对节目喜恶反应的原因。

（5）瞬间显露器测试法

瞬间显露器测试法的测试原理是控制照明的时间，在极短的时间内（例如 1/100 秒、1/10 秒等），给予对象者以刺激，如提示广告文案、商品包装等，以测定其醒目程度。瞬间显露装置种类繁多，有的以一间暗室作为显露室，也有的以整个橱窗作为瞬间显露器的。

如果用作文案测验时，经过瞬间显露之后，可以获得最先看到的那一部分，在一定时间内，看到那些部分。如果用作测试文字或标志时，必须露出多长时间，才能被辨认出来，即一种认知难易的测定。橱窗式的显露装置，用作测试商品包装或检验陈列商品效果。

（6）雪林调查法

雪林（Schwerin）调查法是美国纽约一家雪林调查公司（Schwerin Research Co.）所倡导，故名雪林调查法。本法是强制被测者视听CM，以测定视听CM前后选择商品之变化情形。首先令被测者约300人齐集于播映室，每人给一份记有所要测试商品及其竞争商品的名单，令被测者从名单中所列的商品，按照所询问的问题，选择其中一个。然后，令被测者视听包括所测试商品在内的一些广告影片，视听完毕，测试其记忆情形；再向每人分发与视听前同样的商品名单，令其选出所希望的商品，以前后选择数之差，作为CM效果的程度。

（7）记忆测验

记忆测验是指消费者对于某一广告究竟记忆了多少的一种测验。大致分为回想法及再确认法。①回想法，所谓回想法，不提示任何有关被测试的广告，令被访者回忆的一种方法。譬如测验报纸广告时，询问对方“看过今天《××日报》了吗？”如果回答看了，再问“你所看的那份报纸有什么广告？”询问时如果不给任何线索而使其回想，称为纯粹想起法。如果给他一些线索，譬如所测试的是药品广告，那么要问，“你看到的那幅药品广告是什么药品呢？”这种略微提供一些线索帮助对方想起时，称为辅助想起法。②再确认法，所谓再确认法，乃提示广告实物，问他是否读过或看过这一广告并有否记忆的一种询问方法。再确认法中有所谓掩饰法，即提示给被测者的广告，预先将广告上的商品和广告主的名称予以掩盖，令被测者判断它是什么商品广告，广告主是谁。究竟他是否真正看过那个广告，从他对广告的大致感受便可明了。由于确认他所看的广告的确是我们所测验的广告，而且把重要的地方加以掩盖，就能测出记忆的程度来。

（8）询问法

询问法是按消费者看到广告后向刊播广告者询问数目多寡来衡量广告效

果，这种方法称为询问法。因为本法并非强制消费者来做实验，是消费者自愿的，所以事前略动脑筋，譬如在广告中的赠卷上作暗号，便可比较媒体价值。一般的做法是这样的，在广告里印有赠券，如果广告读者剪下赠券函索时，即赠商品样本或商品目录等。在赠券之一角，预先加上暗号，即可辨别来自何一媒体。如果是电台、电视媒体时，按播映电台或电视台之不同，分别播出收信人不同之姓名、地址，即可辨别来自何媒体；如此，从消费者寄来之赠券，凭其暗号和收信地址之不同，即可了解媒体之传播效果，这种暗号称为“钥”（key），意为它是解答谜底的关键。

（9）分割法

分割法，有些报社为了提供广告主测试广告，由报社制定一定手续费，提供一项分割印刷的服务。这种测验法称为分割印刷测验。分割印刷的原理是这样的，圆筒形轮转机的大小，可容纳两大张报纸，每转动圆筒一次能同时印出两份同一版面的报纸。因此，能把一种商品AB两种不同文案的广告，同时个别分割刊载在报纸上。圆筒这一边印出来的报纸和另一边印出来的报纸，交互落进输送机上，当分发给读者时，即或不另加特别操作，也能分配得十分平均，也就是完全顺其自然随机地把这两种广告分配到所有订户。如果第一户所配达的是刊载A广告的报纸，那么第二户所配达的便是刊载B广告的报纸，第三户又是A，第四户是B，依此类推。

广告内容通常是同一内容，只不过在表现上略加变化。同时在个别文案里的赠卷分别加上不同的符号“键”，用来比较寄回来的反应数，以判断不同广告表现的优劣。但是该文案的优点为何，却无法直接获知。

（10）广告主知名度调查

视听众视听哪一个节目，由视听率调查可以获知，但是该节目由哪家公司提供，广告的商品是什么，这种调查知名度的方法，称为确认广告主的调查。调查时，给被调查者列有星期几、播映时间、电台电视台名称、节目名称的卡片，询问有否视听该节目；如果视听过的话，再问他们该节目的广告主、广告商品名称是什么；有时换另一个角度来问，譬如问他有否正在使用该产品，用以测试知名度与使用度之相关情形。

（11）监播制

监播制是从一般消费者中选出一些人针对所刊载的广告加以批评，每隔一定期间请其将批评内容送回的一种制度。将所有批评的内容予以统计，可以分析找出问题症结所在。监看制并非测验，其结果可以用作文案或 CM 制作上的参考资料。如果所委任的监播者任期过长，易脱离一般消费者立场，成为半职业性的可能，必须经过一定的适当时期，更换监播者。

（12）揭示法

广告效果，并非只是引人注意的问题，最重要的是有否细读。因此，在尚未实际刊登广告之前，在和刊登相同条件下予以展示，测试什么样的广告最引人注目。譬如将广告做成海报的形式予以展示，然后暗中设调查员调查面对海报视而不见就过去的人数和驻足阅读的人数，这些驻足阅读的人数与所有通行的人数相比，便成为该广告的指数。

（13）阅读率调查

关于报纸、杂志广告阅读率之调查，由丹尼尔·斯塔齐（Daniel Starch）所倡导实行的读者率调查，调查方法是经由随机抽样选出对象者，由调查员访问。如果所调查的是报纸，必须于该报发行之次日实施，因为时间拖久，会受另一天报纸的影响，使记忆减弱。调查时首先询问读没读过该报，如果读过，再对该报刊载之广告一一发问，譬如问“这幅广告你看过没有？”（如果他看过）再问“有否读过这个广告中这一部分？至于另一部分又如何？”就这样对广告的各要素，即标题、图解、本文等是否读过，加以询问。总之，本法属于再确认法，具有再确认法的缺点，譬如被访问者，就是回答看过或读过，是否发自内心真正读过，不无疑问，可能有人多少会迎合调查员而回答。就是他本人认为的确读过，但所读的并非那一号的杂志或报纸，很难避免这种主观的因素。但本法却是现行唯一的调查方法，实际而有用。

第四节 中药营销推广

一、营销推广的定义

企业不断开发优越的产品，供应市场需求，消费者购进商品，销售活动即告终结。而促销为了达成销售目标，获得合理利润，使销售活动更有效，必须采用各种方案。据美国行销学教授 Philip Kotler 的定义：“为促进某商品或劳务之销售，激发短期的购买动机”就是营销推广关于营销推广的定义，一般分为广义和狭义两种，广义的营销推广是指广告、人的销售、发布信息以及其他销售促进的总称。狭义的营销推广，是把广义的销售促进中除去广告、人的销售、发布信息的其余部分。营销推广，顾名思义，是指推进销售的活动。换言之，将企业的商品或劳务、创意传达给目标顾客，激起购买行动的手段，就是营销推广。

再据美国行销协会（AMA）所作的狭义的营销推广定义，①在被限定的意义上，指 Display、作秀（show）以及展示、示范表演（demonstration）等一般非常设的、非反复的销售活动。凡刺激消费者购买，加强卖店效果，除掉人的销售、广告、发布信息以外的各种活动皆属之。②在零售业分野上，包括人的销售、广告以及发布信息，凡刺激消费者购买所有各种方法均属营销推广。

营销推广系传播战略之一环，与广告、人员销售、发布信息等活动互相协调，具有相辅相成关系，可以对消费者传达更正确有效的情报，促进购买行为。营销推广及其他补充的广告以及人员销售，都是为了刺激购买或促进销售。它包含各式各样的促销活动，针对销售人员、批发商、零售商及顾客等毫无限制地应用。借着所提供的直接诱因，例如金钱、礼物、奖品或其他的机会，以促使购买产品、参观商店、索取资料或参加其他活动。

营销推广技术通常运用于商业行销，通过行销路径以推动商品销售。制造商为了促进其经销商采购、进货及展示他们的产品，常利用各种促销技巧使经销公司获得额外的奖励，这些技巧包括经销展示、合作广告、促销经费以及公司会议、经销商会议等。

针对产品的基本购买者，其最常见的促销形式是试吃、试饮、折扣促进、折扣赠券、联合提供、赠品、包装内附赠品、竞赛以及店面广告的提供等。至于补充的媒体种类繁多，很难将它们分类。其中包括圆珠笔、火柴盒、月历、温度计及皮夹子等。其他形态尚有贸易展示及展览、视听系统、工商名录及电影广告等。

二、营销推广在中药营销中的应用

我们日常生活中，无时不与营销推广接触。例如折入报纸的夹页广告、店面招牌或悬挂式的展示物、海报、POP 广告以及每日涌入邮箱里的大量广告邮件。这些都是营销传播媒体，营销推广是在商品选择场所直接向消费者刺激欲求，促成购买行为的活动，换言之，推广是为了把企业的商品，如何能顺利地送到消费者手中的活动。推广所涉及之范围相当广泛，实施手段之五花八门。推广活动不仅对消费者，甚至对路径中间之批发业者、零售业者都要进行推广活动。如果将范围扩大，为了对公司内部销售部门或有关部门统一意志所做的各种协调，都算是推广活动。

为达成推广目标，组合最有效的推广手段，此所谓营销组合。20 世纪 70 年代以前，企业只要生产商品，消费者无不争相抢购，瞬间售罄。商品容易销售的时代，商品情报只做单向沟通即可，可是到了物资充裕，商品过剩的时代，为了激发消费者购买欲求，必须建立双向沟通的情报传达系统。在行销方法中，有所谓附加价值，此处所谓附加价值即指情报：文化与服务。将这种价值使消费者产生共识的手段就是促销。

营销推广在企业—销售业者—消费者之间所进行的推广行为，涉及商品、情报、劳务等所有范围，营销推广活动就是促进这三者之间的关系。其活动对象，有的针对消费者，有的针对销售业者、零售店，也有的针对公司内部推销人员以及相关部门，因对象不同，活动方法各异。

（1）对消费者推广——当新产品发售时，最为常见，如商品的认知、分发样品、试用等，令消费者理解和体验商品并促进其购买，希望成为固定的顾客，其关键在于如何唤起其欲求，要他自动购买。

（2）对销售业者的推广——促销瞄准的对象是销售业者、零售店，令他们大量进货，其焦点在于提高进货意愿。如果零售店面没有企业的商品，企业的业绩就无从提升，更谈不上增加利润。所以要销售业者、零售店能信赖企业，唯有优先大量进货，才能增加利润，促销活动的目的在于此。

（3）对公司内部推销人员以及相关部门的推广——企业之所以实施销售活动，是为了销售商品，获得利润。因此，必须全公司所有人员上下一体，组成一个强有力的支援销售体制。一方面要使营销部门以外之其他各部门能彻底了解产品销售重点，另一方面也要他们了解广告活动的主旨、促销活动内容、推销人员奖励制度等，否则，该项活动断难成功。

三、营销推广途径与手段

由于营销推广对象不同，其目的各异，为达成促销目的，必须组合各种有效手段，方能奏效。如何使商品在极短时间内顺利地送达消费者手中，有关促销手段主要如下。

1. 对消费者

（1）免费样品。企业或经销商向消费者提供免费试用产品，以激发顾客的兴趣和建立顾客的信心。样品可逐户派人赠送、邮寄赠送、店面分送、附在其他产品上，或在广告上发布消息："函索即寄"，样品既可以当场试用，也可以让过客带回使用。

（2）折价赠券。企业或经销商向消费者赠送一定价值的证明，以抵充一定数额的价款，也称代金券，实际上相当于有选择的价格折扣，即仅持有该赠券的消费者才能够获得特定商品或服务的价格折扣。赠券可以通过邮寄、上门发送、活动抽奖等形式送达消费者，也可以将其附在广告中由读者剪切留存。这样的赠券一般标明有效期，而且往往仅限于购买特定的商品或服务。

（3）包换包退。企业或分销商向顾客承诺：于购后某一段时间内顾客若不满意，可要求全额或部分退回现金或更换商品，这样有助于消除顾客可能陷入商家圈套的疑虑。

（4）回扣。顾客在购买某种商品之后，凭购物证明（如发票或信用卡记录）获得一定金额的价格返还。商家也可以采取积点的方式，即根据顾客购买的金额或数量为顾客积累点数，顾客可以获得一次性回扣，价格折让或者兑换一定价值的商品。

（5）减价优待。即商家在原定价格的基础上按一定比例或固定金额降低收费标准。其方式有三：一是对一种商品的每个单位进行单项减价；二是在购买一定数量之后进行批量减价，或在支付了一定金额之后进行大额减价；三是在购买了另一种商品的基础上实行搭配减价。

（6）奖励。商家为顾客提供机会参加某种精心策划的比赛和中奖规则，配之以各种各样的奖励，如奖金、商品或旅行等。其方法有三：一是"记名"抽奖，由顾客提交自己的名字，参与抽奖；二是为"竞赛"奖励，商家委托某领域的专家或知名人士设计某种竞赛规则和奖项，向胜出的参赛者颁发奖励；三是"购物"抽奖，一种是凭购物证明按购物的金额获得不同等级的抽奖资格，另一种是在商品上随机预设一定的中奖号码。

（7）赠品。即采用赠送廉价或免费的小商品来鼓励顾客购买更多的同种商品或另一种商品。常见的方法有四种：一是随商品袋赠送一定的小商品；二是赠送某种用具；三是函索即送，但以顾客提供购物凭证为限；四是函索底价赠送，如支付 1/5 价格即可买到全额的商品。

（8）使用示范。即利用示范者在现场对如何应用某种商品向顾客演示。这种方式比较适合于仪器类产品，如近视眼治疗仪，按摩椅等。

2. 对分销商

（1）销售店竞赛。厂商事先设定一个销售奖励竞赛办法，刺激及鼓励批发商、零售商及其销售人员努力推销商品，视业绩高低给予价值不等的奖金或礼品。

（2）设备赠品。指厂商赠送给经销商与商品有关的运输或装在设备，如陈列柜、售货机、商品盒等。

（3）合作广告。厂家与经销商签订长期性的补贴合约，由厂家与经销商共同分摊对指定商品的广告开支。广告名义可以是经销商，也可以由厂家和经销商联合出面，前一种安排主要应用于长期独家经销的合约。

（4）经销折让。指短期性的减价活动，目的是刺激经销商增加经销数量或经销新的产品。在厂商出现库存积压或急于回收资金时，厂商以降价的方式刺激原有的经销商购买更多的产品；在新产品上市时，这种方法通常用于鼓励经销商或补偿其拒绝经销其他商品导致的损失。

（5）清货折让。指厂商提供一定金额的资助，鼓励经销商赶快清理积货或快速周转订货。

（6）回购承诺。为了鼓励经销商购买某种新产品，降低其货物积压的风险，厂商承诺如果经销商无法如期出售，厂商负责以约定的价格购回该产品。

（7）寄售。为鼓励经销商经销某种产品，减少其资金压力和货物积压风险，厂商在不要求支付货款的条件下将商品委托给经销商经营。如果经销商无法如期出售该产品，厂商负责收回剩余的产品，由此产生的损耗和运输费用也由厂商承担。

（8）赊销。属于卖方信贷的一种，即为了减少经销商占压流通资金的压力，厂家承诺在产品交出后一定时间内不要求经销商支付货款。

3. 对推销员

对公司内部销售促进，就是为使销售活动顺利进行，明确销售重点所在，制定最佳销售促进活动，妥善协调有关部门。对推销人员做好商品特性之认识，使其了解销售促进计划，能有效地展开销售活动，并支援该活动。常采用的手段有奖金、佣金、推销竞赛、推销员培训等。

四、营销传播组合

传播手段，一般有广告、销售促进、发布信息、人员销售四种。至于传播组合中促销之位置及其功能，销售之进行，常以少数个人或小组为对象的推销人员所进行的人员销售，以及以大众为对象所做的广告。直接由推销员推动顾客购买，有所谓推的战略；以及用广告吸引顾客使其购买，即所谓拉的战略。为使这些传播战略发挥上乘效果，必须讲究销售促进，尤其是狭义的推广。此项推广之所以备受重视，可从企业界支付销售促进费用之金额获得了解。1991年美国经济不景气，风光一时的媒体也遭重创，报纸、杂志、广播、电视等的广告收入减少，迫使它们不得不降低广告费以招揽客户，结果利润更少，一些大的杂志如 *7Days* 和 *The National* 已经倒闭，而其他一些主要传播媒体如《纽约时报》、华纳公司（Time Warner）、CBS 和全美最大出版公司 McGraw-Hill 等，为降低成本，纷纷裁员或让员工提早退休。再加上新的竞争者，例如有线电视和 FOX 电视公司成立后，更令人怀疑有限的广告如何能满足原来的三大电视网。另外，许多大企业因财务困难或被他家收买或被兼并，为了提升营业额，新合成的公司宁愿致力于增加节庆活动的促销，而不愿投资长期广告。从前用于广告的花费，现在已改作抽奖、赠券、马票或比赛等，以图短期就能刺激销售。

五、营销推广活动的实施

（1）营销推广活动的构想——在企业营销活动中，应特别重视的，就是应该做好传播组合。人员销售、广告以及促销等促销手段，若不能与企业营销目标一致，各自为政，个别活动时，企业的人、财、物必遭浪费或损失。过去在大众市场导向时代，推销员不费吹灰之力，就可把商品推销出去，如果再加上广告力量就更能创造需要，增加销售。但是，到了物资丰富时代，为了增加消费者欲求，唯有发挥人员销售、广告、促销综合功能，销售才能奏效，营销目标才能达成。

（2）营销推广活动目标是从企业行销目标衍生而来的，虽然推广活动本身也要有目标。一般而言，推广活动目标设定，只要有明确的合计数字即可。其设定程序：①销售目标金额之决定；②活动的商圈与标的之决定；③为达成目标促销手段之决定；④营销推广活动预算之决定；⑤活动日程之决定；⑥活动之实施。

（3）营销推广活动之效果测定——营销推广活动之效果测定，所能使用的，仅有赖于比较活动实施前、实施后的销售业绩变动而已。再有调查营销推广活动后的品牌变动情形，所采用的“消费者固定样本连续调查”也广受重视。

（4）营销推广活动注意事项——营销推广活动可能动用所有促销手段，必须对销售店、消费者可能产生的影响特加注意。例如在店面活动中，由于强制推销可能招致消费者的不满，由于赠品、破损、发送误失等情形，丧失了对企业的信赖。一旦对企业不满不信，这并非一朝一夕所能挽回的。所以进行促销活动，如有疏失，应立即采取适当措施。

（5）营销推广的发展——消费者的生活环境不断地变化，近年来家庭妇女走入社会，正意味着可随意分配所得之增大。再者，休闲活动及方法也起了变化，情报服务渗透各个家庭，从物质的社会加速转向服务的经济社会。面临这样多元化的时代，企业经营者必须顺应消费者潜在的需求，提供舒适的生活和文化。因此，站在企业与消费者中间扮演推动的角色，通过学习与体验，向消费者奉献的就是促销。企业为配合消费者需求的多样化，实施产品多角化经营，促使种类繁多的商品充斥市场；此外，由于产品多角化，也打破了业际限制。面临此种情况，仅仅从事商品单方面的销售促进，已无济于事，必须寄望于企业形象差别化，这在视觉方面就是CI（corporate identity），在销售促进方面就是event。譬如促销event，它是属于游乐、健康、美容的分野，结合企业年轻、活动的、明朗的形象。如果将event按不同目的分类时，有商品情报event——展示会、发表会、服装表演会；教育event——讲习会、研习会；招揽顾客为目的的event——开幕纪念大拍卖、商店街大拍卖、换季大拍卖等；价格诉求的event——结算期末大拍卖、休业大清仓；向路径或提供赠品型event——音乐event、促销Onsevent；参加型event——妈妈们芭蕾、棒球比赛大会；社会还原型event——儿童剧场、家庭剧场。

其他如在日本举行的万国博览会、冲绳海洋博览会、筑波国际科学技术博览会，这些活动虽然都是国际性博览会，可是站在综合营销的立场，广告代理业者参与展出企业，设定展出主题，促销人员参与构想制定，制订营运计划、广告计划。而建筑家、学者与各制作人交换意见，这些现象可以说是新兴促销的再出发。

六、事件营销

事件营销（Event marketing），有人直译为“事件行销”，也有人称为“活动行销”。基本上，它是指企业整合本身的资源，通过具有企业力和创意性的活动或事件，使之成为大众关心的话题、议题，因而吸引媒体的报道与消费者的参与，进而达到提升企业形象以及销售商品的目的。

从事件的观点加以整理，归纳出下列几个类型。

1. 创新行销战略型

市场调查、新商品开发、路径革新、价格策略、广告、促销、展示会、CIS 等行销的变数，以及商品寿命循环、市场细分化；商品定位的战略，都可以在企划行销组合之后，变成具有话题性的事件。至于行销变数及战略能否与事件间形成良性循环的行销利器，则取决于企划是否具有创新性的卖点。

2. 运用公益活动型

借艺术、音乐、文化、体育、环保或社会责任之名而从事的公益活动，由于具有非商业性的本质，以及提升生活素质的功能，所以，比较容易受到大众传播媒体的重视而成为有新闻价值的话题。企业从事公益活动，不但能塑造卓越的企业形象，也可增强消费者的信心。

3. 利用公权特权型

企业拥有的资源各有不同，有的善于技术，有的善于营销，有的强在财务。利用公权特权制造的事件，欲达到正面的效果，须有极缜密的规划，否则不免未蒙其利，反受其害。

4. 善用时势环境型

善用时势环境指的是对时局、政局或社会议题、消费心理等，有敏锐的反应，并能将之吸纳为企业造势的资源。此外，像利用口碑、耳语、谣言、突发性事件等来制造事件，也可归为对时势环境的善用。这是一种借力使力、顺水推舟的事件。

5. 导引教育新知型

在资讯与知识爆炸的今天，不断追求新知识接受再教育，已经是现代人成就自己、肯定自我无可逃避的途径。因此，企业所发动的事件，如果具有知识性或教育性，其意义绝对不同于一般的事件。此外，教育行销的观念，不仅已获媒体极高的评价，也逐渐为大众所接受。因此具有导引教育或新知的事件，今后必会为更多的企业所重视。

七、公共关系管理

公共关系管理也就是解决中药企业与公众的关系。作为经营特殊商品的中药企业，必须搞好公共关系，在公众中树立良好的信誉和形象。只注重广告而忽视维护良好的公共关系的努力，是一些中药企业的短视行为。很多正规的企业都设有专门公共关系部，有的会委托专业公共关系服务机构，负责本公司的媒体及公共关系维护。

1. 神秘的配方

就像可口可乐公司那张神秘配方一样，云南白药的神秘配方带给了人们无穷的想象，也是它保持恒久魅力的秘诀之一。

19 世纪末，云南民间名医曲焕章根据明清以来流传于云南民间的中草药物，苦心钻研试验，经十载临床验证，反复改进配方，于 1902 年创制出一种伤科圣药，取名“曲焕章百宝丹”，俗称“云南白药”，并进而演化为“三丹一子”（即普通百宝丹、重升百宝丹、三升百宝丹、保险子）。而后，百宝丹的声誉由国内走向世界各地。1955 年，曲焕章的家人将此秘方献给政府，由昆明制药厂生产，改名为“云南白药”。次年，国务院保密委员会将云南白药处方及工艺列为国家级绝密资料。1971 年，云南白药厂正式成立。1995 年，云南白药被列为国家一级保护品种，这也是国内享受此种保护仅有的两个中药产品之一。

一直到今天，云南白药的配方仍然秘而不宣。作为中药国宝第一号，相信它的神秘面纱还会一直戴下去。

2. 产品立体化

作为传统剂型，云南白药散剂已经不能充分满足现代人的需求，市场的扩展空间受到了局限。因此，云南白药集团从市场实际出发，不断开发云南白药的新剂型，先后从散剂开发出胶囊剂、酊剂、硬膏剂、气雾剂、创可贴等，使云南白药的内服和外用达到高效、方便、快捷，更适合现代人的需求。

宫血宁胶囊为国内外首创，主要用于功能性子宫出血症，大小产后宫缩不良、盆腔炎、宫内膜炎及避孕措施所致出血，是妇科止血、消炎的有效药物，已列入国家基本用药目录，是国家中药保护品种。该药也属于云南白药集团独家产品，由于产品定位清晰，且患群稳定，因此销售额也呈稳定增长的趋势。宫血宁胶囊已成为公司的第二大产品。

云南白药创可贴和云南白药膏是云南白药集团两种产品。2001 年 3 月，云南白药集团投资 450 万元（占总股本的 90%）成立云南白药集团上海透皮技术研究有限责任公司，专门负责云南白药创可贴、云南白药膏的研究、生产、销售。云南白药创可贴在市场上推广以来凌厉的攻势，已经对创可贴大王邦迪构成巨大冲击，2003 年其销售收入突破 1 亿元，稳稳坐上创可贴市场的第二把交椅，但这仅仅是创可贴战役的开始。云南白药膏是在云南白药秘方的基础上研制而成，也是由云南白药集团独家生产。膏剂穿透皮肤能力强的特点，使云南白药镇痛消肿、活血散瘀的功效更加突出。由于贴膏的市场需求量较之创可贴更大，因此，云南白药膏的市场前景令人憧憬。

云南白药的外用药还有云南白药酊和云南白药气雾剂，市场反响也都非常不错。云南白药的气雾剂具有一定的市场垄断性，逐渐成为云南白药集团一个新的而且是主要的利润增长点。

不难看出，云南白药集团研发新品时充分突出了患者使用药物的方便性，内服和外用制剂相辅相成，构成了云南白药集团立体的白药体系。

3. 与体育结缘

作为伤科圣药，云南白药与体育结有不解之缘，自面世以来，便一直陪伴中国健儿在运动场上奋力打拼，并为中国体育事业的辉煌战果立下了汗马功劳。近年来，云南白药更加大了对体育营销的关注。

2000 年 4 月，云南白药集团赞助 2000 年悉尼奥运会中国体育代表团，获得“第 27 届奥运会中国体育代表团热心赞助商”称号。云南白药系列产品（胶囊、散剂、气雾剂、创可贴、云南白药酊、膏）被指定为 2000 年悉尼奥运会中国体育代表团首选疗伤药品。

本章小结

本章主要内容包括广告的定义与分类、广告理论与功能、广告要素、中药广告策略与效果评价、中药营销推广。

广告是广告主通过有偿占用媒体资源（包括时间、版面、空间位置等）发布商品或劳务的信息以满足商业目的的传播手段。

广告要素包括广告主、信息、广告媒体、广告费、广告受众。广告理论主要介绍了 AIDMA 理论、广告螺旋理论、传播扩散理论、商品定位理论、USP 法则等。

中药广告须适合产品所针对的目标人群，诉求内容要真实、清晰、单一，突出产品主要功效，诉求主体、传播媒介和方法要符合产品营销战略和细分市场的需求。富有创意，幽默或直白的广告更受欢迎。

中药广告创作要遵从以理服人、以情动人、夸张有度、幽默风趣的原则。广告内容应真实可信，应瞄准销售目的，定位准确，诉求单一，富于感染力和亲和力，广告风格上应有可识别性，情节富有戏剧性，表现充满趣味性并慎用“明星”代言。

广告调查常用于评估和测量广告策略及产品概念。其研究结果有助于广告主确定产品概念，选择目标市场，并研究出所要传达的主要广告信息。

广告调研的作用体现在：广告调研为广告创作服务，为确定宣传媒介提供依据，为广告管理服务，为广告预算和费用控制服务。

营销推广是指推进销售的活动。换言之，将企业的商品或劳务创意传达给目标顾客，激起购买行动的手段，就是营销推广，对消费者推广，对销售业者的推广，对公司内部推销人员以及相关部门的推广。

推广活动实施过程包括营销推广活动的构想、确定推广活动目标、营销推广活动之效果测定。

第三篇

中药创新营销与国际市场营销

第十章 中药创新营销

第一节 中药文化营销

一、文化营销的概念、内涵与意义

（一）文化营销的概念与内涵

文化营销是利用企业文化力进行营销，内塑文化营销理念，外塑文化营销形象，两者在具体的市场运作中，相互融合而形成的一种营销模式。简单地说，是指企业营销人员及相关人员在企业核心价值观念的影响下所形成的营销理念和所形成的营销模式。

文化营销实质上是指充分运用文化力量实现企业战略目标的市场营销活动，即在市场调研、环境预测、选择目标市场、市场定位、产品开发、定价、渠道选择、促销、提供服务等营销活动流程中，均应主动进行文化渗透，提高文化含量，以文化作媒介与顾客及社会公众构建全新的利益共同体关系。文化营销含义有以下四点：①企业须借助或适应于不同特色的环境文化开展营销活动；②企业在制定市场营销战略时，须综合运用文化因素，实施文化营销战略；③文化因素须渗透到市场营销组合中，制定出具有文化特色的市场营销组合；④企业应充分利用植䌊战略与植鞶战略全面构筑企业文化。

文化营销的本质目的在于营建企业新型文化价值链，以文化亲和力将各种利益关系群体紧密维系在一起，发挥协同效应，以增强企业整体竞争优势。

（二）文化营销的意义

1. 文化营销的意义

（1）文化营销为企业经营树立了经营屏障：文化的认识不同、吸收不同、发展不同，形成企业的经营特色。

（2）文化营销为企业的发展建设基础：有广大的忠实消费者群体，为了满足不断的消费新需求，企业将生产许多不同产品，多元化发展。

（3）文化营销是企业风险最好的过滤器：消费稳定，生产计划性强，消费者最有力的管理、监督，企业和消费者连成了一个整体，规避风险。

（4）文化营销对企业的竞争力加强：企业没有了销售的后顾之忧，专注于产品技术、质量和成本的投入，企业利润、资金完全可以投入这些方面，使产品和企业的竞争力大为提高。

（5）文化营销将使企业经营更有魅力：企业不是以广告和旺铺效应来拉动消费，而是以企业的文化来吸引消费者，留住消费者，发展更多的消费群体；企业能够得到稳定、长远的发展；通过产品的核心价值和附加价值来创造无形价值，建设成真正的品牌，使我国许多的中小企业发展成为百年品牌企业。

2. 文化营销的手段

（1）小型会议营销：受过专业培训的非专业营销人员通过预先约定，召集对公司产品感兴趣的人，举办的小型家庭集会，传播企业经营文化和商品文化。

（2）人际传播营销：商品消费者之间传播商品信息，传播企业经营文化和商品文化。

（3）商品忠实营销：消费者购买使用商品后，对公司产品满意，进行重复购买产生忠实消费。

（4）服务营销：部分消费者受公司各方面的学习培训，并将知识在消费者之间传授，消费者之间进行一对一的服务。

（5）体验营销：产品消费体验，使用不满意可退货，或者使用过商品的消费者对商品使用情况的信息传播。

（6）店铺主人意识营销：通过企业文化和产品文化的传播，实现消费者自主愿望，产生消费者拥有企业和店铺的意识。

二、企业如何开展文化营销

（一）文化差异与市场营销

从国际市场上看，影响国际市场营销的一个关键因素是文化差异。具体表现在以下几个方面。

1. 文化差异决定着企业对国际目标市场的选择

在其他条件相近的情况下，海外投资者总是先钟情于与本国文化相近的国家和地区。美国企业的海外投资主要集中在加拿大和西欧，文化相近以及由此产生沟通便利是一个重要的原因。便利的文化沟通可以大大节约国际交易的费用。

2. 文化差异有时决定着企业国际营销的效率和效益

例如，服装的国际营销基本上就是一种文化的营销，它的效益同文化传播和沟通的程度有直接的关系。法国、意大利的服装之所以在国际市场上经久不衰，一个重要的秘诀就在于他们舍得花钱让服装设计师大量参与世界各地的文化交流。不仅国际产品营销是文化营销，国际广告、展览和公关等活动更是一种文化营销。中医中药能够在日本、韩国打开市场是因为汉文化特别是中医文化更容易被中国周边地区的国家接受和认同。

3. 文化差异有时还是国际营销管理的一个难题

日本的跨国公司到美国以后，遇到了管理文化或企业文化上的种种冲突，日本人在本国行之有效的“团队精神”“亲善管理”等在美国似乎难以被雇员接受。“三资企业”日益增多的劳资纠纷和雇员流失中，不少是文化价值取向上的冲突。难怪现在准备在华投资的境外企业，他们不再看重所谓的优惠政策，而看重企业的经营理念和价值观念。因此，对一家外资企业而言，它一方面要坚持按国际惯例在中国进行管理和营销，另一方面也要重视文化环境的适应性。

（二）中药企业开展文化营销的要领

在微观环境中，企业究竟如何根据其客观条件来开展文化营销呢？

1. 培育和强化文化营销观念

文化是企业的伴生物，只有当企业文化渗透到员工的内心，形成企业内部的伦理和一种企业内部大多数成员所共识的理念，员工真正明白企业追求的价值标准，才能自觉维护企业的根本利益。

2. 文化定位

文化定位对营销理念的形成起着决定性的作用。第一种文化定位：憎恶浪费，崇尚高效，创造一种规范化、低成本的企业文化。这种企业文化的熏陶，必然使营销人员在保证价格与可靠服务的前提下，尽量追求最低成本，最终形成成本领先的营销理念。第二种文化定位：鼓励个人想象力、成就感，创造一种渴望创造未来这一思维方式的企业文化。第三种文化定位：具体而专业的服务，创造一种提供个性化的服务和建议，努力发展深切、持久的顾客关系的企业文化。面向顾客、最佳服务的市场营销理念成为企业的核心竞争力。

3. 营销形象的塑造

在现代市场经济条件下，由于产品质量和技术的普遍提高以及商品种类的日益繁多，只靠质量和技术很难具有市场优势。

4. 产品文化策略

在产品策略中文化营销如应用得当，企业可取得事半功倍之效。企业可通过提高员工文化素质，将文化寓于产品设计、生产、经营环节中，创造全方位、高品位的文化氛围，以文化亲和力重整企业内部营销。

5. 促销文化策略

企业利用广告、公共关系、营业推广或人员推销等促销手段的目的在于向目标顾客传播具有说服力的产品信息或企业信息，说服顾客购买本企业产品。也就是说，促销实质上是企业与外部环境中的顾客或社会公众的说服性沟通过程。中华五千年文明璀璨瑰丽，源远流长，如能在促销活动中渗透传统文化，结合现代文化，以文兴商，一定能够拓宽促销空间，在企业与顾客间建立相互信任与忠诚的情感模式，打动顾客心扉。

中药是在中医理论指导下使用的药物，中药要想真正走出国门，其前提条件是中医药知识在国内外的普及。

为此，中药主管部门和中药产业界采取了如下措施：加强与各国政府和国际组织的交流和合作，定期举办中医药的学术研讨和中医药博览会，大力宣传中医药；通过在国外开设中医药学校，传播中医药文化和知识；通过在国外建立示范中医院或名医坐堂的中药店，以医带药。

第二节 中药绿色营销

一、绿色营销的产生

近半个世纪以来，自由竞争的经济按照需求的数量、种类，进行资源转化，大规模、高强度地向自然进发，整个人类经济活动方式演化成高消费、高生产、高耗竭（自然资源），哪里有需求，哪里就有供给。这种以市场为导向的经济活动模式创造了巨大的物质财富，产生了一个丰裕的社会，创造了经济高速增长的奇迹，经济的微观组织企业也因此获得了巨大利润和高速成长。但是，这种经济活动方式在最大限度满足和实现需求的同时，把人类与自然关系的矛盾推向了顶峰，为人类埋下了巨大的生存危机：生态环境恶化、资源耗竭等。

面对新的挑战，人类意识到要改变原有的生产与消费方式，寻找一种可持续的生产与消费方式，走可持续发展之路。可持续发展观是人类社会与自然关系演化的结果，同时又是人类寻找正确处理与自然关系的途径，是人类社会的永恒主题。可持续发展观的最根本的要求就是要求社会的发展、经济的增长必须控制在自然资源和生态环境能够持久实现的范围内，即人类社会经济活动的方式要遵循和达到社会、经济和自然协调，形成生态可持续、经济可持续和社会可持续的统一体。可持续发展观对以需求为导向的市场营销观念提出了挑战：在以需求为导向的市场营销观念指导下的企业经营活动不能解决自然、经济和社会的矛盾，不能促进他们之间的协调发展，不能引导人与自然、人与人关系的和谐发展。仅仅以顾客最终“决定”一切，消费者完全“主宰”一切的时代也应该终结。可持续发展观要求企业建立新的营销观念——绿色营销观念。可持续发展的原则是由联合国世界环境委员会在研究世界环境的现状与未来，总结长期以来全球环境保护运动经验的基础上，于1987年向联合国所提交的报告中首次提出来的。1992年联合国环境与发展大会制定并通过了全球《21世纪议程》，提出了可持续发展的战略框架，开始了20世纪人类社会发展的重大转折。这次大的转折将“引导”和“促使”政府、消费者、企业改变社会经济活动方式：政府要通过制度建设（即政府规制）引导和强制企业经营行为和消费者行为合乎可持续发展的要求；企业则要改变其经营行为，要把自然资源和生态环境纳入决策体系之中；消费者则要树立新的消费观和伦理观，改变过去的消费方式。这一切都要求企业树立绿色营销观。所谓绿色营销观念，是指作为经济活动的微观组织——企业在经营活动中，按照可持续发展的要求，注重地球生态保护和良好的社会环境的营造，促进企业、生态和社会的协调发展。

可见，绿色营销观念与以前的营销观念相比，其产生背景有很大区别，它的产生既不源于市场和竞争，也不是源于消费者，而是源于人与自然（包括生态环境和社会环境）的关系冲突，即绿色营销观念与市场营销观念最显著的差别是：市场营销观念是处理企业利益、消费者利益的关系方面所持的态度，而绿色营销观念则是以可持续发展为指导，在人与自然关系和谐共处的前提下，实现消费者利益、企业利益和社会利益。因此，绿色营销观念的提出是企业营销观念的第二次重大转变。虽然社会营销观念强调要处理企业利益、消费者利益和社会利益三者之间关系，也涉及环境问题，但没有把生态环境问题、自然资源问题上升到人与自然关系的高度，就像推销观念向市场营销观念转变一样，推销观念开始关注消费者，但企业仍没有摆脱由内而外的封闭式思考模式，因而有很大的局限性。绿色营销观念之所以把人与自然关系摆在首位，作为前提条件，是因为自然界是人类赖以生存和发展的基础，动摇了基础，人类经济活动就会遇到障碍，也就谈不上企业的持续经营了。

第二次世界大战之后，西方国家为尽快重建经济、实现工业化，一味片面追求高速的经济增长，大力推崇“烟囱产业”。尽管工业化取得了明显的成效，但也付出了惨重的代价：人口的剧增与自然资源的过度消耗，造成了能源紧张、自然灾害频繁发生、环境污染日趋严重等恶果。在这一背景下，人们对传统的发展模式产生了疑虑，一些有识之士开始反思经济发展与资源环境的关系，努力探寻一种新的发展模式，最终孕育出了可持续发展思想及其相关战略。历经联合国人类环境会议、布氏报告（《我们共同的未来》）、联合国环境与发展大会等极富历史意义事件的推动，可持续发展观被世人认同，其实践活动也开始在全球范围内快速展开。可持续发展是既满足当代人的需求，又不对后代人满足其自身需求的能力构成危害的发展。从经济含义上看，可持续发展的核心不是片面的经济增长，而是全面的经济发展，即在不降低环境质量和不破坏世界自然资源基础上的经济发展。基于可持续发展观，作为国民经济下的主题——企业，以自然环境和自然资源为主要内容的生态环境就是其生存与发展的物质基础和基本条件。

企业经营环境的发展经历了消极的环境对策—积极的环境对策—环境经营—生态经营这样一个不断深化的发展过程。企业减少环境负荷的努力，曾经是在政府部门的管制下不得已而进行的，当时企业普遍认为：环境费用支出对生产的扩大或对利润的增加都没有贡献，是额外的成本支出，因此，就尽量避免这个成本的发生。但是，在经历了一系列公害诉讼后，许多企业认识到不重视环境问题所带来的经营风险。同时，他们也认识到，减少环境负荷可以通过提高能源效率和减少材料消耗强度来实现。也就是说，在减少环境负荷的同时，可以达到降低制造成本的效果。有了这个认识，企业的环境对策就从不得不进行环境治理的消极环境对策，转变为为了降低经营风险和经营成本而进行的积极环境对策。环境经营的深化使企业考虑环境问题的水平更加提高。他们通过环境经营，谋求企业形象的提升及产品差别化。同时，他们还向其他公司提供本公司开发的减少环境负荷的技术，或提供环境问题诊断服务，或向资源再循环领域扩展，把环境经营作为营利事业来进行。这样企业环境经营就进入了更高的发展阶段，即生态经营阶段。当今世界，随着人们环保意识的不断增强，企业在环境保护方面的竞争日益突出，开展绿色营销也成为必然。

二、绿色营销的特征

绿色营销是在权衡消费者需求、企业自身经济利益和保护环境资源关系的基础上，以协调局部利益服从整体利益，眼前利益服从长远利益为原则，在产品设计、生产、定价、分销、促销的市场营销组合中，以保护环境、减少污染、变废为宝、充分利用资源为根本出发点，倡导绿色消费，并尽量满足消费者的绿色需求，从而实现企业社会营销目标的营销模式。绿色营销是对传统营销的延伸和拓展，所以绿色营销既具有一般市场营销的共性，又具有自身的特殊性，其基本特征表现为以下几点。

1. 绿色性

绿色性是指绿色营销所具有的生态环境友好和社会环境友好的属性，这是绿色营销的本质特征，也是绿色营销其他特征的基础。无论在营销的 4P 策略、2P 营销技巧，还是在 4C 营销理论和全新的 4R 理论等方面，都应体现绿色特性：反对环境污染，充分利用资源，增强生态意识；合理配置营销资源；

倡导文明消费，净化社会风气，促进企业的可持续发展，推动人类社会、经济、人口、资源、环境等方面形成“共赢”的局面。

绿色营销的内容贯穿于企业的整个经营活动过程和产品的整个生命周期，它是一种应用绿色理念对企业的经营和发展进行事前设计和控制的营销方式。绿色营销不仅要求企业采取各种措施以减少企业产品销售过程中的环境污染，而且要求企业在产品设计和制定企业发展战略时，就要把各种可能产生的环境影响纳入规划范围，把绿色的理念贯穿于生产的全过程，每个环节都要进行绿色分析，并进行绿色选择，以防患于未然。这种营销方式是以“绿色”为主线，强调的是绿色需求—绿色设计—绿色产品—绿色生产—绿色价格—绿色市场开发—绿色消费等的整体规划与组合。因此它实际上是企业绿色发展的一种整体性战略。

2. 持续性

正是由于绿色营销的绿色特性，企业的营销资源才能得到有效的、合理的配置，营销活动才能持续进行下去；产品、企业的自然寿命得以延长，进而推动社会的可持续发展。这就是绿色营销的持续性。从短期看，企业进行绿色营销并不一定是经济的，因为绿色化的生产和流通都需要增加成本支出，如需要为绿色生产购置一些更加先进的生产设备或环境污染治理设备等。况且，社会的绿色市场体系还不够完善，绿色制度还不健全。在这样的情况下，一方面企业还比较容易逃避生产经营活动的环境责任，在环境问题上可以“搭便车”；另一方面企业进行绿色营销的额外支出难以在短期内得到补偿，在经济上并不一定是合算的。

而从长期来看，企业进行绿色营销是必然的选择。企业经营的社会环境正在日益发生变化，绿色需求日渐旺盛，政府对环境的管理工作也逐渐加强，企业的绿色形象对消费者的购买决策起着越来越重要的影响。企业实施绿色营销战略，可以树立企业良好的绿色形象，为企业在未来的竞争中创造更大的优势，进而可以使企业获取更多的长期收益，以弥补短期的利益损失。因此，只有从长远发展的利益出发，企业才愿意实施绿色营销，这是企业提升自己的形象、提高竞争优势的有效途径。绿色营销实际上是企业的一种长远发展战略。

3. 外部性

经济学上的外部性是指经济主体的活动给与之无关的其他经济主体带来

的影响，按照影响的利弊可分为外部经济性和外部不经济性（或负外部性和正外部性）。这一经济范畴是由20世纪初英国经济学家阿瑟·塞西尔·庇古（Arthur Cecil Pigou）提出的，他指出，在某些经济活动中，个人决策和行动会对其他人的决策和行动带来正面的收益或负面的成本，导致私人边际收益与社会边际收益、私人边际成本与社会边际成本出现偏差，市场价格机制运行的结果将偏离帕累托最优状态。传统营销的外部性既有外部经济性，又有外部不经济性，从某种程度上而言，绿色营销正是为了克服传统营销的外部不经济性，所以，外部经济性是绿色营销的一个主要特征。绿色营销的外部经济性是指某企业实施绿色营销给其他经济主体带来的正面影响，这包括对生态环境的保护、对其他企业的导向作用、对消费者带来的福利和对健康的社会文化、伦理以及可持续发展的推动作用等，它源于绿色营销的绿色性。

4. 系统性

绿色营销观念是一个系统性的观念，它综合了市场营销、生态营销、社会营销和大市场营销等观念的内容。市场营销观念的中心是满足消费的需求，“一切为了顾客需求”，是企业经营的出发点和落脚点，这也是企业一切工作的中心；生态营销观念要求企业把市场要求和自身资源条件有机结合，要求企业的发展要与经济、社会、自然和环境相协调；社会营销则要求企业不仅要根据自身资源条件来满足消费者的需求，而且还要符合消费者及社会的近期需要和长远需要，倡导健康的消费方式，以促进人类社会的进步与发展。大市场营销是在传统的市场营销组合四要素（即产品、价格、渠道、促销）的基础上，采取经济、心理、政治和公共关系等手段，以博得社会公众及政府等有关方面的合作和支持，使企业能成功地进入特定市场并保持某种竞争优势。

绿色营销观念要求企业在满足顾客需要（市场营销）和保护生态环境（生态营销）的前提下取得利润，协调三方利益和关系，营造一个良好的社会营销环境（大市场营销），实现可持续发展（社会营销）。

绿色营销是由相互作用、相互影响的多种要素组成的一个不断变化的商务活动组合，是营销主体内部和外部要素，是企业、消费者、环境和社会等诸要素的集成。从绿色营销活动过程看，从传统4P到4C再到4R构成一纵向系统和价值链，每一环节的绿色性和成败对绿色营销的绩效都有难以预料的影响。从绿色营销的绩效看，涉及企业、消费者和竞争者等多种主体的利益，从个体效用到社会福利构成一横向系统和价值链，同时也存在即期利益和长期发展、现实利益和潜在利益以及有形利益和无形利益的权衡与取舍。绿色营销这一系统具有动态性、层次性和复杂性等特点。所以企业在实施绿色营销的过程中，在对绿色营销绩效的评价与控制必须充分考虑绿色营销的系统性。如绿色营销中注意整体绿色产品策略的运用，评价中注意考虑社会责任和环境目标等。

5. 累积性

累积性绿色营销的另一重要特征，指绿色营销绩效是累积形成的。它有三层含义：其一，单个企业绿色营销绩效是产品、定价、渠道和促销等各阶段绿色性的累积。其二，绿色营销的社会绩效是个体（单一企业）绿色营销绩效的累积，这两种情况可称为横向累积。其三，绿色营销绩效，无论是对单一企业还是对社会，都是长期的日积月累，这可称为纵向累积。这一特性还可以以原理的形式展开深入探讨。

6. 多向性

绿色营销具有多向性的特点。绿色营销不但需要企业的积极努力，还需要消费者和政府的共同参与和支持。首先，绿色营销是以绿色消费为前提的，它不仅要求企业树立绿色观念、开发绿色产品，同时也要求广大消费者树立绿色观念，购买绿色产品，自觉抵制非绿色产品。其次，绿色营销是以健全的绿色市场体系和合理的绿色制度为保障的，它要求政府树立绿色意识，倡导和推动绿色营销，并建立健全绿色市场体系和法制法规来约束非绿色营销活动，确保绿色营销的合理收益，特别是保护绿色营销带来的环境收益。只有国家、企业和消费者三者共同努力，树立绿色意识并付诸实施，绿色营销才能蓬勃发展。

三、绿色营销的含义

1. 绿色营销内涵研究现状分析

关于绿色营销的概念与内涵，国内外许多学者对此都有研究，并且给出形式不同的定义和解释。

（1）绿色营销是指企业在充分满足消费需求、争取适度利润和发展水平的同时，注重自然生态平衡，减少环境污染，保护和节约自然资源，维护人类社会长远利益及其长久发展，将环境保护视为企业生存和发展的条件和机会的一种新型营销观念和活动。具体来说，绿色营销就是企业通过市场交换过程满足人们的绿色消费需求，促进经济和生态的协调发展所进行的市场调查、产品开发、定价、分销和促销以及售后服务等一系列的整体经营活动过程。

（2）绿色营销意味着企业组织的任务是确定目标市场需求、欲望兴趣，比竞争者更有效地提供满足顾客的商品，提供商品的方式应对消费者与社会福利双重有利。绿色营销是一种能辨识、预期及符合消费的社会需求，并且可带来利润及持续经营的管理过程。

（3）绿色营销是指企业在营销中要重视保护地球资源环境，防治污染以保护生态，充分利用并回收再生资源以造福后代。

（4）绿色营销是指经过一种有利环境可承受的方式来认识、预期和满足顾客与社会需求的管理过程。

（5）绿色营销是指在绿色消费的驱动下，企业从保护环境反对污染，充分利用资源的角度出发，把“无废无污”和“无任何不良成分”及“无任何副作用”贯穿于整个营销活动之中，从而满足消费者的绿色需求，实现企业营销目标。

（6）绿色营销是指企业在经营战略制定，市场细分与目标市场选择，产品生产、定价、分销、促销过程中注重个人利益与社会整体利益的协调统一，在此前提下取得企业利益的一系列经营活动。

分析对绿色营销的各种表述，可以得出下述结论：对绿色营销的各种定义和表述尽管有多种，但从基本内涵分析不外乎两种。一种是将生态平衡、环境保护的理念融入营销的理论和方法中，其实质在于把消费者的利益、企业的利益与生态环境的利益结合起来，在营销活动中兼顾生态环境的保护，大部分绿色营销研究者的解释蕴含这种意义。另一种则是强调在营销过程中要注重社会的整体利益，保护消费者心理健康和思想健康，树立良好的社会风气。这只寓于少数营销学者对绿色营销的定义中，且具有这种内涵的定义从一个侧面反映了营销关注焦点的变化倾向：从考虑企业自身发展，到关注生态环境，再到关注社会利益和社会环境。

2. 绿色营销的内涵界定

自20世纪初营销学作为一门企业管理学科由美国人建立起来以后，企业的营销观念一直在发生变化，从传统的生产观念、产品观念、推销观念、市场营销观念，直到现在的社会营销观念、生态营销（环境营销）观念，绿色营销也是在传统营销的基础上发展起来的，是传统营销的延伸与扩展。

按照美国营销协会的定义：营销是规划和实施理念、商品和服务的设计、定价、促销和分销，以实现满足个人和组织目标的交换的过程。它至少包括以下两个方面：其一，它是一种哲学、一种态度、一种预见、一种理念或是一种以顾客满意为导向的管理模式；其二，它是用来实现这种哲学的一系列活动。而“绿色”已不仅仅是对一种颜色的表述，具有更广泛的社会、经济、生产和生活的内涵。它至少有三层含义：第一，对生态环境的友好属性，这是其“实”意，包括有利于生态环境保护，充分利用资源和促使资源的有效配置等方面，是“绿色”原意的拓展；第二，对社会环境的友好属性，这是其“虚”意，包括符合整个社会价值观、伦理道德观，有利于社会公德的形成等，是“绿色”原意的升华；第三，有利于企业的可持续发展，这是其具体化和落脚点。因此，绿色营销可以界定为：对生态环境和社会环境友好，并有利于企业可持续发展的营销。

绿色营销内涵可进一步展开，即在可持续发展观的要求下，企业从承担社会责任、保护环境、充分利用资源、长远发展的角度出发，在产品研制、开发、生产、销售、售后服务全过程中，采取相应措施，引导和满足消费者的可持续消费，促进企业的可持续生产，实现企业营销目标，追求企业利润、消费者欲望和社会利益三方面的平衡，实现有限营销资源的有效配置，追求企业即期营销行为和长期营销战略，与社会、经济、资源、环境的有机协调以及对企业长远发展的良性影响。可见，绿色营销有三层含义：第一层主要指企业在营销活动中，谋求消费者利益、企业利益与生态环境利益的协调，既要充分满足消费者需求，实现企业利润目标，也要充分注意自然生态平衡。企业对产品的创意、设计和生产，以及定价与促销的策划与实施，都要以保护生态环境为前提，力求减少和避免环境污染，保护和节约自然资源，维护人类社会的长远利益，实现经济与市场可持续发展。这与“绿色”的第一层含义相对应，即通常所说的生态营销或狭义的环境营销。第二层主要是指在企业的营销活动中，谋求消费者利益、企业利益与社会环境利益的协调，既要充分满足消费者需求，实现企业利润目标，也要充分注意对社会价值观、伦理道德观的影响，倡导文明、进步、符合社会发展方向的社会风气，反对危害社会的黄、赌、毒，反对反科学的“鬼文化”、测字算命、封建迷信等，反对有害健康的“烟文化”、酗酒等，这与“绿色”的第二层含义相对应，也就是所谓的社会营销。第三层主要是充分利用前述两个方面营造的经营环境，合理配置企业内部营销资源，促使营销活动的可持续性，进而推动企业的可持续发展，也就是所谓的可持续营销。

中药材有效成分的不确定与农药残留量的无法控制，是中药跻身世界的两大难题。国产中药在欧美等国市场上多次因重金属、农药残留超标等原因被查扣，严重影响中药的国际声誉。因此，促进中药出口的关键在于企业要建立符合中医药特色的、达到国际标准的质量管理规范。这就需要从源头抓起，减少中药材的重金属含量、农药残留量，生产绿色中药，建立科学的生产质量控制标准。所谓中药绿色营销是指中药企业在生产经营过程中，将企业自身利益、中药消费者利益和环境保护利益三者统一起来，并且以此为中心，对产品和服务进行构思、设计、制造和销售。中国中药企业应尽早树立绿色营销观念，积极开展绿色营销策略，以利于开拓国际市场。

中药企业应围绕中药消费者的绿色需求，加快中药药用植物生产管理规范（GAP）研究，生产“绿色药材”。企业在研制开发绿色中药材的同时，还要注意积极争取获得“绿色标志”。这种特定的图形符号标志着该产品质量合格，在生产、使用和处置过程中均符合环保要求。另外，中药包装也要符合国际上的环保要求，应减少对资源的消耗，包装的废弃物应尽可能成为新的资源。

四、绿色营销的意义

（一）绿色营销对企业发展的意义

1. 绿色营销与企业战略

绿色营销是企业在充分满足消费需求、争取适度利润和发展水平的同时，注重自然生态平衡、减少环境污染、保护和节约自然资源、维护人类社会长远利益及其长久发展，将环境保护视为企业生存和发展的条件和机会的一种新型营销观念和活动。绿色营销是传统营销的延伸与发展。

（1）绿色营销以可持续发展为最终目标。传统营销无论是以产品为导向，还是以顾客为导向，企业经营都是以取得利润作为最终目标，往往忽视了全社会的整体利益和长远利益。而在环保时代，要求人类社会的发展、经济的增长必须控制在自然资源和环境能够支撑和实现的范围内，即人类必须实行可持续生产、消费。绿色营销是在可持续生产、消费的前提下实施的营销活动，在追求充分满足消费者需求的同时，注重提高消费质量，减少物质消费数量，降低人类对资源的消耗程度，使消费达到可持续增长的要求。

（2）绿色营销注重社会效益。绿色营销要求企业注重社会效益，以全社会的长远利益为重点，要求企业在营销中不仅要考虑消费者欲望和需求的满足，而且要考虑实现全社会长远利益的最大化。企业一方面要搞好市场研究，调查了解市场的现实需求和潜在需求，了解市场需求的满足程度，以避免重复引进、重复生产带来社会资源的浪费；另一方面要注意企业和竞争对手的优劣势分析，以扬长避短、发挥自身的优势来提高营销的效果，增加全社会的积累。同时，企业还要注重选择和发展有益于社会和人们身心健康的业务，放弃那些高能耗、高污染、有损人们身心健康的业务，为促进社会的发展、造福子孙后代做出贡献。

（3）绿色营销注重企业的社会责任和社会道德。绿色营销要求企业在营销活动中，既考虑消费者利益和企业自身的利益，又遵循社会道德规范，实现企业的社会责任。实施绿色营销的企业通过合理安排企业资源，有效利用社会资源和能源，争取以低能耗、低污染、低投入来取得符合社会需要的高产出和高效益，在提高企业利润的同时，提高全社会的总体经济效益。企业通过绿色营销的实施，保护地球生态环境，以保证人类社会的可持续发展；通过绿色产品的销售和宣传，在满足消费者绿色消费需求的同时，促进全社会绿色文明的发展。

（4）绿色营销考虑营销全过程中的绿色因素。传统营销通过产品、价格、渠道、促销的有机组合来实现自己的营销目标。绿色营销强调营销组合中的“绿色”因素，注重绿色消费需求的调查与引导，注重在生产、消费及废弃物回收过程中降低公害；注重开发和经营符合绿色标志的绿色产品，并在定价、渠道选择、促销、服务、企业形象树立等营销全过程中都要考虑以保护生态环境为主要内容的绿色因素。

2. 绿色营销与企业经营

（1）有利于发现和创造新的商机。首先，绿色营销可以发现新的商机。可持续发展战略已深入人心，社会、政府等各个方面都要求企业关注环境，走绿色发展之路。这些对企业的经营行为来说，已经成为新的、潜在的约束条件。当然，这种约束对那些非绿色的企业和产品来说才是存在的，而对于已经实现了绿色化转变的企业来说，则是提供了新的市场机会，提供了新的市场切入点，尤其是那些同质性较强的产品，更是如此。实施绿色营销战略就是针对这些约束条件，结合企业自身的情况，对企业面临的市场环境进行综合分析，从中发现新的商机和寻找市场的过程。如海尔集团推出的无氟环保冰箱，无疑是在竞争异常激烈的家电市场中，找到了属于自己的市场和发展机遇。其次，绿色营销的发展可以形成一系列新的产业。最后，没有需求的生产是没有生命力的生产。绿色营销一方面可以进一步刺激绿色消费的发展，另一方面，绿色需求的扩大又会有力地拉动绿色生产的发展，这就为企业经营提供了更多的市场发展机遇。

（2）促进企业节约资源，降低成本，增加利润。绿色营销战略是一种事前规划法，在产品设计时，就考虑到了该产品的各种成本和环境影响。这种整体和发展的分析视角可以更有效地帮助企业发现自己经营中的薄弱环节，从而找到解决问题的途径。如选择适当的替代原料以节约资源，简化某些工作程序使工艺流程更为合理，减少排放物等，这样可以避免一些不必要的损失，实现改善环境和降低成本提高经济效益的双赢目标。另外，实施绿色营销战略还可以树立企业良好的环保形象，使其产品具有一定的绿色差异性，使消费者更愿意为其支付比同类非绿色产品更高的价格。据调查，在国际市场上绿色产品比普通产品售价高出50%~200%，而越来越多的消费者也愿意为真正的绿色产品支付更高的价格。更高的绿色价格能使企业的绿色成本支出得到补偿，同时为生产企业带来丰厚的利润。

（3）有利于企业开拓国际市场。近年来，在世界经济全球化的大趋势中，许多国家，特别是发达国家，为了保护本国人民的利益，也为了保护国内的市场，借助绿色革命的潮流，构筑了大量的新型非关税壁垒——绿色壁垒，以此来限制外国商品进入。虽然“绿色壁垒”会严重阻碍国际贸易的发展，但它又是符合WTO规则的合法的壁垒，因此对企业开拓国际市场产生巨大的不利影响，如我国每年因遭遇“绿色壁垒”被拒之于进口国门外的出口商品总值达到100亿美元以上。实施绿色营销，按照国际上通行的绿色标准来要求自己，促使企业顺利地进入国际市场，既可以有效地促进出口，又可以减少不必要的损失，提高经济效益。

（4）有利于促进企业管理水平的提高。绿色营销的内容涵盖了企业经营的各个环节和整个过程。实施绿色营销，可以促进企业对经营活动各个方面加强管理，如企业文化、绿色成本、绿色生产等，使环保目标与企业经营目标融为一体，提高了企业的管理水平。此外，绿色营销可以使企业领导与员工自觉树立较强的环境意识，以积极的心态参与绿色技术的开发、生产，从而提高员工的绿色素质水平，以更好地适应21世纪这一“生态世纪”的要求。因此，企业实施绿色营销战略，是符合世界绿色潮流的战略，也是企业以“生态人”的视角重新审视自己的历史责任，寻求经济、社会和生态综合效益的最优结合，进而促进企业的可持续发展。

（二）绿色营销对国内国际社会环境的意义

绿色营销是可持续发展战略在企业经营活动中的现实体现，在促进社会、经济与生态环境协调发展，推动适度消费、保护消费者的利益，推动企业的绿色发展等方面都具有重要的现实意义。

1. 绿色营销对发展国民经济的意义

（1）有利于遏制环境恶化的势头，促进可持续发展。企业是环境的主要污染源，实施绿色营销战略，进行绿色生产，转变传统的发展模式，就从源头上解决了这部分环境污染问题。另外，由于绿色营销是一种事前控制的战略，把解决环境问题、减少污染的理念贯穿于企业经营的各个环节，这就可以有效地促使企业积极采用新的环境治理技术，从而有利于促进环境治理技术的进步。因此，这就可以分别从“防”和“治”两个方面来促进环境的改善，促进可持续发展目标的实现。

（2）有利于综合利用资源，加快产业结构调整。进行绿色营销能够促使企业采用清洁、低能耗技术和生产工艺，开发绿色产品，减少生产过程中污染物的排放，在原料使用中尽可能采用可回收重复循环使用的资源。绿色营销的发展还有利于促进绿色技术不断创新，从而提高产品中绿色科技含量及附加值，促使产品向系列化、加工精深化发展；不断提高企业整体素质，促使产业升级、结构调整，形成生态化产业体系。

（3）有利于新兴产业的发展，增加就业机会。绿色消费需求成了拉动内需的重要力量。首先，进行绿色营销可以及时地发现新的绿色需求，形成内需的新热点，促进经济增长。其次，实施绿色营销战略，开发绿色产品不仅可以满足国内市场的绿色需求，还可以扩大出口，促使内需和外需两旺，增加出口创汇能力。最后，绿色营销的产品开发和相关服务的提供，可带动一些新兴产业和部门的发展。这样，一方面完善了经济体系，促进经济良性互动；另一方面可吸纳从业人员，缓解就业压力。

2. 绿色营销对国际社会环境的意义

（1）从宏观角度讲。自从1987年联合国环境与发展委员会发布了《我们共同的未来》的报告，正式提出了“经济的可持续发展”这一概念以来，世界各国纷纷采用可持续发展模式。进入20世纪90年代以来，一些国家纷纷推出一系列以环保为主题的“绿色计划”。绿色营销的实施使企业将经济效益、社会效益与生态效益结合起来。在传统经济中，人们为了眼前利益、局部利益而不惜过度开发自然资源，无节制地向大自然索取，最终造成资源的短缺和环境的恶化。有理性的人们在盲目求发展的热潮过后，最终认识到，人类生产经营活动的结果应是能为人类提供追求高品质生活的和谐环境。

绿色营销强调资源的可持续利用，是对传统营销目标的进一步扩展。绿色营销的目标是实现人类共同愿望和需求——资源可持续利用、保护和改善生态环境，这就要求企业尽可能地开发和使用可再生性资源，尽可能减少对非再生性的资源的耗费，防止环境污染，维护生态平衡，从而使人类可持续利用各种生存资源。

（2）从微观角度讲。21世纪企业将面临一系列挑战。首先是宏观环境的压力，诸如保护消费者利益和保护生态平衡运动，以及政府规范化立法等压力，从而使企业必须树立环保观念，开展绿色营销；其次是广大消费者对绿色消费需求剧增，企业必须顺应消费者的绿色消费需求，开展绿色营销，才能赢得顾客；最后是市场优胜劣汰的规律，迫使企业必须改变经营观念，开展绿色营销，才能有力地对付竞争对手，不断提高市场占有率。企业为了自身的利益和长远发展，就必须采用绿色营销策略；企业要追求合理的经济利益，树立良好的企业形象，就必须开展绿色营销。

五、中药绿色营销策略

（一）绿色中药的概念与标准

2001年7月1日，《药用植物及其制剂进出口绿色行业标准》（以下简称《标准》）在全国正式实施。这是中国第一个中药进出口质量标准，也是中药行业的第一个绿色标准。

《标准》规定，“绿色中药”包括以下三大部分：一是绿色药用植物及其制剂，指经检测符合特定标准的药用植物及其制剂；二是用于医疗、保健等目的的植物原料和植物提取物；三是经初步加工，以及提取纯化植物原料而成的制剂。这些“绿色中药”将在重金属及砷盐、黄曲霉素、农药残留量、微生物限度等几方面被执行强制标准。

“绿色中药”将申请使用药用植物及其制剂进出口绿色标志，并享受政府的优惠政策：①优先支持企业在海外开展带料加工业务，设立相应的生产、经营和售后服务等项目；②优先安排广交会参展，并为其参加国际著名博览会提供条件；③优先安排企业使用中央外贸发展基金，企业的广告促销、建立国外销售中心也可申请使用中央外贸发展基金；④对出口属于配额管理的商品，在分配数量上给予倾斜，对实行配额招标管理的商品，放宽企业参加投标的资格；⑤运用出口信用保险的手段，支持这些商品的出口。

（二）“绿色中药”国际化

与国际市场迅速增长的植物药需求相反，中国中药出口却一直处于缓慢增长甚至负增长状态。在全球植物药市场销售份额中，中国占比较小。中药在海外接连遭禁，先是马来西亚禁止 17 种含有马兜铃酸的中药在马来西亚销售，随后美国 FDA 要求本国中药消费者停止服用 13 种中国中草药制剂。阻碍中药国际化的不利因素主要有：国际上尚无通行的植物类中药的质量标准，这成为制约中药国际化的瓶颈。而西方发达国家则凭借其经济和技术的垄断优势，通过制定以绿色环保为基础的法律、法规或技术标准，建立起以限制有关产品和服务为目的的绿色贸易壁垒，并不断提高其标准。

一些国家对中药认识不足，不能按照中医疗法进行治疗，出现错用药、过量用药等导致中毒事件的发生，这也是中药遭禁的致命原因。

天津天士力的复方丹参滴丸通过美国 FDA 的临床预审，成为第一个获准进入美国市场的中成药，定量标准、严格控制药品有效成分是其成功的关键。中国中药进出口质量标准正是在充分研究了国际上对植物药有关管理法规的基础上，结合中药的特性，而制定出来的药品安全性及检测方法的通用规定。中国加入 WTO，成为中国进出口中药材及中成药的强制标准，即只有符合这一标准的“绿色中药”才能出口到其他国家；同时，对进口的药用植物及其制剂也将依法进行管理。

（三）中药绿色营销策略

随着世界各国对实施可持续发展战略，即强调经济发展与环境保护相协调的日益重视，绿色营销也正成为21世纪市场营销的主流。所谓中药绿色营销是指中药企业在生产经营过程中，将企业自身利益、中药消费者利益和环境保护利益三者统一起来，并且以此为中心，对产品和服务进行构思、设计、制造和销售。中国中药企业应尽早树立绿色营销观念，积极开展绿色营销策略，以利开拓国际市场。

1. 绿色产品策略

中药企业应围绕中药消费者的绿色需求，加快中药GAP（药用植物生产管理规范）研究，生产“绿色药材”。如同仁堂在青海、吉林、安徽、河南等地区建设10个品种的绿色药材种植基地，从原料药入手解决中药材的农药残留、重金属、有效成分含量等问题，从环境、土壤、施肥等一系列环节进行控制，最大限度地保证药材内在质量的可行性和稳定性，真正实现中药的绿色环保。

企业在研制开发绿色中药材的同时，还要注意积极争取获得“绿色标志”。这种特定的图形符号标志着该产品质量合格，在生产、使用和处置过程中均符合环保要求。另外，中药包装也要符合国际上的环保要求，应减少对资源的消耗，包装的废弃物应尽可能成为新的资源。

2. 绿色价格策略

绿色产品在市场引入期，其生产成本会高于同类传统产品，因为其中应计入产品环保的成本。但随着人们环保意识的增强、经济收入的增加，中药消费者对绿色产品的价格也会逐步接受。

3. 绿色渠道策略

企业实施绿色营销必须建立稳定的绿色营销渠道，从绿色交通工具的选择、绿色仓库的建立，到绿色装卸、运输、储存等管理办法的制定与实施，认真做好绿色营销渠道的基础工作。

4. 绿色促销策略

企业应主动参与、积极赞助环保等社会公益活动，通过媒体如绿色广告传递产品绿色信息，示范产品绿色功能，增强公众的绿色意识，树立企业的绿色形象，为开展绿色营销建立广泛的社会基础。

绿色营销可促进企业、消费者、生态环境协调发展，推动适度消费、清洁生产、保护消费者和生态环境。因此，绿色营销是实现可持续发展的有效手段，是市场营销发展的必然选择。另外，中国企业在21世纪还将面临世界绿色经济浪潮所带来的一系列挑战，如保护消费者利益运动和保护生态平衡运动的压力，广大消费者对绿色消费的需求剧增，国外绿色产品的竞争，以及政府规范化立法的压力等。这就要求中国企业必须进一步树立环保观念，加大绿色营销的力度。

营销本身是中性的，即营销既可以促进节约能源、保护环境，也有可能导致资源耗竭加速，加重环境污染。从企业可持续发展的角度出发，市场营销人员必须同时担负起为企业创造利润、提高企业竞争力和保护自然的双重任务。

企业界的参与对于在全球范围内实现可持续发展起着十分关键的作用。政府面对很多亟待处理的任务，例如实现经济的平稳发展，满足不断增长的人口需要，实现计划经济向市场经济的过渡等，因此，很多政府只能集中解决这些眼前的事务。与此同时，企业的活动越来越国际化，计划的时间跨度也越来越长，企业的生存和发展越发依赖相对稳定的全球经济环境，以及对不同文化和人群的需求的满足程度。是企业而不是政府来选择、开发、实施和认知技术，所以，负责任的企业将成为全球从不可持续发展向可持续发展的中坚力量。但是，企业需要在政府和非政府组织的支持下，建立一个广泛而深入的概念框架和方法体系，以应对产业与环境的复杂关系。

人类正以前所未有的速度发展，具体表现在经济正演绎着新的模式，技术蕴含着全新的“摩尔”式的“嬗变”，文化、观念、制度也在发生着巨大且快速的变化。百万年的蒙昧、数万年的游牧、几千年的农耕、数百年的工商正成为过眼云烟。纵观历史，回眸沧桑，人类在积累了巨大物质财富的同时，也面临着严重的生存危机，沙漠蔓延、森林减少、物种灭绝、资源枯竭、环境污染加剧、道德沦丧等，并且这种危机有延续至后世的危险。人类必须寻找人、社会和自然的共同支点，重新审视发展观念和发展道路，于是可持续发展被推上了前台。可持续发展不仅要追求国家、区域、产业的可持续发展，更重要的是要实现经济运行微观基础——企业的可持续发展，而企业可持续发展的重要条件和内容之一就是实施绿色营销。

从营销的实践看，在市场经济条件下，企业参与市场竞争的核心工作是营销，它已不仅仅局限在企业产品推广、销售上，而且涉及产品的构思、研制、开发、售后服务等众多领域，甚至延伸到社会责任、伦理道德、公共政策等方面。营销的成功与否，直接关系到企业的兴衰存亡。因而，现代企业为尽可能大、尽可能持久地占领市场，满足消费者需要，获取最大利润，使出浑身解数，大力加强企业的营销工作。在组织结构上，有些企业建立所谓“哑铃形”或“榔头形”组织来加大市场营销的力度；在商务模式上，通过基于互联网的电子商务使企业供应链“扁平化”“敏捷化”，以提高企业对市场和消费者需求变化反应的准确性和及时性；在市场策略上，主动去开拓市场，刺激消费者的需求，让市场接受并充分利用互联网使虚拟市场和实体市场结合起来，用信息技术整合市场资源，开拓国际市场，最大限度地利用国际国内两个市场、两种资源；在投入上，营销资源占企业总投入的比重也越来越大。营销工作的这些变化为企业获利的同时，也对企业和社会各方面产生更加复杂、深远和难以预计的影响。

从某种意义上来说，营销对社会和整个经济而言是一把“双刃剑”。随着新经济的来临，经济全球化趋势日益明显，信息技术（特别是互联网）发生革命性突破，市场竞争跨越空间和时间的限制，变得空前剧烈。为了争夺有限的市场，“广告战”“价格战”“客户战”和“资源战”在营销界全面打响，市场营销中出现了种种病态行为。在营销调研中窃取他人商业情报；在产品策略中假冒他人产品或注册商标，生产和销售劣质产品；产品生产、经营过程中破坏生态环境；在价格策略中漫天要价，随意“宰客”，短斤少两，以次充好，变相涨价，恶意降价倾销；在分销过程中采用贿赂、回扣等不正当竞争手段；在促销策略中过分依赖广告宣传，甚至不惜以虚假广告欺骗、误导消费者，还有一些庸俗、低级、迷信、荒诞的内容，不仅污染着社会文化环境，也影响着精神文明建设；在经营策略上，倚仗某种特权偷税漏税、变相走私；在营销战略规划中目光短浅，盲目追求热点、铺摊子等，不一而足。这些都是追求即期利益的短期行为，不仅损害了广大消费者的利益，破坏了公正的竞争秩序，而且也严重损害了社会公共利益，无益于企业自身的长远发展。因而，现代企业必须实施绿色营销，实现有限营销资源的最优配置，推动企业营销的可持续发展，强化企业长远发展的基础，促进企业即期营销活动与社会、经济、资源、环境的有机协调。这也对绿色营销的机理、绩效评价与控制研究提出了要求。

第三节 中药网络营销

一、网络营销的概念

网络营销是企业整体营销战略的一个组成部分，是建立在互联网基础之上，借助互联网特性来实现一定营销目标的一种营销手段。网络营销是以现代电子技术和通信技术的应用与发展为基础，与市场的变革、市场竞争以及营销观念的转变密切相关的一门新学科。网络营销相对于传统的市场营销，在许多方面存在着明显的优势，对传统营销造成了巨大的冲击，带来了一场营销观念的革命。同时也应该注意到，在网络环境下，虽然营销市场的主要因素起了很大的变化，但网络营销并不可能完全取代传统营销，需要将二者进行整合。应该看到，在网络环境下，企业开展网络营销是今后的趋势，更重要的是对企业改善销售环境、提高产品竞争能力和市场占有率具有非常重要的现实意义。E时代，电子商务魅力无限。于是药品网上交易开始变成现实。用网络进行交易有着不可比拟的强劲优势：

（1）时空的可压缩性：把时间强化，把空间压缩。

（2）双方互动性：生产者和中药消费者互动，进行各种信息交流和彼此共同参与。

（3）活动虚拟性：现实活动可放到网络空间进行，如虚拟商场、虚拟银行等。

对于中药企业而言，网上销售克服了时间限制，超越了传统的海外市场开拓方法，为企业的营销工作带来了极大的便利性。

二、网络营销的产生

20世纪90年代初，互联网的飞速发展在全球范围内掀起了互联网应用热，世界各大公司纷纷利用互联网提供信息服务和拓展公司的业务范围，并且按照互联网的特点积极改组企业内部结构和探索新的管理营销方法，网络营销应运而生。

随着互联网作为信息沟通渠道的商业使用，互联网商用潜力被挖掘出来，显现出巨大威力和发展前景。市场营销是为创造达到个人和组织的交易活动而规划和实施创意、产品、服务观念、定价、促销和分销的过程。网络营销是以互联网络为媒体，以新的方式、方法和理念实施营销活动，更有效促成个人和组织交易活动的实现。网络营销在国外有许多翻译，如 Cyber Marketing，Internet Marketing，Network Marketing，e-Marketing 等。不同的单词词组有着不同的含义，Cyber Marketing 主要指网络营销是在虚拟的计算机空间（Cyber，计算机虚拟空间）进行运作；Internet Marketing 指在 Internet 上开展的营销活动；Network Marketing 是在网络上开展的营销活动，同时这里指的网络不仅仅是 Internet，还可以是一些其他类型的网络，如增殖网络 VAN。比较习惯和采用的翻译方法是 e-Marketing，e- 表示是电子化、信息化、网络化含义，既简洁又直观明了，而且与电子商务（e-Business）、电子虚拟市场（e-Market）等进行对应。

2022 年 3 月 2 日，中国互联网络信息中心（CNNIC）发布第 51 次《中国互联网络发展状况统计报告》（以下简称《报告》）。《报告》显示，截至 2022 年 12 月，中国网民规模达 10.67 亿人，较 2021 年 12 月增长 3549 万人，互联网普及率达 75.6%。网民用网环境持续改善，物联网终端增长推动“万物互联”。《报告》显示，在网络基础资源方面，截至 2022 年 12 月，中国域名总数达 3440 万个，IPv6 地址数量达 67369 块 /32，较 2021 年 12 月增长 6.8%，中国 IPv6 活跃用户数达 7.28 亿人。在信息通信业方面，截至 2022 年 12 月，中国 5G 基站总数达 231 万个，占移动基站总数的 21.3%，较 2021 年 12 月提高 7 个百分点。在物联网发展方面，截至 2022 年 12 月，中国移动网络的终端连接总数已达 35.28 亿户，移动物联网连接数达到 18.45 亿户，万物互联基础不断夯实（央视新闻，2023）。中国的网上市场步入良性循环轨道，成为一个新兴的有魅力的潜力巨大的市场。因此，企业如何在如此潜力巨大市场上开展网络营销，占领新兴市场，对企业来说既是机遇又是挑战，因为网络市场发展速度非常迅猛，机会稍纵即逝。

三、网络营销的特点

市场营销中最重要也最本质的是组织和个人之间进行信息传播和交换，如果没有信息交换，交易也就是无本之源。正因为如此，互联网具有营销所要求的某些特性，使网络营销呈现以下一些特点。

1. 跨时空

营销的最终目的是占有市场份额。互联网具有的超越时间约束和空间限制进行信息交换的特点，使得脱离时空限制达成交易成为可能。企业能有更多的时间和更多的空间进行营销，可每周 7 天，每天 24 小时随时随地提供全球的营销服务。

2. 多媒体

互联网络被设计成可以传输多种媒体的信息，如文字、声音、图像等信息，使得为达成交易而进行的信息交换可以多种形式进行，可以充分发挥营销人员的创造性和能动性。

3. 交互式

互联网络可以展示商品目录，联结资料库，提供有关商品信息的查询，可以和顾客做互动双向沟通，可以收集市场情报，可以进行产品测试与消费者满意调查等，是产品、设计、商品信息提供以及服务的最佳工具。

4. 拟人化

互联网络上的促销是一对一的、理性的、消费者主导的、非强迫性的、循序渐进式的，而且是一种低成本与人性化的促销，避免推销员强势推销的干扰，并通过信息提供与交互式交谈，与消费者建立长期良好的关系。

5. 成长性

互联网络使用数量快速增长并遍及全球，使用者多半年轻，属于中产阶级，具有很高教育水平。由于这部分群体购买力强而且具有很强的市场影响力，因此是一个极具开发潜力的市场。

6. 整合性

互联网络上的营销可由商品信息至收款、售后服务一气呵成，因此也是一种全程的营销渠道。另外，企业可以借助互联网络将不同的营销活动进行统一规划和协调实施，以统一的传播资讯向消费者传达信息，避免不同的传播渠道中的不一致性产生的消极影响。

7. 超前性

互联网络是一种功能强大的营销工具，它同时兼渠道、促销、电子交易、互动顾客服务以及市场信息分析与提供等多种功能。它所具备的一对一营销能力，恰好符合定制营销与直复营销的未来趋势。

8. 高效性

计算机可存储大量的信息供消费者查询，可传送的信息数量与精确度远远超过其他媒体，并能顺应市场需要，及时更新产品或调整价格，因此能及时有效地了解并满足顾客的需求。

9. 经济性

网络营销的交易双方能够通过互联网络进行信息交换，代替传统的面对面的交易方式，可以减少印刷与邮递的成本；可以无店销售而免交租金，节约水电与人工成本；同时也减少了由于多次交换带来的损耗，提高了交易的效率。

10. 技术性

网络营销是建立在高技术作为支撑的互联网的基础上的，企业实施网络营销必须有一定的技术投入和技术支持，改变传统的组织形态，提升信息管理部门的功能。因此，引进懂营销与计算机技术的复合型人才，未来才能具备市场的竞争优势。

四、网络营销的意义和作用

网络营销的核心思想就是"营造网上经营环境"，网络营销的作用体现在如下几个方面：构建网络品牌、开展网址推广、网上信息发布、网络促销、网络渠道拓展与管理、顾客服务与客户关系营销、网上调研。

开展网络营销的意义就在于充分发挥上述作用，让网上经营的整体效益最大化。网络营销的职能是通过各种网络营销方法来实现的，网络营销的各个职能之间并非相互独立的，同一个职能可能需要多种网络营销方法的共同作用，而同一种网络营销方法也可能适用于多个网络营销职能。

（1）网络品牌。网络营销的重要任务之一就是在互联网上建立并推广企业的品牌，知名企业的网下品牌可以在网上得以延伸，一般企业则可以通过互联网快速树立品牌形象，并提升企业整体形象。网络品牌建设是以企业网站建设为基础，通过一系列的推广措施，达到顾客和公众对企业的认知和认可。在一定程度上说，网络品牌的价值甚至高于通过网络获得的直接收益。

（2）网址推广。这是网络营销最基本的职能之一，相对于其他功能来说，网址推广显得更为迫切和重要，网站所有功能的发挥都要一定的访问量为基础，所以，网址推广是网络营销的核心工作。

（3）网上信息发布。网站是一种信息载体，通过网站发布信息是网络营销的主要方法之一。同时，信息发布也是网络营销的基本职能，所以也可以这样理解，无论哪种网络营销方式，结果都是将一定的信息传递给目标人群，包括顾客/潜在顾客、媒体、合作伙伴、竞争者等。

（4）网络促销。营销的基本目的是为增加销售提供帮助，网络营销也不例外，大部分网络营销方法都与直接或间接促进销售有关。但促进销售并不限于促进网上销售，事实上，网络营销在很多情况下对于促进网下销售十分有价值。

（5）网络渠道拓展与管理。一个具备网上交易功能的企业网站本身就是一个网上交易场所，网上销售是企业销售渠道在网上的延伸，网上销售渠道建设也不限于网站本身，还包括建立在综合电子商务平台上的网上商店，以及与其他电子商务网站不同形式的合作等。

（6）顾客服务与客户关系营销。互联网提供了更加方便的在线顾客服务手段，从形式最简单的 FAQ（常见问题解答），到邮件列表，以及 BBS、聊天室等各种即时信息服务，顾客服务质量对于网络营销效果具有重要影响。良好的顾客关系是网络营销取得成效的必要条件，通过网站的交互性、顾客参与等方式，在开展顾客服务的同时，也增进了顾客关系。

（7）网上调研。通过在线调查表或者电子邮件等方式，可以完成网上市场调研，相对传统市场调研，网上调研具有高效率、低成本的特点。因此，网上调研成为网络营销的主要职能之一。

五、网络营销发展趋势

虽然网络的发展起始于军事与学术，但最为蓬勃发展的还是电子商务的专业网络。据估计网络上的交易成本约等于传统营销成本 1/10，未来普及以后，这项成本比例还会降低。因此，世界各国政府均将发展电子商务应用视为投资国家信息网络的主要目的。未来以电子商务为对象的专业网络数量会大幅增加，电子货币、网内防火墙等商业交易技术的发展，将使电子交易更为便利可靠。

在网络上唯一保持不变的特性就是“变化”，网络上的所有情况都处于不断的变化中。建立在网络上的网络营销在发展过程中呈现出两大趋势。

（一）搜索引擎推广将成为最重要和最受欢迎的网络营销服务

网络营销基本概念是通过互联网进行市场推广活动，是21世纪最有代表性的一种低成本、高效率的全新商业形式。随着互联网的迅猛发展，越来越多的企业用户开始在生产经营中使用互联网服务，服务于企业网络营销的市场就应运而生，日趋发达，由于其相对电子商务而言更易实行，更快见效，所以优先得到了应用。传统企业网络应用也在加速，网络营销大潮已至。

据统计，82.2%的网民通过搜索引擎寻找自己需要的产品信息。搜索引擎在网站网址推广方面的作用是毋庸置疑的。在美国，搜索引擎已经成为最为成熟的一种网络营销方法。当客户输入关键字时，实际上是在主动告知相关产品销售者自己的需求。消费行为调查显示，一般用户会点击搜索结果前50名的链接。实践证明，排名位置的不同对搜索营销效果的影响非常大。在成千上万条搜索结果中，你的网站出现的位置直接关系着客户接收到你产品信息的概率，搜索排名的广告价值由此产生。就国内外主要搜索引擎的收费方式来看，主要有两种基本情况：比较简单的一种即收费登录：仅仅是当网站缴纳费用之后才可以获得被收录的资格；另一种则是购买关键词广告，简单来说就是在搜索引擎的搜索结果中发布广告的一种方式，当有用户检索到你所购买的关键词时，你的信息将会出现在搜索结果页面的相应显著位置。关键词广告具有较高的定位程度，并且往往可以提供即时的点击率效果，可以随时修改网站的有关信息，以及更加合理的收费模式等，有望成为搜索引擎营销方法的主流形式。

国内已出现一批提供搜索排名服务的网站，其中百度提供的“竞价排名”属于前面讲到的第二种方式。这项服务因其低起点、灵活性和广泛覆盖率而颇受企业欢迎。在缴纳少量预付金后，企业可以选择注册与自己网站相关的关键字参与竞价排名。与一般的BANNER广告相比，关键词检索优势在于：第一，在关键词检索页面投放广告具有较高的定位程度；第二，用户可以根据需要通过更换关键词和修改点击付费额等方式对广告效果进行控制，比一般网页上的静态广告更换要方便得多；第三，这种关键词检索的广告形式通常以CPC（按点击付费）模式定价，大大减少了无效浏览所要付出的代价，可以真正做到“有的放矢”。精确定位自己的广告受众，根据需要决定宣传力度，并根据广告效果付费。

（二）"富媒体广告"成为网络营销未来的发展趋势之一

富媒体广告的概念由来已久，从 flash 到流媒体，以往大家仅仅认为富媒体广告不过是网络广告一种新的表现形式而已，并没有受到重视。然而，随着网络基础建设的日新月异，富媒体广告以及以富媒体为表现形式的营销平台，在逐渐摆脱了带宽的桎梏以后，正以全新的形式赢得大家的重视。2002 年国内第一个 iCast 广告——《英雄》发布，声画结合的表现形式、视觉的冲击力和交互性，让《英雄》和这一全新的网络广告形式一炮走红。iCast 正是富媒体在网络营销中最主要的表现形式之一。而今过去了 3 年，富媒体技术在不断地完善中，又以自身声画结合的表现形式、视觉的冲击力和交互性开辟出了更具互动性、针对性的网络平台营销渠道——网络杂志平台营销。网络杂志崛起，富媒体营销实现内容的飞跃。富媒体营销迅速崛起源于 iCast 广告的火热，但 iCast 由于其形式的局限，更适合于塑造品牌形象和新品推荐等，而在产品、品牌的深度和拓展性推广上，相对来说比较难实现，内容显得比较单薄。而作为富媒体的全新平台营销渠道——网络杂志，则没有这些限制。以发布一台汽车的广告为例，iCast 经过富媒体技术处理，可以点击广告中的汽车图片，放大了解各个部件的基本功能，或者通过视频流等展示汽车的基本形象等，打造汽车的品牌度。而通过网络杂志平台发行的汽车杂志，如《车行天下》，通过多个篇幅的图片、flash、视频等，则不但能将 iCast 广告中所要表现的内容进行全面地丰富，更能加入更多互动性的因素和更多吸引用户的其他内容，增加用户对产品的体验度，从而全方位吸引受众了解和获得产品的各种详细信息，即可塑造品牌，更能实现对产品的深度推广。简单而具针对性的广告内容，富媒体的多样化表现形式，这是 iCast 广告的特点；丰富的广告内容和资讯内容，富媒体的多样化表现形式的深层使用，这是网络杂志的特色。两者都是富媒体技术应用下的不同营销推广方式，也是将富媒体呈现的最好的两种方式，在相似的呈现效果中，作为富媒体全新应用的网络杂志在内容上是对富媒体营销的补充、延伸和丰富。互联网的一大优势就是可以对受众进行精确的细分，甚至可以精确到一个一个人，但作为富媒体最主要表现形式之一的 iCast 广告在受众细分上比较薄弱，网民所能看到的富媒体广告基本都在大型的门户网站，比如新浪、搜狐、网易等，走的是"广而告之""大而全"的道路。但从网络营销的效果来看，这样的推广更适合于塑造品牌形象、新品推荐，并不一定能带来预期的销售。如果细分市场，有针对性地投放，广告效果加强了，必然能被更多的广告主认可，毕竟，实现销售才是广告效果最终的评判标准。

而网络杂志平台，正是富媒体营销下细分受众的全新营销方式，采用富媒体技术的各种网络杂志正是针对不同的网络受众来发行的。以网络杂志平台VIKA为例，其发行了50种以上的杂志，内容涉及男性、女性、时尚、影视、数码、体育、汽车、旅游、家居、游戏、音乐等多个领域，每本杂志都有着特定的阅读群体，而各本杂志的不同特定群体就构成了VIKA平台超过500万的细分而相对固定受众，以网络杂志平台为载体对超过500万相对固定的用户进行宣传和推广。相对于iCast每天50万的点击率但却没有固定受众来说，网络杂志所能实现的营销效果更准确更有效。网络杂志已经让富媒体实现营销目标受众的细分。从iCast到网络杂志，富媒体开创了两种全新的营销模式；从内容的简单到充实、飞跃，从大范围的受众群体到细分的目标受众，富媒体营销在发展中通过创新完善了自身在营销领域应用的模式体系。

第四节　中药服务营销

一、服务的含义与特征

菲利普·科特勒把服务定义为一方提供给另一方的不可感知且不导致任何所有权转移的活动或利益。美国市场营销学会将服务定义为主要为不可感知，却使欲望获得满足的活动，而这种活动并不需要与其他的产品或服务的出售联系在一起。生产服务时可能会或不会利用实物，而且即使需要借助某些实物协助生产服务，这些实物的所有权将不涉及转移的问题。

与有形产品相比，服务具有以下共同特征。

1. 不可感知性

不可感知性是服务最为显著的一个特征，它可以从三个不同的层次来理解。首先，服务的很多元素看不见，摸不着，无形无质。其次，顾客在购买服务之前，往往不能肯定他能得到什么样的服务。因为大多数服务都非常抽象，很难描述。最后，顾客在接受服务后通常很难察觉或立即感受到服务的利益，也难以对服务的质量作出客观的评价。

2. 不可分离性

有形的工业品或消费品在从生产、流通到最终消费的过程中，往往要经过一系列的中间环节，生产和消费过程具有一定的时间间隔。而服务则与之不同，它具有不可分离性的特点，即服务的生产过程与消费过程同时进行，也就是说服务人员向顾客提供服务时，也正是顾客消费服务的时刻，二者在时间上不可分离。服务的这一特性表明，顾客只有而且必须加入服务的生产过程才能最终消费到服务。例如，只有在顾客在场时，理发师才能完成理发的服务过程。

3. 差异性

差异性是指服务无法像有形产品那样实现标准化，每次服务带给顾客的效用、顾客感知的服务质量都可能存在差异。这主要体现在以下三个方面：第一，由于服务人员的原因，如心理状态、服务技能、努力程度等，即使同一服务人员提供的服务，在质量上也可能会有差异。第二，由于顾客的原因，如知识水平、爱好等，也直接影响服务的质量和效果。比如，同是去旅游，有人乐而忘返，有人败兴而归；同听一堂课，有人津津有味，有人昏昏欲睡。这正如福克斯所言，消费者的知识、经验、诚实和动机，影响着服务业的生产力。第三，由于服务人员与顾客间相互作用的原因，在服务的不同次数的购买和消费过程中，即使是同一服务人员向同一顾客提供的服务也可能会存在差异。

4. 不可储存性

服务与有形产品间的第四个重要差别是储存能力。产品是有形的，因而可以储存，而且有较长的使用寿命；服务则无法储存。理发、外科手术、酒店住宿、旅游、现场文艺晚会以及其他任何服务，都无法在某一年生产并储存，然后在下一年进行销售或消费。

5. 缺乏所有权

缺乏所有权是指在服务的生产和消费过程中不涉及任何东西的所有权转移。既然服务是无形的又不可储存，服务产品在交易完成后便消失了，消费者并没有实质性地拥有服务产品。缺乏所有权会使消费者在购买服务时感受到较大的风险。如何克服此种消费心理，促进服务销售，是营销管理人员所要面对的一个严峻挑战。从上述五个特征的分析中不难看出，“不可感知性”大体上可被认为是服务产品的最基本特征，其他特征都是从这一特征派生出来的。事实上，正是因为服务的不可感知性，它才不可分离。而“差异性”“不可储存性”“缺乏所有权”在很大程度上是受“不可感知性”和“不可分离性”两大特征所决定的；同时，就对服务市场的营销行为及顾客行为的影响而言，前两种也不如后两种特征那么深远。

二、服务营销理论与实践

从20世纪80年代后期开始，营销学者在服务营销组合上达成了较为一致的意见，即在传统的4Ps基础上，又增加了“人员”（People）、“有形展示”（Physical Evidence）、“服务过程”（Process）三个变量，从而形成了服务营销的7P组合。随着7Ps的提出和广泛认同，服务营销理论的研究开始扩展到内部市场营销、服务企业文化、员工满意、顾客满意和顾客忠诚、全面质量管理、服务企业核心能力等领域。这些领域的研究正代表了服务市场营销理论发展的趋势。

1. 服务产品策略

尽管有不少人为标准化的服务产品策略进行辩护，但最成功的仍然是那些根据其目标市场的需求调整其供给品的服务企业。金融服务便是如此。例如，西班牙的银行分支机构通常要比其他欧洲国家的大一些而数量少一些。西班牙人喜欢使用和持有现金，他们对支票和信用卡有一种厌恶感，因为这两种金融工具都会给税务部门留下稽核的交易记录。因此，在西班牙，最关键的银行服务属性是银行服务的方便性。

2. 分销与促销策略

针对目标市场对服务的特殊需求和偏好，服务企业往往需要采用不同的分销与促销策略。据研究，德国乘客与日本乘客在对航空公司服务的评价上存在很大的差异。德国乘客对飞机能否准时到达预定地点最感兴趣；而日本乘客认为飞行中的舒适与否最重要。

3. 沟通策略

服务的无形性也给沟通带来了较大困难。研究者发现了沟通中存在的四个层次的潜在难题，即语言、非语言行为、价值观和思维过程的差异。在这四种差异中，因为语言的差异产生的难题最显而易见，因而也最容易克服。如果零售店的店员只说汉语，而顾客却说英语，那么难题显然是十分明显的。

许多美国跨国公司如麦肯锡咨询公司专门招募获得过美国MBA学位的外国人在其国家为麦肯锡开拓市场。这些公司这样做并不只是因为派遣美国人去这些国家需要给他们支付较高的报酬，更重要的是为了向外国客户提供更有效的服务。而且，这样做的意义并不仅仅在于克服语言的障碍，还在于这些被招募的外国人接受过两种文化的训练，他们可以在两种文化间架起一座桥梁。非语言行为会影响服务质量。我们每个人都能感受到各种非语言线索的存在，而这些线索主要提供有关我们感觉方式的信号。在服务交易中，顾客的感觉是关键的信息。在跨文化的条件下，这些非语言线索通常比较难了解且容易被误解。笑、皱眉头、沉默的时间、插话、语气、用双手递名片等，所有这些非语言行为都能预示服务提供者与顾客之间的关系。但是，在不同的文化中，这些线索的含义变化很大。在咨询服务中，当日本的客户变得沉默时，并不意味着顾问人员应该说话，日本客户可能正需要一定的“思考空间”，而不是更多的信息。巴西乘客在空中旅行时打断空中服务小姐的谈话是他们热情的表现，而不是好管闲事或爱出风头。

对服务人员理解顾客非语言行为能力的训练是保证服务效率和顾客满意的一个关键。显然，服务人员不可能被训练成顾客非语言行为的“词典”，关键是识别出那些重复发生的问题并制订出适当的管理战略和训练方案。

4. 价格策略

与有形产品相比，服务特征对于服务定价可能具有更重要的影响。例如，航空公司就经常采用这种定价策略。就基本的定价策略而言，服务产品的定价也可以采用需求导向定价、竞争导向定价和成本导向定价。

服务企业除了可能需要考虑在需求波动的不同时期采用不同的价格外，可能还需要考虑是否应该在不同的地理细分市场采用不同的价格策略。在管理咨询服务行业，即使同样的服务项目和服务内容，而且为客户创造的服务价值相同，所支付的费用相同，但在不同的国家，其收费可能需要作出巨大的调整。在美国上百万美元的收费项目，在中国可能只能收取数万元人民币的报酬，其中很大的一个原因是中国咨询服务业的市场不成熟，而且咨询服务业本身还十分幼稚。又如在快餐业中，麦当劳在全球市场执行不同的价格，因为世界各地的消费者购买力存在很大的差异，消费习惯上也具有不同之处。

5. 人员管理策略

在服务利润链概念中，顾客满意和顾客忠诚取决于服务企业为顾客创造的价值，而服务企业为顾客创造的价值能否让顾客满意，又取决于员工的满意与忠诚。只有满意和忠诚的员工才可能提高他（或她）的服务效率和服务质量。此外，由于服务的不可分离性，服务的生产与消费过程往往是紧密交织在一起的，服务人员与顾客间在服务生产和递送过程中的互动关系，直接影响着顾客对服务过程质量的感知。因此，服务企业的人员管理应是服务营销的一个基本工具。服务企业人员管理的关键是不断提高内部服务，提高公司的内部服务质量。公司内部服务即公司对内部员工的服务，它的服务质量包括以下两大方面：一是外在服务质量，即有形的服务质量，如财务收入；二是内在服务质量，即无形的服务质量。但员工对公司的满意度主要还是来自员工对公司内在服务质量的满意度，它不仅包括员工对工作本身的态度，还包括他们对同事关系的感受。

6. 有形展示策略

由于服务的不可感知性，不能实现自我展示，它必须借助一系列的有形证据才能向顾客传递相关信息，顾客才能据此对服务的效用和质量作出评价和判断。一般来说，服务企业可以利用的有形展示可以区分为三种：①环境要素。空气的质量、噪声、气氛、整洁度等都属于环境要素。这类要素通常不会引起顾客立即注意，也不会使顾客感到格外的兴奋和惊喜，但如果服务企业忽视这些因素，而使环境达不到顾客的期望和要求，则会引起顾客的失望，降低顾客对服务质量的感知和评价。②设计要素。这类要素是顾客最易察觉的刺激因素，包括美学因素（建筑物风格、色彩等）和功能因素（陈设、舒适、标志等），它们被用来改善服务产品的包装，使服务的功能和效用更为明显和突出，以建立有形的赏心悦目的服务产品形象。③社交要素。社交要素是指参与服务过程的所有人员，包括服务人员和顾客，他们的态度和行为都会影响顾客对服务质量的期望和评价。服务企业通过环境、设计、社交三类有形展示要素的组合运用，将有助于实现其服务产品的有形化、具体化，从而帮助顾客感知服务产品的利益，增强顾客从服务中得到的满足感。所有这些要素，在国际服务营销中，可能都需要根据目标群体的特殊文化，如审美观、习俗、偏好的差异，作出适当的调整。

三、服务营销在中药行业的应用

医药关乎健康和生命。医药消费有治疗，也有预防；有生理需求，更有心理需求。很多时候，中药消费者关注的往往是健康，而不是药品本身。这正是医药服务的原点。医药消费的特殊性和多样性，决定了医药服务深化内涵、拓展外延的必要性。充分把握和满足药品之外的深层次需求，提供超值服务，是中药企业服务创新的精髓所在。

医药营销的终极目标是通过健康资讯和健康服务提供健康解决方案，满足健康需求，而不仅仅是销售医药产品。产品只是服务的物质承载体，服务比产品更重要。服务营销贯穿于中药营销的全过程，并涉及相关企业供应服务链上的每一个人。在产品研发、生产、销售及售前售后咨询指导的每一个阶段以及服务增值的每一个环节，都有服务介入，因此叫作全程服务；服务营销不是某一部门或某一个人的工作，而是全体成员的共同职责和义务，形成共识，全员参与，因此称为全员服务。

中药服务营销的具体形式包括非处方用药指导、药物临床监测、产品质量保证和其他形式的创新和超值服务。非处方用药指导是指运用各种专业知识为非处方药用户提供业务咨询服务。由于非处方药可以不经过医生处方直接从药店购买，而一般消费者并不具备专业的疾病诊断和用药知识，只是根据疾病的自我认识使用。所以，要求企业从事购销的业务员、药店营业员等要具备一定的医学知识，帮助消费者选购药品。

治疗药物监测是指药品临床信息反馈。医生在治疗中发现的用药不良反应须及时反馈给临床药师，临床药师收集汇总后逐级上报，由有关权威部门公布禁用或限制使用对象，从而指导医生用药、药店卖药。质量保证服务指顾客在规定的使用条件下和使用期限内，发现质量问题或质量事故，企业应负责包退包换，并承担由此造成的经济责任。

创新服务理念，丰富服务手段和内容，不断提供超乎客户想象的价值服务，是培养消费忠诚度和品牌内涵的“秘密武器”。比如三九集团通过建立全球最大的中文健康网站——三九健康网，拓宽了与用户的沟通渠道，通过与搜狐联合推出“搜狐三九健康专区”，把搜狐注册用户转换为自己的客户；不仅致力于为用户提供长期的健康资讯、健康顾问、个性化健康管理服务，而且充分将网络等现代信息技术与其雄厚的传统医疗资源结合起来，形成一种全新的、以中药消费者为中心的健康服务方式。目标是通过提供“一站式解决方案”的专业健康服务，将全方位的医疗保健服务扩展到社会与家庭之中，成为医疗保健与健康生活市场的创新与领导者。另一个实例是生产“曲美”的太极集团提出“中药消费者是朋友”的全新服务理念，尽可能为“朋友”解决各种健康问题，甚至包括与产品无关的生活问题，并在医药行业首次推出“五星级服务”的理念和举措，把服务延伸至对中药消费者差旅服务需求的关照，在社会上引起巨大反响。

第五节 中药关系营销

一、关系营销的产生背景

关系营销是从“大市场营销”概念衍生、发展而来的。1984年，科特勒提出了所谓的“大市场营销”概念，目的在于解决国际市场的进入壁垒问题。在传统的市场营销理论中，企业外部环境是被当作“不可控因素”来对待的，其暗含的假设是，当企业在国际市场营销中面临各种贸易壁垒和舆论障碍时，就只得听天由命，无所作为。因为传统的4P组合策略，在贸易保护主义日益盛行的今天，已不足以打开封闭的市场。要打开封闭的市场，企业除了需要运用产品、价格、分销及促销四大营销策略外，还必须有效运用政治权力和公共关系这两种营销工具。这种策略思想称为大市场营销。虽然关系营销概念直接来自科特勒的“大市场营销”思想，它的产生和发展同时也大量得益于对其他科学理论的借鉴、对传统营销理念的拓展以及信息技术浪潮的驱动。

首先是借鉴了系统论、协同学的役使原理和传播学的交换理论。①系统论把社会、组织及其他事物都看作一个个的系统，而这些系统又是由若干子系统所构成的。整个系统的运转就依赖于这些子系统及其构成要素间的相互依赖和相互作用。依据系统论的观点，企业就是一个由子系统组成的并与其所处环境有可确认的边界的系统，研究者和管理者需要了解子系统内部和子系统之间以及企业与环境之间的相互关系，以便确定关系的模式或各变量之间的结构，并采取有效措施以保证系统的有效率运行。果真如此的话，企业营销就需要处理和管理好上述各种关系。②协同学认为，系统的性质的改变是由于系统中要素子系统之间的相互作用所致。任何系统运动都有两种趋向，一种是自发地倾向无序的运动，这是系统瓦解的重要原因；另一种是子系统之间的关联引起的协调、合作运动，这是系统自发走向有序的重要原因。役使原理表明，无序即意味着杂乱无章，存在大量不同的可能性。占据主导地位的序参数迫使其他因素和状态纳入它的轨道，从而使一切事物有条不紊地组织起来。而协同本身是一种自组织能力，这种组织能力是以信息联系为基础，通过反馈控制来实现的。当系统与环境进行物质、能量、信息交换时，自组织能力就体现在控制与调整环境系统内各子系统，使之协同动作，保持系统的和谐有序运转。协同学的这一原理对于研究企业内部及企业与外部环境之间的关系具有重要意义。实际上，协同正是关系营销所要追求的利益。因为系统虽具有自组织能力，但如何减少无序的状态和无序状态保持的时间，对于关系营销来说无疑是一个具有实践意义的课题。③传播是关系双方借以交换信息符号的传递过程。在这一过程中，传播的最终目的是使信息的发送者和接收者的认识趋于一致。传统营销中，广告等大众传播方式（单向传播方式）是企业与消费者进行沟通的主要渠道，这一方式之所以能够实现沟通目标，是因为厂商控制着大部分的产品信息，依靠这些有限的信息也可以进行决策。现代传播将是一种双向沟通，企业与消费者之间的信息交换将经历这样一个过程：首先企业要了解消费者所拥有的信息形态和信息内容；其次通过某种渠道和方式明确消费者对信息的需要；最后才以适当的方式传递信息。整合营销传播就是对传统营销理论和传播学的抽象和升华，在这个概念里，广告、促销、公共关系、直销、CI、包装以及媒体计划等一切营销活动构成传播的全部含义，并用一致的信息与消费者沟通，即“用同一种声音说话”。从这个意义上说，传播就等于营销，营销的过程也就是传播的过程。

其次是对传统营销理念的有力拓展。传统的市场营销理论，以单个企业为分析单元，认为企业营销是一个利用内部可控因素来影响外部环境的过程。对内部可控因素的总结是4P组合，即产品、价格、分销、促销策略，营销活动的核心即在于制定并实施有效的市场营销组合策略。但是实践证明，传统的营销理念越来越难以直接有效地帮助企业获得经营优势，这是因为任何一个企业都不可能独立地提供营运过程中所有必要的资源，而必须通过银行获得资金、从社会招聘人员、与科研机构进行交易或合作、通过经销商分销产品、与广告公司联合进行促销和媒体沟通；不仅如此，企业还必须被更广义的相关成员所接受，包括同行企业、社区公众、媒体、政府、消费者组织、环境保护团体等，企业无法以己之力应付所有的环境压力。因此，企业与这些环境因素息息相关，构成了保障企业生存与发展的事业共同体，共同体中的伙伴建立起适当的关系，形成一张巨型的网络。对于大多数企业来说，企业的成功正是充分利用这种网络资源的结果。这样，对企业资源的认识，就从企业“边界”以内，扩展到了企业边界以外，即包括所有与企业生存和发展具有关联的组织、群体和个人，以及由这些“节点”及其相互间的互动关系所构成的整个网络。而这些关系是否稳定并能给网络的成员带来利益的增长，即达到“多赢”的结果，则依赖于有效的关系管理，包括利益的共享、通过“感情投资”在伙伴间建立亲密的关系等。

最后是信息技术对关系营销发展的驱动。现代信息技术的发展为各种营销伙伴关系的建立、维护和发展提供了低成本、高效率的沟通工具，它解决了关系营销所必需的基本技术条件。

正是在上述诸因素的作用下，关系营销自20世纪80年代以来得到了迅速的发展。贝瑞率先提出和讨论了如何维系和改善同现有顾客之间关系的问题。北欧诺迪克学派的代表人物葛劳罗斯、舒莱辛格和赫斯基则论证了企业同顾客之间的关系对服务企业市场营销的巨大影响。今天，人们对关系营销的讨论和关系营销的实践，已从单纯的顾客关系扩展到了企业与供应商、中间商、竞争者、政府、社区等之间的关系。

二、关系营销的含义与关系营销理论的发展

关系营销以建立和管理“关系”为基础，旨在替代传统营销观念的理论。最早的提出者认为，营销必须建立在关系的基础上，而不是以交易为基础。20世纪80年代末，“关系营销学”成为一门学科，这一理论也在北美大陆得到广泛传播，并逐步向西方蔓延。曾提出整合营销传播——IMC理论的罗伯特·劳特朗说：“我们相信关系营销是所有未来营销的关键。”

所谓“关系营销”，广义上是指企业与消费者、分销商、零售商和供应商甚至政府建立一种长期、信任、互惠、发展的关系，编织一系列既有利于本企业生存和发展又兼顾消费者和其他合作者利益的关系，是“买卖双方间创造更亲密的工作关系与相互依赖关系的艺术”。企业与顾客、分销商、经销商、供应方等建立、保持并加强关系，通过互利交换及共同履行诺言，使有关各方实现各自的企业与购买者之间创造更亲密的工作关系和相互依赖伙伴关系，建立和发展双方的连续性效益，提高品牌忠诚度和巩固市场的方法和技巧。

关系营销把营销活动看成一个企业与消费者、供应商、分销商、竞争者、政府机构及其他公众发生互动作用的过程，其核心是建立和发展与这些公众的良好关系。关系营销的市场结构包括外部顾客市场、供应商市场、内部市场、竞争者市场、分销商市场、招聘市场等，从而大大地拓展了传统市场营销的内

涵和范围。关系营销与传统的交易营销相比，它们在对待顾客上的不同之处主要在于：①交易营销关注的是一次性交易，关系营销关注的是如何保持顾客；②交易营销较少强调顾客服务，而关系营销则高度重视顾客服务，并借顾客服务提高顾客满意度，培育顾客忠诚；③交易营销往往只有少量的承诺，关系营销则有充分的顾客承诺；④交易营销认为产品质量应是生产部门所关心的，关系营销则认为所有部门都应关心质量问题；⑤交易营销不注重与顾客的长期联系，关系营销的核心就在于发展与顾客的长期、稳定关系。

一个理论的发展总是以一个核心的概念出现为基础的，因为概念是人类对思维对象本质属性的反映。梳理关系营销理论发展过程中，学者们对这一概念不同角度的界定，对理解关系营销的本质具有重要意义。一般认为，关系营销概念是 1983 年由美国从事服务营销研究的学者 Leonard L. Berry 提出并给予定义的。Berry 站在服务业的角度，认为关系营销就是提供多种服务组合，吸引、维持以及增强顾客关系。根据 Berry 的观点，关系营销是对市场营销的扩展，因为原来市场营销关注的对新顾客的吸引，仅仅是营销过程的第一步，而巩固关系，把一般客户转化为忠诚的客户，像对待主顾一样为客户提供服务，都应该属于市场营销的范畴。在 Berry 提出关系营销概念之后，Jacksson B.B. 从产业营销的角度定义了关系营销，认为关系营销是关于吸引、发展并保留与客户的关系的营销导向。Berry 和 Jacksson 都是从特定产业的角度给出关系营销定义的，他们把企业的关系方都限定在购买本企业产品的顾客上。后来有许多学者认为这是关系营销的一种狭隘理解，因此，他们在界定关系营销时，扩大了关系方的范围。欧洲 Nordic 服务学派的 Gronroos 认为，成功的关系营销不仅要建立和发展关系，在适当的时候终止关系也是很关键的。他给出的新的关系营销定义是：识别、建立、维持、加强以及在必要时结束与顾客及其他利益相关者的关系，以实现各方的经济目标和其他目标的过程，这个过程是靠双方不断做出承诺和履行承诺来完成的。Gummesson 认为，关系营销就是从关系、网络和互动的角度来看营销。他认为关系营销涉及的关系方多达 30 个，面对如此多的关系，不可避免地要用一种网络视角来看关系营销。Morgan and Hunt 则从交换关系的角度来界定关系营销，认为关系营销是旨在建立、发展和维持成功的关系型交换的所有营销活动。

以上列举的是在关系营销理论发展过程中一些有影响力的定义，可以看出，学者们对关系营销界定的视角并非完全一致。Michael H.Morris 和 Janinne

Brunyee 以及 Michael John Harker 都曾经对已存在的关系营销定义进行过比较研究，他们认为，迄今为止，关系营销还没有一个被普遍接受的定义。我们认为，尽管各个定义在表述上有所不同，但是他们的核心点是一致的。就是都认为关系营销是建立和发展长期关系，通过长期关系来优化关系方之间的交换。

三、关系营销的特点与作用

（一）关系营销的特征

关系营销的本质特征可以概括为以下几个方面：①双向沟通。在关系营销中，沟通应该是双向而非单向的。只有广泛的信息交流和信息共享，才可能使企业赢得各个利益相关者的支持与合作。②合作。一般而言，关系有两种基本状态，即对立和合作。只有通过合作才能实现协同，因此合作是“双赢”的基础。③双赢。即关系营销旨在通过合作增加关系各方的利益，而不是通过损害其中一方或多方的利益来增加其他各方的利益。④亲密。关系能否得到稳定和发展，情感因素也起着重要作用。因此关系营销不只是要实现物质利益的互惠，还必须让参与各方能从关系中获得情感的需求满足。⑤控制。关系营销要求建立专门的部门，用以跟踪顾客、分销商、供应商及营销系统中其他参与者的态度，由此了解关系的动态变化，及时采取措施，消除关系中的不稳定因素和不利于关系各方利益共同增长因素。此外，通过有效的信息反馈，也有利于企业及时改进产品和服务，更好地满足市场的需求。

（二）关系营销与传统营销的区别

1. 理论基础的差异

企业营销的实质是利用内部因素即市场营销因素组合对外部可控因素做出积极的动态反应，实现销售目标的过程。企业市场营销活动的核心是制定并实施有效的市场营销组合策略，只要营销组合策略运用适当，销售目标的实现就有了保证。

2. 关注的重点不同

传统营销思想从生产观念发展到市场营销观念的过程中，企业也相应地从以提高劳动生产率、增加产品数量来满足市场需求，发展到以消费者需求为中心，通过对 4P 诸要素的操作来实现其利润目标，但无论是生产观念还是市场营销观念，看重的都是实现每一次交易的利润最大化，强调企业利益的最大满足，并且把交易看作营销的基础。所以，传统营销的核心是交易，企业通过吸引对方发生交易而获利，是交易导向；而关系营销的核心是关系，企业通过建立良好的互惠合作关系而获利，是关系导向。传统营销关注如何生产，如何获得客户和吸引潜在客户购买；而关系营销关注充分利用现有资源保持客户，强调客户忠诚度。

3. 营销对象不同

传统营销把营销对象局限在目标市场上，也就是通过市场细分所确定的客户群，而关系营销涉及的范围包括客户、供应商、分销商、银行、政府及内部员工等。当然，由于认识到企业与客户关系的极端重要性，它所关注的焦点还是客户，并把它放在建立各种关系的首要位置。

4. 服务观念的强化

传统营销不太注重为客户服务和承诺，产品和服务是截然分开的，企业仅仅满足于如何把产品卖出去，占领更多的市场份额，获取更大的商业利润，服务是可有可无的事。在关系营销理论下，产品和服务之间的界限正日益模糊，产品服务化和服务产品都已成为明显趋势。

（三）关系营销的作用

在传统营销组合管理哲学指导下，关系营销也被作为一种工具来使用。比如“直销”“建立顾客俱乐部”就是关系营销的一种体现。关系营销的作用和真正含义表现在以下几点。

（1）为获得理想的营销效果，企业不能按照一套预先规定的营销变量（如广告、定价、销售等）去测定市场，制定决策，而应当时刻注意依靠现在及潜在顾客的关系。于是，企业应动用一切资源，采取一切行动，去更好地提高顾客的满意度。运用关系营销可以在不断吸引新关系方或新顾客的同时，不断留住老关系方或老顾客。

（2）营销活动不宜由组织中一个独立的营销部门来单独承担，企业的整个组织都应具备营销意识，即“全公司营销导向”。运用关系营销可以树立公司良好形象。传统营销是为了满足关系方或顾客需要，改进产品性能，提高产品质量，但容易忽视在公众中树立公司形象。而关系营销重视公司与关系方的接触和联系，引入 CIS 设计公司理念识别，行为识别，视觉识别，以便在公众中树立良好的形象，有助于关系方或顾客对公司产生满意感、忠诚感，建立长期共存共荣的伙伴关系。

（3）企业各部门（包括非营销的生产、人力资源等）暂时忽略其部门职责，以企业的共同营销内容来共同作出整体公司计划，目的是共同去建立和维护关系——主导关系计划。运用关系营销有助于提高公司的竞争优势。关系营销与消费者是建立在广泛的紧密的伙伴关系基础上的，公司急顾客之所急，竭诚为消费者服务，保持着相当数量的忠诚的老顾客，并能按不同消费者群进行市场微细分，采取不同的服务方式，满足消费者个性化服务，创造与竞争对手不同的优势，获得市场竞争的成功。

（4）并非只通过传统的市场细分的技术获得现在及潜在的客户信息，来帮助企业选择目标顾客群和决策如何为顾客服务。因为企业应努力获得每一位顾客的生意，而不仅仅是去追求满足一个大的细分市场的需求。关系营销注重营销的各关系方利益，在营销活动中重视公共关系，政治权力，忠诚地履行自己对各关系方的诺言，把大批忠诚的关系方或顾客吸引到本公司周围，长期购买本公司产品和服务，即使本公司产品和服务价格比竞争对手同类产品和服务高，他们也愿意购买，由于忠诚的老顾客的“口碑效应”，大大降低了促销费用，从而提高公司效益。

作为社会经济系统的最基本细胞，企业的可持续发展与经济的可持续发展有着密不可分的连带关系，企业的可持续发展是经济可持续发展的基石。

关系营销所倡导的“谋求共同发展”即“共赢”理念，关系营销的“共赢”理念并不是强求企业趋于共同化，片面强调一种“和谐”或“协调”的共存共荣关系。相反，它强调的是一种积极的对抗理念，正视过度竞争所带来的种种阻碍企业健康发展的弊端，并积极努力地去减轻这些弊端的危害。关系营销体现了企业持续发展的一种要求，在当今世界中，这种要求表现在一种寻求共同发展、谋求“共赢”的状态之中。共生关联双方中的任何一方，不可能谋求独自的可持续的进化（发展）。从自然界中各种生物物种之间的生存与发展规律中，也提醒人们必须正视这样一个普遍存在的事实：任何一方可持续的进化（发展），本来就必须以对方可持续的进化（发展）为必要前提。于是，一方一旦使对方的进化（发展）不可持续，那么，最终也就使它自己的进化（发展）不可持续。现代企业必须超越传统竞争观念，实行协同竞争，即通过一定程度的合作和资源共享来寻求竞争优势，建立一种协调合作、优势互补的和谐状态，相互取长补短，谋求企业的共同发展，并以此促进整个国家经济的可持续发展。

本章小结

本章对中药企业创新营销的主要形式作了介绍，内容包括中药文化营销、中药绿色营销、中药网络营销、中药服务营销和中药关系营销。

文化营销实质上是指充分运用文化力量实现企业战略目标的市场营销活动。文化营销含义有四：其一，企业须借助于或适应于不同特色的环境文化开展营销活动；其二，企业在制定市场营销战略时，须综合运用文化因素实施文化营销战略；其三，文化因素须渗透到市场营销组合中，制定出具有文化特色的市场营销组合；其四，企业应充分利用市场营销战略与文化营销战略全面构筑企业文化。

绿色营销是在权衡消费者需求、企业自身经济利益和保护环境资源关系的基础上，以协调局部利益服从整体利益，眼前利益服从长远利益为原则，在产品设计、生产、定价、分销、促销等市场营销组合中以保护环境，减少污染，变废为宝，充分利用资源为根本出发点，倡导绿色消费，并尽量满足消费者的绿色需求，从而实现企业的社会营销目标的营销模式。

网络营销的核心思想就是“营造网上经营环境”，网络营销的作用体现在：构建网络品牌、开展网址推广、网上信息发布、网络促销、网络渠道拓展与管理、顾客服务与客户关系营销、网上调研等方面。网络营销的发展趋势在于搜索引擎推广和富媒体广告。

服务营销贯穿于中药营销的全过程，并涉及相关企业供应服务链上的每一个人。在产品研发、生产、销售及售前售后咨询指导的每一个阶段以及服务增值的每一个环节，都有服务介入，因此叫作全程服务；服务营销不是某一部门或某一个人的工作，而是全体成员的共同职责和义务，形成共识，全员参与，因此称为全员服务。中药服务营销的具体形式包括非处方用药指导、药物临床监测、产品质量保证和其他形式的创新和超值服务。

关系营销把营销活动看成一个企业与消费者、供应商、分销商、竞争者、政府机构及其他公众发生互动作用的过程，其核心是建立和发展与这些公众的良好关系。关系营销的市场结构包括外部顾客市场、供应商市场、内部市场、竞争者市场、分销商市场、招聘市场等，从而大大地拓展了传统市场营销的含义和范围。

第十一章 中药国际市场营销

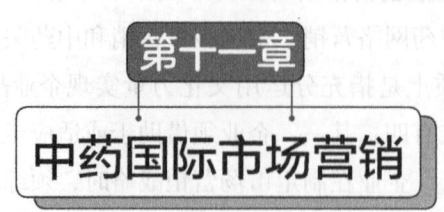

第一节 世界主要中药市场与竞争

一、国际中药市场环境分析

对中药的国际市场的宏观环境进行分析，把握各国各地区不同的文化背景、经济发展水平，以及医疗制度、医药市场状况和地域性疾病等实际情况，调整出口战略，了解市场需要，开发适合市场需要的产品，实施产品差异化战略，才能真正在国际市场上占有一席之地。

（一）文化环境

1. 文化的含义

“人类学之父”爱德华·B. 泰勒（Adward B.Tyler）在其代表作《原始文化》中将文化定义为：文化是一个复合的整体，其中包括知识、信仰、艺术、道德、法律、风俗及作为社会成员而获得的其他方面的能力和习惯。狭义的文化则是指社会意识形态，即仅指精神文化，如教育、语言、宗教、价值观、审美观、道德规范、风俗习惯等。

2. 物质文化

物质文化分为技术和经济两个部分，它们影响着一个社会人们的需求水平、所需产品的质量、品种和使用特点，以及这些产品的生产、销售方式。

3. 社会结构

社会结构包括社会组织，教育和政治结构，它们是一个社会人与人之间的联系方式，是人与人关系的结构形式，它们深刻影响着人们的行为、价值观和全部生活方式，从而影响着人们的需求。

4. 人与自然的关系

一般包括宗教、哲学、迷信及与之有关的权力结构。宗教在许多国家是支配人们行为方式的一种力量，决定人们的风俗、人生观，决定人们购买什么产品、以什么方式购买，甚至规定人们读何种报纸。

5. 美学

美学包括美术、民俗、音乐、戏剧和舞蹈等，是文化的一种缩影。不同的国家、民族对美的理解既有相同之处，也有着很大的区别。一般的民族认为妇女身材苗条是美的，而在非洲一些国家认为妇女越胖越美；绿色被大多数国家认为是和平、安宁和生机勃勃的象征，在日本则被认为是不吉利的颜色。

6. 语言

国际企业在跨国营销中遇到的第一个问题也许就是语言障碍。一般来说，不同的国家、不同的民族均有自己的语言，语言和语言之间可以通过翻译进行沟通和交流，但语言背后的某种文化底蕴却是很难沟通的。

这种障碍是国际营销中遇到的主要难题之一，比如美国通用汽车公司生产的“Nova”牌汽车，在美国一直很畅销，但在拉美国家就一度无人问津，原来，在西班牙语中，Nova意为“跑不动”。又如中国生产的“白象牌”电池一直是名牌产品，但翻译成英语“White Elephant”后却含有“大而累赘”的意思，使外商难以接受。而相反如果能巧妙地解决语言的沟通问题，国际营销工作就能达到如虎添翼的境界。如将Cocacola翻译成“可口可乐”，不仅在字音、字义上很贴切，而且朗朗上口，很容易被人记住。将Poison香水翻译成“百爱神”香水，较好地避免了直译为“毒药”的尴尬，易为中国中药消费者所接受。语言问题有时还决定着营销方式，如企业在中国香港做广告，一般被要求必须用英语和汉语同时进行宣传，否则，效果就不甚理想。

7. 重视文化差异

由于国际市场与国内市场存在较大的社会文化差异，各国对中草药的需求不尽相同，企业必须重视对国际目标市场的调研，真正了解国际市场的需求，根据不同的市场需求开发适宜的中药品种及包装，然后再选择有效的经销渠道和促销方式打入国际市场。在中药走向国际市场的进程中，尤其应充分发挥中药在慢性疾病、疑难病及一些西医、西药不能治疗或疗效不理想的难治性疾病的治疗和保健方面具有的独特优势。

（二）经济环境

1. 消费模式

消费模式是一国居民在消费方面所呈现出来的总体特征。一般来说，消费模式是由一国的经济体制、收入水平与结构、风俗习惯和市场条件等因素决定的。消费模式在很大程度上影响着市场产品的供应和企业的营销状况。

2. 通货膨胀

通货膨胀在世界各国都有不同程度的表现。由于它直接体现着一国市场的价格水平与货币的实际价值，故对企业的国际营销者有着直接的影响。

首先，通货膨胀影响着市场需求，因为在通货膨胀条件下，人们的实际工资往往下降，从而导致购买力与需求的下降。但同时人们的消费心理又使人们担心物价进一步上涨，所以纷纷抢购商品，因此反而又会刺激需求，这就使通货膨胀与需求的关系变得复杂化了。

其次，通货膨胀影响企业资金在国际间的转移。在通货膨胀率越高的国家，货币的贬值速度越快，在这些国家进行营销活动的国际企业就必须尽快地将现金折换成市值稳定的国际货币，或者尽快地将赚得的利润转移出该国，以免造成不必要的损失。

3. 基础结构

基础结构是一个国家或地区的运输条件、能源供应、通信设施和其他各种商业基础设施状况。这是影响企业营销活动效率的外在物质条件，一般称为“硬环境”。

运输条件是指包括公路、铁路、航空和水运在内的各种运输方式的发展状况及其效率；能源供应是指各种能源的可利用性及其价格；通信设施是指各种信息传递媒介的发达程度及其传递信息的质量；商业基础设施是指金融机构、广告代理机构、分销渠道网络和营销咨询机构等的发展状况及其效率。

一般国际企业在进行营销活动之前，总要调查与评价各国的基础设施状况，以帮助决定目标市场。因为企业的营销活动效率与其外在的物质条件总是紧密相关的，没有交通，谈不上原料供应与产品的实体分配；没有通信，营销活动的信息传递就存在障碍；没有能源，企业无法进行正常的生产经营活动；没有各种商业设施，营销活动的规模就受到限制。以国际企业或在中国的营销为例，20 世纪 80 年代中国虽然具备利用外资的各种优惠政策，但由于许多基础设施项目尚未完全建成，故国际上一些著名的跨国公司对中国投资的兴趣都不大；而进入 20 世纪 90 年代后，中国基础设施的水平真正上了一个台阶，于是一些大跨国企业，如杜邦公司、IBM 公司、福特公司等都开始陆续进入中国市场，雄心勃勃地投资了。因此，中国在一些沿海地区开办经济技术开发区以吸引外商投资的政策是十分明智和有效的。

（三）政治环境

1994 年 3 月，英国官方报纸《泰晤士报》因发表了一些对马来西亚总理个人极为不恭的文章，立即引起了马来西亚官方的强烈反应，宣布立即中止与英国公司的工程承包合同，导致英国公司丧失了承包修建吉隆坡国际机场这一大型工程项目的机会，损失极大。由此我们可以看出，政治在世界上任何地方都是与经济活动纠缠在一起的，从而对企业的营销行为产生着不可忽视的影响。这样的例子不胜枚举。

那么，作为营销环境的政治因素，是通过什么途径来影响企业的营销活动的呢？经过许多营销学专家的总结，认为可以归纳以下几个方面。

1. 政府与政党体制

对国际企业的营销活动来说，最重要的是一国现政府的构成及其对外商的主要政策。该政府是保守的、中立的还是极左的？国内的商业气候是鼓励企业自主经营还是鼓励国家所有制经营？这往往又与执政党的政策主张有关。

在当今世界，各国的政党体制不尽相同，有两党制、多党制和一党制，往往随着执政党的更替，政府的政策倾向就会有所改变。比如在英国，工党和保守党对外商的态度就有根本的区别。当工党执政时，政府就会限制制成品进口，控制外汇；而保守党上台执政，就会解除对外商的控制政策。

2. 政府政策的稳定性

它一般包括两个方面：一是政局的稳定性；二是政策的长期性。政局的不稳定，代表着一国政策的不可预见性，国际企业如果贸然进入该国，很有可能面临着失败的悲剧。政策的长期性和稳定性，对国际企业来说，是一种对其经营获利的承诺，因而即使在一些政治专制国家，国际企业仍然可能取得较好的投资回报。

3. 经济民族主义

20世纪80年代以来，在国际经济活动中，以贸易保护主义为代表的一股新的经济民族主义浪潮正席卷全球，从而对国际企业的营销活动形成了很大的障碍。作为国际企业的营销管理者，必须清醒地认识到，无论发达国家还是发展中国家，所有的东道国都会在其国内控制外商的利润和借贷，控制外商对当地企业的冲击，控制外资对国家和地方企业的投资等。在号称最开放、最自由的美国，贸易保护主义也十分盛行：先后采取多种不符合国际惯例的手段，限制中国纺织品的进入；先后多次施加压力，要求日本企业减少对美国的出口，而放松对美国公司产品进入日本的管制。

4. 各种政治风险

与国内营销不同，企业在开展国际营销时，必须对政治风险进行估计。在跨国营销中，一般来说，政治风险有如下几种。

（1）没收和征用。没收是指外资被东道国政府无偿接管；征用则指东道国以某种补偿形式接管外资，尽管补偿与被征用的财产价值并不相等。这是国际企业遇到的最为常见的政治风险。

（2）蚕食。指东道国利用各种隐蔽手段，逐渐剥夺外国企业的经营自由。其手段一般包括：将部分或全部所有权转移到其国民手中；提拔大批当地人员到公司的高级职位上；规定更多的产品要由本地生产，而非进口组装；要求苛刻的出口比例等。

（3）外汇管制。许多外汇短缺的国家都实行外汇管制制度。对国际企业来说，实行外汇管制的国家要么会直接控制其利润的转移；要么会以不同的汇率控制其经营外汇的兑换；要么干脆强制实行外汇平衡。

（4）进口限制。东道国对原料、机器设备和多余配件实施进口限制，从而迫使外商购买本地供应品，为本地工业创造市场，这往往导致外商经营成本的增加。

（5）税收控制。一般指东道国利用加税来降低外商公司的利润，而增加其政府收入。

（6）价格控制。指东道国对一些与公众利益密切相关的重要产品的价格进行控制，从而导致外商公司的利益流失。

（7）雇佣风险。指东道国政府支持工会从外商企业获得更多的特权，如不准解雇、共享利润和提高福利等。

（四）法律环境

在现代世界，任何经济活动都将置于一定的法律框架之下，国际企业的营销活动也不例外。但由于不存在一个统一管理国际商业行为的国际商法，国际营销实行上面临着各国不同的法律体系，因此，如何研究与处理国际营销中的法律问题就显得十分必要。

1. 两大法系

世界各国的法律制度来源于两大法系：一是习惯法，或称普通法系，来源于英国法律，英国、美国、加拿大等国属此系列；二是成文法，或称大陆法系，来源于罗马法，世界上大多数国家属于此类别。

普通法系的基础是传统、过去的惯例，法院解释法令、法规和过去的判决所作出的判例。普通法根据高级法院按以往的判决解释类似法令，或将已确定的以及惯例的法律原理用于类似事实。大陆法系以全部成文法规（法典）为根据，一般分为商法、民法和刑法，条文繁多，包罗万象。国际企业在营销过程中往往涉及两大法系的不同国家，因此必须注意了解其不同的法律程序，否则就难以利用法律保护自身的利益。

2. 国际法律争议的仲裁

在国际营销过程中常常会发生法律纠纷，在并不存在真正的国际法的情况下，如何对此进行仲裁呢？一般来说，发生法律纠纷的有三种情况：一是政府与政府之间；二是公司与政府之间；三是公司与公司之间。政府与政府之间的争议可以诉诸国际法院，而后两种争议一般可以有三种仲裁方式：第一，根据双方合同中所规定的仲裁条款仲裁；第二，按照合同签订地点的法律来仲裁；第三，依据合同条款中规定地点的法律仲裁。为此，在签订国际营销合同时，必须注意有关法律仲裁条款的规定，不能含糊其辞。

（五）贸易环境

从总体情况来看，中国中药产业的发展水平并不理想。尽管不少中药制剂如人参、大蒜素、银杏制剂等已在西方上市多年，销售额很大，但中国在这一市场上的占有率较低。我们出口到北美、西欧各国的中药，主要是应用于华裔社区，一个国家在制定各项法规和技术标准中，总是在设置各种技术壁垒，限制他国产品的进入，保护其市场，如顺势药物特殊的注册要求以及对传统草药必须在欧盟使用 15 年的要求等；同时对传统草药的质量标准要求也基本上是按欧洲的植物药标准制定，没有考虑传统草药的特殊性和复杂性，分明是利用技术壁垒将传统草药拒之于门外。

1. 标准壁垒

随着原料药企业越来越多地接触和进入国际市场，特别是欧美市场，人们会发现，进入国际市场特别是欧美市场，会遇到很多，特别是由质量和技术要求所带来的种种非关税贸易障碍。作为世界公认三大认证体系之一，USP 原料药和药用辅料质量认证体系将在全球推广，USP 质量认证体系多适用于欧洲和美国以外的医药市场，比如南美、加拿大等。不同于欧盟 COS 和本土 FDA 的最高标准，略微“减低难度”的 USP 是权威的认证。对中国广大的原料药出口企业而言，“标准”成为横亘在走出国门道路上的一道门槛，越来越多的企业发现，当手里只有一张 GMP 证书的时候，想要进入别国的大门还是不够的。而且如果企业只有中国国内的 GMP 证书，并不能完全满足所有需求，有些还须派人或委托像 USP 这样的权威第三方机构独立认证。

尽管注册、通过标准并不是新近才出现的营销打法，但认证的重要性显然日益凸显。随着中药企业国际注册意识的增强，认证营销将成为更多企业主动采取的“走出去”战略，以山东新华制药、浙江海正药业、扬州制药、上海三维制药等为代表的原料药出口企业积极认证，在美国 DMF 文件号注册数量不断上升。

尽管 DMF 文件号并不是进口许可证，但它是产品进入国际市场的基础。能够成功进行国外注册，就表明该企业是个重视管理质量和产品质量的企业，也说明其有资格向规范市场进军，从这个意义上讲，“注册营销”应当也必须成为中国原料药生产企业可利用的一个手段。此外，还有企业的 cGMP 认证、2006 年在欧盟实行的《关于化学品注册、评估、授权与限制制度》（以下简称 REACH 法规），都是国内原料药生产企业需要考虑的。

2. 绿色贸易壁垒

由于欧美等发达国家对 ISO 14000 环境管理体系认证已实行多年，制药企业几乎都有这张绿色的通行证。然而，中国中药企业对此还知之甚少，更谈不上主动要求 ISO 14000 环境管理体系认证。昆明某药厂的蒿甲醚药品是治疗疟疾的特效药，在国际医药市场上占有一定份额。近年国外代理商在要求该企业提供 GMP 证书同时，又要求尽快完成 ISO 14000 环境管理体系认证，否则将会失去该国市场。环保认证已成为中药国际化的一道绿色贸易壁垒。

3. 其他技术壁垒

药品制剂的标签、说明书主要有两大研究方向：规范性和可读性，关联到以下五个方面：安全合理使用中药、国际贸易技术壁垒、药品的附加产品、中药研发和中药管理。而这五个问题又是相互关联的，与中药国际化密切相关。

中药标签、说明书作为药品贸易技术堡垒，已成为阻碍中药走向国际化的重要原因之一。因此中国应尽进一步完善和细化法律法规体系对标签、说明书规范性的要求。如对儿童、精密操作等警示项目的要求；对在标签上标注委托生产商、分销商和代理商的要求；适时结合国情，提高对中药标签、说明书规范性的要求。同时重视中医、中药学科研，重点加强现在薄弱的药效物质基础、质量控制、临床药学研究，如针对不同体质条件人群（儿童、孕妇等）的用药方法、禁忌证、不良反应、注意事项、用药过量的判断和处理的研究。产品定位是市场营销组合的基石，因为它是运转竞争策略的关键因素，即在某产品市场使公司提供的产品与其他公司的差异。定位确定了产品市场分界线和相关竞争产品设置强调的特殊利益或属性和公司要满足的需求和兴趣的区域。

二、中国中药行业国际竞争力分析

（一）中药国际市场的发展趋势

由于从化学合成物中筛选新药周期延长，耗资巨大，成功率低，开发难度大，并且容易对人产生毒副作用，引起药源性疾病等原因，在现代“返璞归真、回归自然”的浪潮的影响下，人们开始把防病治病、寻求健康的目光投向了天然药物，更瞄向了具有悠久临床应用历史的中草药。

据世界卫生组织的不完全统计，世界上 80% 的人在使用当地的传统药、国外的传统药或是中药，全世界草药市场以每年 10%~20% 的速度递增。近年来，植物原料药也成为世界原料药市场的新宠，全球的中草药研究和开发生产已成为热点，其相应产品的市场容量也在急剧增大。在国内，随着现代化经济的发展，中国加入 WTO，医药市场的逐步开放，以及党和政府的高度重视，中药产业也取得了长足的进步，在医药工业中的比值增长迅速，中药产品的市场份额逐年加大；加之人民生活水平的提高，健康观念的加强，人口的增长，以及中药新产品的不断涌现，呈现出了巨大的市场空间和活力，已成为各大医药公司争夺的重要市场之一。

（二）加入WTO后，中药企业所面临的机遇与挑战

哈佛大学中国问题专家组在分析了中国许多产业（如IT行业、电子工业、汽车工业、化学药、生物制药、基因和转基因类药、机械工业、农业等）后认为，中国加入WTO后，以中成药为主的纯天然药物和功能性食品将会对世界各国的医药、食品市场造成一定影响和冲击。

为顺应世界对草药及天然药物日益增长的需求，美国政府在2000年8月10日拟定了"植物性药品工业指南草案"，经多次修改于2001年6月正式颁布，这不仅是美国自身发展植物性药物的需要，也为中药制剂进入美国提供了契机；同时加拿大联邦卫生部在2000年成立了"自然保健品办公室"，其职能是对合格的保健品核发出售许可证，表明加拿大政府对中药合法进入该国亮了绿灯；以英、法、德为主的欧盟也正在对中医药立法；英、德、日、韩等国投巨资、挖人才、找项目，努力将天然药物国际化，并加大从中国进口原料药，经过分包或再加工后，分销世界各国以获取更大利润；泰国决定将其建成东南亚地区的中医药中心。

中国中药企业更应该抓住这个契机，借助祖国传统中药的魅力，在世界市场上赢得一席之地。韩国是世界上中药材的主销市场之一，韩国政府授权韩国医药品输出入协会下属的医药品试验研究所对进口的中药材进行检验。其检验标准极为严格，所有中药材进口每批均需接受检验。韩国医药品输出入协会自1998年10月2日起对所有进口中药材实施有害物质检验。韩国"进口中药材检验方法"中规定的检验项目自1998年起逐步增加到200多种；有害物质检验主要包括农药、重金属、漂白剂等。由于该检验标准过高过严，致使中国对韩国出口的大部分中药材受到影响。韩方也认为他们的检验标准是过严了，韩国政府也希望能尽快解决这一问题，并已着手拟定新的规定。关于中成药的进口问题，我们了解到韩国对中成药的进口是建立在西药学管理基础上的，所以中成药进入韩国市场很困难，短期内韩国政府尚不能扩大中成药的进口。

日本进口中药材已有近百年的历史，但随着西洋文化的渗入，西医逐渐

在日本现代医学中占主导地位。日本的中药市场较小，中国中药在日本市场占有率更是微乎其微，主要原因是：日本政府对中药进口的限制很多，厚生省许可、批准的手续繁杂，所需证明材料、数据又多，同时认为中国在中药的有效成分、药效、作用机制等方面缺乏科学的定性、定量指标，而中药大多见效较慢，很难反映在数据上，另外日本的进口商对中药材农药的残留量超标所产生的忧虑也影响了中药材的进口。日本汉方药企业约 50 家，生产的汉方药原料 85% 是从中国进口，日本厚生省批准用于医疗的汉方药处方共 210 种，自 1976 年日本政府承认汉方药可作为医药用处方以来，没有再批准过汉方药的处方，原因是日本厚生省模仿美国 FDA 的管理模式，按照西药管理方式对中药进行管理，致使汉方药的开发难度增大。

截至 2021 年 2 月更新显示，马来西亚人口 3275 万人，其中马来人占 69.1%，华人占 23%，印度人占 6.9%，其他种族人口占 1.0%，每个民族对药品都各有传统国俗和偏好。西药是马来西亚主要的治疗手段，传统天然药物在市场只有大约 20% 占有率，马来西亚的传统天然药物分为中药、马来药、印度药及其他植物制药品，虽然中医中药在马来西亚历史悠久，但在马来西亚的销售和消费渠道只限于华人，加之当地西方植物药品的竞争，中药在马来西亚市场面临着许多困难和问题。首先，中医中药在马来西亚尚未得到政府及公立医院的认可，病人首选仍是西医西药，中药主要用于保健和慢性病等。其次，中药主要用于华人，所以市场容量有限。最后，在马来西亚药品监督管理局注册的传统药物在马来西亚当地生产的占 52%，而从中国进口的只占 20% 左右。我们了解到中药进入马来西亚市场最大的难题是注册问题，马来西亚对医药品的监管非常严格，所有在马来西亚生产进口销售的药品都有登记注册，并对生产商、批发商、进口商实行许可证管理制度。中药产品进入马来西亚市场，注册时间需要 2 年，马来西亚卫生部要求注册药物必须符合国际药物生产标准，但由于中国许多生产厂达不到此标准，致使中药不能获得注册。马来西亚药品监督管理局对中药中重金属含量有严格的规定，而中国中成药超标的较多，很难进入马来西亚市场。该国要求药品生产企业必须经过 GMP 认证，中国中药企业如未获得认证，产品将无法进入该国市场。

（三）中药国际市场营销SWOT分析

1. 优势分析

（1）中国中药材资源极为丰富

中国拥有丰富的中药材资源，具有发展壮大中药产业的天然优势。据第四次全国中药资源普查20世纪80年代全国最大的一次药物普查，全国有中草药12807种，其中植物药11146种，动物药1581种，矿物药80种，这为中国中成药的研究和生产提供了丰富的药源。同时，中国拥有大量的处方资源，在二次开发和研制现代中药方面具有独特的优势。中国中医科学院中药研究所统计，按来源来分类，中药资源可分为药用植物、药用动物和药用矿物3种，分别有11146种、1581种和80种；按使用情况可分为中药材、民族药和民间药3种，分别有1200多种、4000多种和7000多种。近几十年来，中国中药产业获得了较为快速的发展，年平均增长速度达20%以上，年销售额已突破800亿美元。

由于大部分中药为植物药，有些更是药食同源，因此在临床应用中毒副作用相对较小或无毒副作用、无耐药性，另外其对一些疾病尤其是一些疑难病、慢性病和老年病有独特的疗效等，引起了世界许多国家、中药企业的重视，他们纷纷把目光转移到对中药的研究上来。

（2）中药有巨大的市场需求优势、理论优势和治疗优势

中医药在中国有着五千多年的历史，中药以其安全、有效、毒副作用小而为中国广大患者所接受，需求量极大。人们逐渐认识到西医西药的局限性和毒副作用，转而开拓中草药领域，使得国际市场对中草药的需求急剧增加。国际上主要有以华裔为中心的传统中草药市场、日本和韩国中草药市场、西方中草药市场等三大中草药市场，这些为中药企业的发展提供了广阔的市场空间。

中医药是中国优秀的文化遗产，有其自身完整的系统，其理论内涵博大精深，随着现代科学技术的发展，越来越显示出中医药理论的前沿性。中医药与现代科学技术的结合，对人类生命健康整体水平的提高将发挥更大的作用。

中药以其毒副作用小、标本兼治而著称，在调整人体内环境方面较西医药有独特的优势。近年来，由于疾病谱的变化，中药在亚健康和一些疑难杂症方

面具有特殊治疗功效，这引起了西方医药界更多的兴趣和关注。

（3）中国药典的修订和产业政策的支持

《中华人民共和国药典（2005年版）》对中药的六大方面进行了重大的修改，其中包括：扩大和调整收载中药的品种及常用中药辅料；规范试验方法和试验条件；增加和完善中药质量标准安全性指标；加强中药检验方法的专属性，提高中药质量标准的可控性；积极采取现代科学分析技术，增强先进性和可操作性；建立符合中医药特色的质量标准体系，逐步由指标性成分向活性成分的测定过渡，由单一成分向多个成分测定和指纹图谱整体控制模式的转化。修改后的中国药典更加突出中国中药的标准化和现代化的前进方向与标准。

早在21世纪初，中国政府已制定了“中药现代化科技产业行动计划”，提出了四大目标：研究开发符合国际市场需求的现代中药；建立中国中药现代化研究开发体系；形成中国科技先导型中药产业；推进中国中药进入国际医药市场。在制订行动计划的同时，还成立了“中药现代化项目管理办公室”；另外，建设药材GAP（中药材质量管理规范）基地，研究开发符合国际需求的现代药材，批准建立第一个国家级中药现代科技产业基地（四川基地），启动了数十种常用中药材的GAP规范的制定，并有数十家中药企业已通过国家GMP（药品生产质量管理规范）的认证。党的二十大报告更是明确提出要“促进中医药传承创新发展，推进健康中国建设”。

2. 劣势分析

（1）中国多以营养补充剂、中药原料药或中间体的方式出口

近年来，销往国外的中药均以营养补充剂（功能性食品）、中药原料药或中间体的方式出口，中药的加工程度低，附加值低，而中成药中具有“三效”“三小”和“三便”并符合国际标准的品种很少，加之中国中药品种大多包装简陋，外观欠美观，而且包装上的使用说明多不规范，给人以劣质产品的感觉，因此在国际竞争中处于不利地位。

而日本、韩国和英、德等国家利用中国出口的中药原料，经精加工和分包后，形成高附加值的药品或功能性食品，经销国际市场或返销中国。由于中国生产的中药科技含量低，以及药品生产、营销企业不熟悉国际市场情况，于是形成了好原料粗加工、难卖好价钱的药品贸易格局。

（2）缺乏统一的标准

由于中药材大多来自农副产品，加工手段简单，生产工艺不规范，导致许多药品技术含量很低，所以难以保证产品质量的稳定性。同时由于各地药材的有效成分含量不同，很多中成药又是以复方药为主，有的药物多达十几味，很难解释是哪一种成分起了作用，中药缺乏标准化，阻碍了中药出口，自然难有好销路和高利润。

中国在中药药材的种植、生产、有效成分测定、毒理药效检测、质量检测、包装贮存等方面也缺乏统一的标准。此外，在种植药材过程中，药材生产管理较为粗放，多为人工分散采收、加工，受天气、地域差别及人为影响很大。同时中草药因滥用农药而造成农药残留过多及重金属含量等，与通常天然药物的国际标准相差甚远（高于FAO/WHO规定的标准），也严重影响中药的安全性，影响了中药的出口。

中药材是中医临床用药和各种中药制剂研究开发的物质基础，中药材质量的好坏，直接影响中成药与饮片的质量、疗效，同时也是中药材市场的生命所在，直接制约着中药材的出口。中药材质量上存在的主要问题：①农药残留量、重金属含量超过进口国标准。由于国内生产的中成药重金属超标，受到美国的大肆攻击，为此中国制定了13种中成药的质量检测标准，美国药商表示欢迎。②多数药材缺乏明确的有效成分含量指标和规范化检测方法，一些外商常以中国出口药材缺少有效成分含量指标为由，压低药材售价。③种植、采收、炮制、储运方面存在质量问题。栽培技术比较落后，药用植物优良栽培品种的选育、繁殖、推广工作开展不够，这些都影响了药材的产量和质量的提高。采收方面，有的不按传统种植年限、季节适时采收，如草麻黄8—9月生物碱含量最高，但某些产地为了早上市，多受益，提前抢收，这样影响了药材的有效成分含量，使药材的内在质量降低。在炮制加工上，多沿用传统的经验方法，缺少质量控制标准及手段，全国炮制加工方法尚不统一，这使得有些饮片质量和药效相差悬殊。④储藏条件不当或储存年久发生变质或虫蛀现象，影响了药材的质量，出口被检查不合格退货者多因霉变、虫蛀等问题引起。⑤由于种种原因，个别中药材中存在着劣品、掺伪品的现象，如山药的伪品为同属植物参薯（Dioscorea alata）的块茎，甚至以有毒植物木薯（Manihot esculenta）的块茎斜切片冒充。质量低劣的药材，如霉变、虫蛀、掺入非药用部分及其他物质等时有出现。

（3）软硬件条件的不足

国际上，药品生产都必须符合 GMP 标准，非临床安全性研究必须符合 GLP 标准，因此不符合 GMP、GLP 标准的药品是根本无法取得市场准入资格的。而中国的中药企业中不少企业厂房简陋，车间布局不合理，人流、物流交叉混杂，生产环境区域划分不清，设备陈旧，缺乏现代化装备；在中药材前处理过程中，存在提取、浓缩等工艺落后，流程长，能耗大，效率低，缺乏良好的环境保护设施等问题；在人员方面也缺乏既懂中药专业技术又懂 GMP 的人才；在质量标准方面上有效成分不明确，缺乏专一性强的检测方法，每批次之间质量不稳定等软、硬件上的不足之处。中药产品质量不容乐观，此外，企业在 GMP、GLP、GCP 等管理方面还处于起步阶段，离西方国家药品进口的标准还有较大差距，药品质量缺乏保证。

（4）中药产业自身的因素

主要表现在中医中药结合不紧密，中药材和处方源头的保护、利用和开发程度低、对中医药科学理论及应用的挖掘不深、中药产业的现代化和国际化程度不高、中药企业科研投入低和科技创新能力差等方面，这些都制约了中药产业的发展。

3. 机会分析

几十年来，化学药品的毒副作用，医源性、药源性疾病逐渐增多，化学药品、生化药品越来越高的研制成本，以及医疗费用的日益提高等问题一直困扰着人们。于是，人们的目光开始转向天然的中草药。中药因具有疗效稳定、安全、无毒、无副作用及对一些疑难病与慢性病疗效显著的特点，而深受中药消费者的欢迎。全球天然药物的销售量每年以 20%速度增长。

美国 FDA 通过了《天然药物法规指南》，该指南指出只要药物确实有效，也可通过 FDA 论证，这将使中草药从支流的“营养食品”转向主流的“药品”。据统计，美国 FDA 放宽对中草药销售的限制，使得美国市场上草药制品销售呈明显上升的趋势，Global Industry Analysts 发布一项新的市场报告指出，2020 年全球草药市场规模达 1102 亿美元，预计到 2026 年将达到 1784 亿美元，该期间以 8.1% 的复合年增长率持续增长。人口老龄化、健康观念的改变以及抗微生物药物的耐药性带来的隐患正推动全球市场对草药补充剂相关产品的需求。美国 NBJ 市场数据显示，2020 年美国草药和植物类原料市场增长 17.3%。美国植物委员会（ABC）对外发布了《美国 2021 年年度草药补充剂市场报告》，报告指出 2021 年美国草药补充剂的销售额增长 9.7%，远高于 2019 年疫情前的历年增长数据。2021 年，免疫健康产品依旧是热点方向之一，而消化健康、情绪支持、能量和睡眠等类别的产品销量明显增长，2021 年美国草药补充剂的零售总额约为 123.5 亿美元。直销渠道的草药补充剂销售额在 2021 年实现 15.8% 的增长，销售总额为 71.52 亿美元；天然零售渠道销售额为 29.92 亿美元，比 2020 年增长 1.4%。该渠道的温和增长部分是由于专业补充剂零售店（例如 GNC 和 The Vitamin Shoppe）的销售额大幅下降；主流零售渠道销售额增长 3.5%，达 22.05 亿美元，低于 2020 年该渠道 25.1% 的增长率。从国家的产业政策上看，未来相当长一段时间内，国家将大力扶持中药产业的发展，中国中药产业将受到国家产业政策的倾斜，必将取得更快更大的发展。

经有关市场调查统计材料表明，今后相当长的一段时间，10 类中药制剂国外需求量将会增大：①调节机体免疫功能药物；②抗心脑血管系统疾病药物；③抗风湿病与类风湿药物；④抗肿瘤药物；⑤抗过敏药物；⑥增强妇幼保健药物；⑦防治性病与艾滋病药物；⑧抗衰老药物；⑨防治肥胖和促进健美药物；⑩美容中药和中药药膳。

（1）WTO 所带来的机遇

中国加入 WTO 后，根据自由贸易协定，各成员国之间的关税壁垒和人为限制将被取消。中国中药凭借资源优势、劳动力优势、价格优势就可以平等而又极具竞争力地参加公平竞争，从而进入各国市场，这为中国中药产业带来了难得的发展机遇。同时 WTO 中的一项重要条款就是对知识产权的保护，中药企业也应该充分利用法律手段来保护自己的知识产权，维护自己的合法权益。

（2）“回归自然”的潮流的影响

随着化学药品的毒副作用的不断出现，药源性疾病的日益增加，人们越来越倾向于用天然药物和绿色植物来治疗疾病和自身保健。近年来，越来越多的人已把眼光转而投向自然，投向民族传统医药，投向草药、植物药等天然药物。天然药物已成为国际医药产业所瞩目的热点领域，这为中药产业的发展提供了战略性的契机。据世界卫生组织统计，当前，全世界 80% 的人使用过天然医药，在全世界药品市场中，天然物质制成的药品已占 30%，且每年以 20% 以上速度增长。美国有关部门统计，美国的草药和植物药也是每年两位数速度递增。而德国每年约有 200 万人次接受中医治疗，从事针灸治疗的德籍医师达 5 万人，占全德国医生总数的 1/6。从北美、西欧等国家草药市场的兴起，到“世界传统医药日”的确定，都表明一个有利于中药发展的社会环境正在形成。

（3）跨国企业纷纷看好中药

世界各大知名的跨国制药企业大多已在中国设厂，中药产业已被国内外厂商一致看好。专家们认为中国有希望取得国际竞争优势的产品是中药，特别是中成药和中药保健品，可以通过大量的中药、中成药、中药保健品等获得大量的国际专利，为中药产业的国际竞争获得战略优势。

（4）各国政府将中医药的管理逐渐纳入法治化轨道

由于世界卫生组织的推动和中国综合国力的不断上升，中医药文化不断为更多的国家政府所接受，越来越多的国家将中药纳入了药品管理体系或承认了中医的合法地位。中医药在东南亚、日本、韩国等地取得了较好的发展，在澳大利亚已取得合法地位，连限制最为严厉的欧洲和美国，也在逐步放松对中医药的限制。如法国约有 2800 个中药诊所，每年消耗中药 4.3 万吨；在英国经过考核者可以经营中医业，用中药医治病人，仅伦敦就有 600 多家中医诊所；美国更是专门制定了《植物药研究指南》，开始接受传统药物中的天然药物复方混合制剂作为治疗药物，为中药作为治疗药物进入美国市场打开了大门。美国 FDA 正式表态，植物药只要经过 FDA 指定的权威医药研究机构证实确有治疗作用，暂时可不必弄清楚其所有化学成分和药理作用，即可摆在 OTC 药品专柜销售，但对于某些植物制剂则必须凭医生处方才能销售。这些无疑为中药企业进入国际市场提供便利条件和机会。

4. 威胁分析

（1）中国中药竞争实力弱，市场空间被蚕食

在国际市场上植物药以其疗效显著、技术含量高而形成对中药的强烈冲击。同时，在国际市场上中草药的需求大国主要有日本、东南亚各国、韩国、德国等，它们同时也是中国强有力的竞争对手。在中药材方面，日本以前用于汉方制剂的原料药材主要是从中国进口，而从 1990 年开始，日本大力发展药材基地，设立药物种植园，从中国大量引种药材，力图实现自给。另外，日本中药企业还凭借其生产效率高、技术先进、质量稳定、品种单一的优势大量生产中成药。

中国中药至今尚未真正进入国际医药市场，主要原因是中国中药在药效和安全性评价、生产工艺、质量标准、制剂技术、临床研究等方面发展滞后，不符合国际医药市场的标准和要求；此外，中国中药产业还停留在传统产业阶段，中药企业规模小、产值低、效益差、无竞争实力，所以中药难以冲出国门。在世界三大植物药市场中，以日、韩为主的汉方药市场在继续扩大，西方植物药市场正在迅速扩张，中国一些传统的中药出口市场正在被日本和韩国的同类产品所取代。韩国的中药在国际市场的份额早已超过中国，而日本的“汉方药”年生产总值已超过1000亿日元。除此之外，日本在新的植物药制剂开发方面也取得了显著的成效。应当指出，并不是多边贸易开放就能够拉动中国中药出口增长，中国中药的出口正面对着国际市场上越来越激烈的竞争，市场的空间正在被蚕食。

（2）各跨国公司的有力竞争

国外已有40多个品种的天然药物在中国注册；一些植物药消费和生产比较发达的西欧国家（如法国、德国等）的制药公司开始仿制中国传统的中成药，并逐步打入中国中药市场；日本和韩国从中国进口中药材，加工成中成药后大量返销中国；美国及加拿大则已经发展成为包括中药材在内的世界植物药原料供应基地。

一些大型跨国制药企业已经实质性地进入了天然植物药行业：一方面通过购并现有天然植物药企业占有市场；另一方面又加大研发投入，开发自己的天然植物药产品。

（3）知识产权保护意识的淡薄

长期以来，中国对中药的知识产权研究和重视不够，许多中药产品未申请专利，或作为商业机密进行保护，致使一些有价值的古方、验方、祖传秘方，以及蒙药、藏药等特殊品种长期流落民间，有的甚至被一些发达国家的中药企业无偿利用。

2002年，“青蒿素”在国外被抢先注册的事件可能至今仍令许多中国医药界同人痛心不已；日本在“六神丸”基础上开发的“救心丸”，年销售额达上亿美元；而韩国利用中国传统处方所开发的制剂，在国际医药市场的占有率为10%，并在中国申请了发明专利。这些不争的事实显示，中国中药领域的知识产权保护是非常脆弱的。

第二节　中药国际市场营销的组合因素

一、企业定位与产品定位

由于国际市场与国内市场有较大的文化差异，所以必须有正确的市场定位。确定定位策略问题是否采取全球定位。全球定位策略有许多优点，首先，它在全世界范围内描绘了一个相同的形象；其次，因为产品不必适应特殊市场也不必为特殊市场发展分离的广告复制，因此可能会节约成本。当然，采用全球定位也经常存在大量的障碍。一是政府条例可能限制使用比较性广告。二是市场营销基础上的不同。三是在当地的竞争中因市场的不同而引起的不同之处可能限制特殊定位策略的效果。

二、寻求目标细分市场

由于各国传统文化、风俗习惯及法规不同，因此加快中药进入国际市场的步伐，需要从多方面多角度入手。

1. 东南亚市场

中药国际化应首先从最容易进入的东南亚市场突破。中药企业可采取中成药、中药材出口并举的策略，通过与国外公司合作研究开发的方式推动中药出口，也可以在国外接受规范化测试，获得药品认证和注册，直接在国外生产和销售。

2. 日韩市场

在日韩市场，中药企业可加强与其合作研究开发，通过产品注册，将中药大规模打入两国市场。但国产中成药在安全、质量、功效等方面缺乏完整的科学数据，与汉方药相比缺少竞争力。因此中国中药企业应将重点放在提高药品的科技含量上。

3. 欧洲市场

中药企业可以选择符合市场需求且疗效显著的品种进入欧洲市场，并提供符合国际规范的临床资料，以获得药品注册的批准。中药打进欧洲市场，其方式也可包括与欧洲人合资办厂或在欧洲设立分厂等。

4. 美国市场

中药企业可先以保健食品、非处方药的方式进入美国市场，在获得稳定的市场份额后，再申请进入该国的产品认证或FDA认证，直到注册成功，逐步占领市场。以美国为突破口，申请许可合法进入，美国的多元文化决定其较易接受新生事物，美国进口中成药金额比西欧各国的总额还大，在疑难病方面对中药期望较大，且美国食品与药品管理局（FDA）对药物和食品的管理最为严格，进入美国就等于拿到了进入世界各国的通行证。

5. 非洲市场

非洲人口12.8亿人，制药工业却是空白，药品靠进口。对中药使用较为普遍的原因是离不开中国医疗队活跃在非洲的功劳，也可以说是中医带动了中药。所以对这一板块重点是提供价格实惠、疗效显著的中药。阿拉伯国家也是同属发展中国家，其本身也有植物药，但无法与中药相比，这就需要重点宣传和市场开拓。企业对出口品种应有所选择，淘汰质量劣、效益低、缺乏竞争力的品种，扩大优势品种的规模生产。

三、促销策略

就促销策略而论，来自标准化的巨大利益可能以节约成本、相同的形象和好观点的开发的形式获得。然而，取得巨大利益的障碍来自以推销商品的宣传品成本，预算开支，库存的增加，媒体的可利用性和可及性，以及信息的解释和翻译的方式。由于存在着这些障碍，有时要利用媒体来解决问题。开发一个能够说明关键主题和关键信息的原型广告，随后根据每个国家特定的文化环境和基础设施情况，采用和修改这一原型广告。

四、分销策略

就分销策略而言，标准化策略的好处可能最不明显。在这点上，分销渠道的特征和关键分销通道的可利用性有很大的不同，这经常妨碍了集中策略的发展。在这个背景上的一个关键因素是小独立体和其他形式零售方式，这与大规模的、有条理的分销相反。在许多国家，尤其是发展中国家和新成立的国家，前者仍然在分销中占了相当大的比例。分销商有批发销售结构的含义，因为它主要意味着批发商是分配系统中的一个关键环节。分配结构上的这些不同意味着分配策略经常需要去适应分配系统的特殊特征，以便于提供令人满意的市场覆盖和控制，以及中药消费者服务。

五、定价

营销组合的最后一个要素是定价，而且尤其在中药消费者市场，许多因素妨碍或阻碍次优的相同定价策略的建立。价格控制或价格贸易管理、批发保证金、销售税和增值税构成了阻碍相同定价的最后一个因素。这些经常被设计成限制使用价格作为竞争手段，并为定价策略提供基本参数。然而其他因素如成本能被熟练操纵，这些被赋予的重要组成部分给定了公司的经营范围。总之，随着全世界范围内的市场变得更富有竞争性和更加相互联系，希望竞争成功的公司必须采取全球观点，并且以国际市场为基础计划市场营销策略。

第三节　中药企业打入国际市场采取的策略

面对复杂多变的国际营销环境，面对经验丰富、技艺娴熟的外国制药企业，中药企业唯有主动学习，迎头赶超，才能逐步缩小差距，求得竞争的胜利。因此，中国中药企业要做的中心大事便是迅速提高企业的竞争能力与营销效率。为了实现这一点，中药企业可以选择以下几个方面的对策来借鉴。

一、建立企业形象识别体系

中国企业坚持顾客需要导向的营销观念，根本目的就是要改变竞争理念失落、竞争战略缺乏和竞争技巧落后的现象，保证在高起点上参与国际竞争。

二、倡导企业营销的“战略革命”

进入市场经济的中国企业，再也不应是一个短期利益的寻求者，而应着眼于长期的生存与发展，这样便要求企业学会并成功地进行战略营销。应特别重视如下工作：①企业领导人与主要管理者要尽快掌握先进的战略分析方法，如产业竞争分析、产品结构分析和事业组合分析等，使中国企业的战略竞争一开始便建立在科学的基础上；②提高企业经营的环境意识，学会经常性地调查、分析与研究企业外部各种相关因素的变化及其对企业发展的影响，使企业营销战略始终能适应不断变化的外部环境，从而提高其可行性和实效；③围绕构建竞争优势来制定企业的竞争战略。

三、加快实施“名牌产品”工程

中国企业参与国际竞争的最为薄弱的环节就是产品品牌不过硬，并因此影响到企业的战略竞争和企业形象。名牌产品是企业形象的象征，是企业战略竞争的基础，更是企业生存与发展的依靠，因此不遗余力地塑造名牌产品，对中国企业来说，是迅速提高企业竞争能力的关键。

四、鼓励创新营销，提高企业的营销技巧水平

创新是现代企业营销的重要思想之一，没有创新，就没有成功企业。在企业营销中，较高层次的创新表现为新的企业营销观念的引入，对营销组织的改革，营销战略的“别具一格”和新的市场机会的发现等；较低层次的创新则主要包括产品开发、新的营销渠道及其管理方式的运用、新的促销技巧的采用和新的价格制定方法的引进等。创新的最终目的是使企业的营销效率得以革命性的提高，使企业竞争能力得以跳跃性的增强。

五、中药出口战略对策

天然植物药产品提供给中药消费者的核心利益是治疗和预防疾病，提高生活质量。与主流化合药物相比，包括中药在内的天然植物药的最大优势在于它关注的是健康，而不是疾病；其使用者被界定为中药消费者，是针对其生活方式积极做出决定的个人，而不是病人。发挥中医药的疗效优势和整体诊疗理论优势，满足中药消费者在整体健康观念下对医药品的需求，使“选择了中医中药就等于选择了一种健康的生活方式”这一现代健康生活理念为世界所接受，是中药产品国际化的发展战略。作为天然植物药产品，中药首先要达到国际通行的“质量”“疗效”“安全性”要求。质量是药品的疗效和安全性及其一致性得以保证的基础，而疗效和安全性对药品而言缺一不可。

1. 中药出口质量战略

中国中药出口必须推行质量战略，中药是中国的特色商品，其差异性价值是毋庸置疑的，但这种差异性价值得到市场的认可并实现要靠质量标准化来保

证。中国中药的生产工艺虽有一定进步，但离现代药品规范化生产过程要求还有很大差距。中药原料来自天然，加上人工分散采收、加工，受气候、地域及人为影响因素很大，原料和半成品及最终产品质量的规范化、标准化管理还有很大差距，缺乏严格的质量监控标准和良好的监控方法，很难保证产品质量的均一性、稳定性。推行和实施中药材生产质量管理规范（GAP）、药品生产质量管理规范（GMP）、药品非临床研究质量管理规范（GLP）、药品临床试验管理规范（GCP）和药品经营质量管理规范（GSP），规范中药研究、开发、生产和流通过程，不断提高中药行业的标准化水平，是实现中药国际化的基础和必由之路。

2. 中药疗效优势的科学证实

药品是由疗效功能推动的产品。中药产品进入国际市场竞争，疗效是竞争力的根本和关键。中药的疗效经过长期临床实践，从整体上应当予以肯定。问题在于中药疗效的评价与证明，如何让现代医学工作者及各国卫生行政主管部门所信服和接受。应充分引入现代科学技术手段，包括数理统计、循证医学（EBM）和药品临床试验管理规范（GCP）等现代临床设计观察方法，以及先进的诊疗技术，科学客观地证实中医药的疗效优势。面对日益进步的现代科学文明，有着几千年历史的中医药应恰当借鉴运用现代科学进行研究创新，采用严谨的态度，用现代科学的方法做出解释和阐明。

3. 中药安全性的保证

药品的安全性是各国行政管理部门审批药品上市许可时首先考虑的因素。日益增多的药源性和医源性疾病，危害极大的药品副作用事件，使得药品的安全性引起了人们的越来越多的重视。在美国，医院中每年发生药品不良反应病例 200 万例，其中 10 万人死亡，医院导致的药品不良反应列心脏病、癌症和中风之后成为第四大死亡原因。相对于不良反应严重的化合药物，安全性应该是中药等天然植物药产品的优势，但这是以合理使用为前提的，合理的使用又是以质量合格、临床资料可靠为基础的。“马兜铃酸事件”“御之堂减肥药事件”这些所谓中药副作用事件，在欧洲、日本等地对中药造成沉重打击，不良影响至今不能消除。中药消费者的安全意识在不断增强，失去了安全性优势，中药的竞争力将大打折扣。在当今竞争社会，建立起产品的信誉和品牌可能需要一代人甚至两代人的时间，而毁掉它只需要一个晚上。遵循 GCP 和 GLP 得出可靠科研数据，严格控制生产质量，给出翔实准确的使用说明，中药的安全性才能有保证。

4. 中药出口标准化战略

行业竞争的最高层次是标准的竞争。不论是疗效评价，还是质量控制，中药都还没有国际公认的标准，现行的化合药标准对中药并不完全适用，建立符合中药特点、科学且能为国际公认的现代中药标准是天然植物药行业的制高点。中国是中医药的发祥地，有丰富的中医药资源和人才资源，具有得天独厚的条件。在中药标准制定问题上，中国必须积极主动，有所作为，与国际双向接轨。一方面，要了解世界医药发展的形势与规律，要用现代化手段与技术说明中药的作用机理和组分，生产现代中药，保证中药的安全、有效、稳定、可控，与世界接轨；另一方面，我们也要结合中医药的特色与优势，制定自己的标准。我们必须尽快制定一个既能被多数国家认可，又符合中医药"利益"的质量认证体系，也就是说要在现行国际规则与中医药较为粗放的传统"认可"之间，找出一条路来，即使这条路不一定很完美，但只要实用、有利于中医药的贸易进出口即可。中药要真正走向国际市场必须严格按照GAP、GSP、GCP、GMP、GLP标准，生产出具有"三效"（高效、速效、长效）、"三小"（剂量小、毒性小、副作用小）和"三便"（便于储存、便于携带、便于使用）的现代中药，必须为外部世界能够理解、接受，并能取得国外卫生行政主管部门的审查批准，提供的试验数据等研究资料应能与国际规范化要求接轨，使国际社会确信我们提供的中药确实做到了"安全、有效、稳定、可控"，并符合作为商品必须具备的要求。

5. 针对国际市场需求开发产品

针对国际市场开发产品要在充分掌握市场需求的前提下，结合中药的优势进行。中药在病毒感染性病变，精神神经、内分泌、免疫等功能失调性病变，原因不明或病因病理复杂的病变以及病变进入慢性期或缓解期者，有较为明显的治疗优势。对因生活环境和生活习惯造成的"生活习惯病"，如慢性疲劳综合征、竞技综合征、失眠和抑郁症等，中药在调节机体平衡、改善自觉症状方面明显优于西药。中药在这些细分市场有很大的发展空间，这方面也不乏成功的先例。"冠元颗粒"在日本一炮打响，"独特性"是其得以立身的重要因素，日本的汉方剂中，在活血化瘀方面尚无该药的类似处方，正是这一市场的空白区域，为"冠元颗粒"的输入提供了成功的可能。扬长避短，独辟蹊径，找出现实存在且未被很好满足的空白市场加以占领，有利于中药在国际市场竞争中出奇制胜。

6. 中药出口品牌战略

品牌是产品战略中的一个重要组成部分，相对于其他消费品而言，药品品牌的作用受到很多限制，如命名的限制、包装印刷的限制、广告宣传的限制，特别是由于药品的选择权很大程度上是掌握在医生和药剂师手中，中药消费者通过品牌选择商品的规律在药品上并不完全适用。但近年来通用名药品、OTC药品的重要性不断增加，直接面向中药消费者营销观点的兴起，使得药品品牌受到越来越多的重视。为自己的药品起一个既能准确反映其功效，又能吸引广大患者注意力的名字，这种做法为厂家带来的好处不言而喻。药品品牌能够使其更快地进入市场，对专利药品来讲还能在专利到期后，很大程度上保护药品的商业价值。与其他商品不同的是，一个药品不仅有商标名称，还有通用药物名称（学名）。通用药物名称是为全球所共同接受的，作为药品应用的化学物质的名称，WHO与各国密切合作协调管理全球通用药物名称。在获得通用药物名称后，制药商可以申请商品名，各国对药品的商品名也有严格的管理，商品名既要有别于通用药物名称，又不能与市场上销售的其他药品混淆，而且要不易引起误解。同样地，欧美等发达国家对医药产品及膳食补充剂等的包装和标签等都有很详细的法律法规要求，如果进口医药产品的包装标签不符合其要求将被扣留，然后以改进、退回或销毁三种方式进行处理。除了要符合相关法规所规定的要求外，中药产品进入国际天然植物药市场，在品牌、包装、标签与说明等方面要适应目标市场的要求。传统中药的名称，很多中国人记忆起来都很困难，转换成汉语拼音名称让国外的医生与中药消费者去熟悉，难度可想而知，况且离开汉字只有读音的中药名称，很容易出现近似混淆问题，如“丹参”与“党参”等。一个响亮易记的名称是中药产品走向国际市场的第一步。对中药产品适应证、功效与用途等的说明，通常使用的传统中医药理论的深奥语言，连翻译标准统一的问题尚未解决，更难以为国外的医生与中药消费者所理解、掌握和接受，对此必须努力用现代医药学理论实现表达的科学化、通俗化。

7. 中药出口服务战略

受中医理论国际化程度还很低的限制，对国际市场提供相关的服务是中药产品的薄弱环节。结合旅游观光，开展对外中医药医疗保健服务，以个性化的服务让游客充分体会中医中药的魅力；同时在欧美国家开办示范医院，输出中医药专家等，都是化劣势为优势的现实方案。

本章小结

本章主要介绍世界主要中药市场与竞争、中药国际市场营销的组合因素中中药企业打入国际市场采取的策略。

据世界卫生组织的不完全统计，世界上 80% 的人在使用当地的传统药、国外的传统药或是中药，全世界草药市场以每年 10% ~ 20% 的速度递增。近年来，植物原料药也成为世界原料药市场的新宠，全球的中草药研究和开发生产已成为热点，其相应产品的市场容量也在急剧增大。在国内，随着现代化经济的发展，中国加入 WTO，医药市场的逐步开放，以及党和政府的高度重视，中药产业也取得了长足的进步，在医药工业中的比值增长迅速，中药产品的市场份额逐年加大，加之人民生活水平的提高，健康观念的加强，人口的增长，以及中药新产品的不断涌现，呈现出了巨大的市场空间和活力，已成为各大医药公司争夺的重要市场之一。

中药在国际市场的优势为：中国中药材资源极为丰富，中药有巨大的市场需求优势、理论优势和治疗优势；劣势为中国多以营养补充剂、原料药和中间体的方式出口，缺乏统一的标准，软硬件条件不足；威胁为中国中药竞争实力弱，市场空间被蚕食，各跨国公司的有力竞争，知识产权保护意识的淡薄；机遇包括 WTO 所带来的机遇，“回归自然”潮流的影响。

中药出口战略包括中药质量战略、中药疗效优势的科学证实、中药安全性的保证、中药出口标准化战略、针对国际市场需求开发产品、中药出口品牌战略、中药出口服务战略。

中药企业打入国际市场的策略包括建立企业形象识别体系、倡导企业营销的“战略革命”、加快实施“名牌产品”工程、鼓励创新营销、提高企业的营销技巧水平。

附 录

国家中医药管理局中医药标准化项目管理暂行办法

国家中医药管理局关于印发《国家中医药管理局中医药标准化项目管理暂行办法》的通知。

http://www.chinapharmnet.com/zcfg/2006/03/28/101508.html

（国中医药发〔2006〕12 号）

各省、自治区、直辖市卫生厅局、中医药管理局，新疆生产建设兵团卫生局，局各直属单位：

《国家中医药管理局中医药标准化项目管理暂行办法》已于 2005 年 12 月 23 日经国家中医药管理局局务会议通过。现印发给你们，请遵照执行。

国家中医药管理局

二〇〇六年二月十日

国家中医药管理局中医药标准化项目管理暂行办法

第一章 总 则

第一条 为了加强中医药标准化项目的管理，规范中医药标准制定工作，保证中医药标准的科学性和可行性，根据《中华人民共和国标准化法》及其实施条例和《中华人民共和国中医药条例》等法律法规，制定本办法。

第二条　中医药标准化项目是指根据中医药发展的需要，依据国家有关法律法规的规定，由国务院标准化行政主管部门或国务院中医药管理部门立项，研究制定或修订的中医药国家标准、行业标准及其他有关标准的项目。

第三条　国家中医药管理局中医药标准化管理部门作为项目管理部门，负责中医药标准化项目的管理工作。

国家中医药管理局各业务职能部门、省级中医药管理部门及全国性学术团体或行业组织等单位，作为项目负责部门，具体负责项目的立项申报、组织实施、监督评估和验收等工作。

第四条　国家中医药管理局中医药标准化专家委员会负责中医药标准化项目立项论证和标准草案审查等工作。

第二章　申报与立项

第五条　项目管理部门根据中医药事业发展需要和工作部署，按年度组织标准化项目的申报和立项工作。

第六条　项目负责部门根据本部门职能和工作需要，组织项目承担单位开展项目申报工作。

根据需要，项目承担单位可直接向项目管理部门申报。

第七条　项目承担单位应当具备下列条件：

（一）在相关领域和专业具有较高的学术地位及技术优势；

（二）具有为完成项目必备的人才和技术条件；

（三）具有与项目相关的研究经历和研究成果；

（四）具有完成项目所需的组织机构或管理部门；

（五）在承担各级各类课题项目工作中无不良记录；

（六）项目管理部门要求的其他条件。

第八条　项目负责人应当具备下列条件：

（一）具有相应的高级专业技术职称；

（二）在项目承担单位从事项目相关领域工作，具备较高的专业技术水平；

（三）具有相关的项目组织管理工作及标准化工作经验；

（四）在承担各级各类课题项目工作中无不良记录；

（五）项目管理部门要求的其他条件。

第九条　报送的项目应当填写项目任务书，经项目负责部门审核同意，报项目管理部门。经过形式审查后，提交中医药标准化专家委员会进行立项论证。

第十条　项目管理部门根据专家委员会论证意见，拟订年度中医药标准化项目计划报局务会议审议。根据批准后的计划，下达项目任务书。

第三章　管理与实施

第十一条　项目负责部门对具体项目的实施进行管理，指导督促项目承担单位及项目负责人按计划进度开展工作。

第十二条　项目承担单位和项目负责人应按照项目管理及项目任务书的要求，按计划进行项目实施工作，保证项目按照计划进度完成，接受项目管理部门和项目负责部门的指导和监督检查。

第十三条　项目实施中出现下列情形之一，应经项目负责部门审核同意后，报项目管理部门批准：

（一）修改项目任务书；

（二）延期验收送审；

（三）中止项目工作；

（四）更换项目负责人；

（五）其他需要项目管理部门批准的情况。

第十四条　中医药标准化项目实行中期评估制度，由项目负责部门对各项目执行情况进行检查评估。项目承担单位和项目负责人应按照要求提交项目执行情况和经费使用情况报告。

第十五条　对中期评估不合格的项目，项目负责部门应当指导督促项目承担单位和项目负责人予以改正。

第十六条　项目管理部门根据工作需要会同项目负责部门不定期开展各项目执行情况检查工作，并通报检查结果。

第四章　验收与审查

第十七条　项目按计划完成后，项目承担单位及项目负责人应向项目负责部门报送以下文件资料：

（一）标准草案送审稿；

（二）标准编制说明及有关附件；

（三）项目结题报告；

（四）经费使用报告；

（五）项目管理部门要求提供的其他资料。

第十八条　项目负责部门收到报送的文件资料后，应组织有关专家进行验收，提出项目验收意见。

第十九条　被验收项目存在下列情形之一，不能通过验收：

（一）未完成任务书规定任务；

（二）提供的验收文件、资料、数据不真实；

（三）擅自修改任务书；

（四）其他不能通过验收的情况。

第二十条　验收未通过的项目，项目负责部门应指导督促项目承担单位及项目负责人限期完成并重新进行验收。

第二十一条　项目完成验收后，项目负责部门应当将标准草案送审稿及其编制说明、项目验收意见等文件资料报送项目管理部门。

第二十二条　项目管理部门组织中医药标准化专家委员会对标准草案送审稿及其编制说明等文件资料进行审查，提出审查意见。

第二十三条　审查通过的标准草案送审稿，根据需要在国家中医药管理局政府网站等有关媒体上公示，公开征求意见。

项目承担单位及项目负责人根据收集到的意见，对标准草案送审稿进行修改，形成标准草案报批稿。

第二十四条　审查未通过的标准草案送审稿，项目负责部门应当指导督促项目承担单位及项目负责人根据审查意见限期修改完善并再次送审。

第五章　发　布

第二十五条　项目完成后作为中医药国家标准发布的，项目负责部门应当将标准报批稿送主管局领导审核同意后，报局务会议审议。审议通过的标准报批稿，由项目管理部门按照规定报送国务院标准化行政主管部门统一审批、编号、发布。

第二十六条　作为中医药行业标准发布的管理类标准，项目负责部门应当将标准报批稿送主管局领导审核同意后，报局务会议审议。审议通过的标准报批稿，由项目负责部门修改完善后发布。项目管理部门按照规定程序编号，报送国务院标准化行政主管部门备案。

第二十七条　作为中医药行业标准发布的技术类标准，由项目负责部门提出建议，经项目管理部门同意，报主管局领导批准后，交全国性学术团体、行业组织等发布试行。通过试行进一步修改完善后，作为中医药行业标准发布。

第二十八条　局务会议审议未通过的标准草案报批稿，项目负责部门应当指导督促项目承担单位及项目负责人根据审议意见限期修改并再次送审。

第二十九条　中医药标准的出版，按照国家有关规定，由国家中医药管理局指定的出版社出版发行。

第六章　经费管理

第三十条　项目经费按照计划核定的额度拨付项目承担单位。

第三十一条　项目承担单位应加强项目经费的监督管理，建立专项管理制度。项目负责人应遵守财务制度，按计划支配和合理使用项目经费。

第三十二条　项目经费按照项目任务书确定的用途，实行专款专用，任何单位和个人不得以任何名义挪用、克扣、截留。

第七章　附　则

第三十三条　中医药标准属于科技成果，标准发布后发给项目承担单位及人员相关证明文件。对于技术水平高、取得显著效益的中医药标准，根据有关程序纳入科学技术奖励范围，予以奖励。

第三十四条　对于项目任务完成优秀的项目承担单位和项目负责人，由项目管理部门给予表彰。

对于未按时完成项目任务的项目承担单位和项目负责人，视情况给予通报批评或相关处理。

第三十五条　本办法由国家中医药管理局负责解释。

第三十六条　本办法自发布之日起施行。

参考文献

[1] Lauteborn R. New Marketing LitanyFour Ps Passe，C–words Take over [J]. Advertising Age，1990，41（61）：26.

[2] Mccarthy E J .Basic Marketing：A Managerial Aproach [J] .1960.

[3] 边一民 . 企业协作系统与私营企业 的出路 [J]. 浙江经济，2001（9）：52–53.

[4] 曾朝晖 . 品牌战略模式 [J] .IT 经理世界，2002（11）：96–97.

[5] 查钢 . 药品销售三渠道 [J]. 连锁与特许，2007（8）：58–59.

[6] 常志有 . 关系营销理论述评 [J]. 思想战线，2000（3）：30–32.

[7] 陈传明 . 企业战略调整的路径依赖特征及其超越 [J]. 管理世界，2002（6）：94–101.

[8] 陈国平 . 全国 31 省区市实现新型农村合作医疗制度全覆盖 [J]. 农村百事通，2008（19）：6.

[9] 陈昊平 . 浅析我国物流企业关系营销的运用 [J]. 科技传播，2010（24）：96–100.

[10] 陈卫泉 . 关系营销中顾客关系管理的特点及策略 [J]. 现代商贸工业，2009，21（16）：113–114.

[11] 陈文沛 . 基于消费者创新性的市场细分研究 [J]. 商业时代，2010（15）：17–18.

[12] 陈晓东 . 我国中医药企业核心竞争力的构建研究 [J]. 河北能源职业技术学院学报，2011，11（2）：18–20.

[13] 陈英 . 绿色营销与经济可持续发展 [J]. 学术交流，2005（3）：112–115.

[14] 程国满 . 规范和加强物资（设备）采购管理的初步探讨 [J]. 现代商业，2013（8）：129–130.

[15] 邓德胜 . 论绿色营销与绿色物流之间的关系 [J]. 技术经济与管理研究，2011（10）：40–43.

[16] 丁琛一，谭擎英，施宁川 . 泽泻与格列齐特对原发性糖尿病大鼠治疗作用的评价 [J]. 中国医学科学院学报，2015，37（4）：451–455.

[17] 丁川，杨韶明 . 浅析加入 WTO 中药行业面临的机遇与挑战 [J]. 中国现代应

用药学，2002（S1）：149-150.
［18］东一信达，侯胜田. 中小制药企业路在何方［J］. 慢性病学杂志，2002（11）：41-45.
［19］杜霞. 实施品牌带动策略加快文化产业发展［J］. 决策探索，2007（2）：50-51.
［20］杜艳艳. 中医药代表未来医学的方向［J］. 中国科技信息，2004（24）：190.
［21］范珂，何婕，杨临涧. 关系营销探析［J］. 沿海企业与科技，2005（11）：43-44.
［22］范亦明. 积极改善中药包装　扩大中药出口［J］. 机电信息，2004（16）：17-18.
［23］冯驰. 企业文化营销之我见［J］. 湖南财政经济学院学报，2006，22（2）：88-89.
［24］冯国忠，郭艳. 听证制度在药品价格决策中的应用［J］. 上海医药，2006（1）：26-28.
［25］冯国忠，唐慧鑫，马爱霞. 我国中药出口形势及对策分析［J］. 中国中医药信息杂志，2006（11）：1-4.
［26］高凤清，马英华. 中药产业发展的困境与突破［J］. 中医药学报，2005，33（4）：78-80.
［27］高静，郑晓红，孙志广."一带一路"背景下中医药海外中心建设与发展——以南京中医药大学为例［J］. 南京中医药大学学报：社会科学版，2020，21（2）：123-127.
［28］高崧，卞鹰，王一涛. 从中药标签、说明书环节谈中药国际化［J］. 中国现代中药，2005，7（9）：44-46.
［29］耿树琴."高热病"可以预防——齐鲁动物保健品有限公司"高热病"预防疫苗研发的背后［J］. 中国畜牧业，2007（9）：68-70.
［30］巩伟.OTC 的品牌管理研究［D］. 武汉：华中科技大学，2004.
［31］谷治刚，武兵，赵临龙，等. 安康富硒茶饮料有限公司创业计划分析［J］. 科技创业月刊，2013，26（8）：29-32.
［32］管益忻，胡迟. 绿海战略——超越蓝海，迈向客户经济时代［J］. 中国经贸导刊，2006（21）：41-43.
［33］桂克全. 为什么李嘉诚能以 300 多倍的价格卖连翘——中药企业跨国之图与途［J］. 中国卫生产业，2008（8）：84-88.
［34］郭慧玲. 浅谈药品分类管理［J］. 企业经济，2001（9）：69-70.
［35］郭绍杰. 环境会计在我国现状与发展的思考［J］. 金融经济，2006（6）：

109–110.
[36] 郭莹，孙利华，李春辉.我国现行药品价格管理模式研究[J].中国药房，2003（2）：4–6.
[37] 国家统计局、智研咨询.中国医药制造行业经济运行情况.https://www.chyxx.com.
[38] 韩洁平，王欣.论企业网络营销[J].工业技术经济，2004，23（2）：53–54.
[39] 韩然.浅析中医药在国际销售市场中的现状与前景[J].吉林省经济管理干部学院学报，2004，18（5）：36–37.
[40] 侯胜田，陈建成.绿海战略——企业可持续发展战略探讨[J].太原理工大学学报（社会科学版），2006，24（2）：75–78.
[41] 胡普信.为保健酒“保健”[J].中国酒，2003（4）：26–28.
[42] 胡天佑，张扬.中药二次开发是中药现代化的重要环节[J].科技资讯，2008（11）：244–246.
[43] 胡永杰.关系营销和交易营销的比较分析[J].科学之友（B版），2007，（24）：143–144.
[44] 华经产业研究.2022年中国药品流通市场规模、企业数量及投融资情况.https://baijiahao.baidu.com/s?id=1754509535116046203&wfr=spider&for=pc.
[45] 黄明元，向昌盛.企业可持续发展的内涵、外延及生命周期探讨[J].怀化学院学报，2007（3）：45–46.
[46] 黄真.谈谈新媒体时代的动漫产品营销[J].今传媒，2010（1）：47–49.
[47] 贾建敏.科技创新企业持续发展的动力之源[J].建筑，2010（16）：29–31.
[48] 贾谦，段黎萍，吴运高，等.中国中医药的发展现状与前景[J].战略与管理，2002（1）：65–74.
[49] 贾文艺.我国企业网络营销的发展现状研究[J].技术与市场，2012（9）：130–132.
[50] 骞晶晶.加快医疗体制改革彻底解决我国药价虚高问题[J].中国药事，2005（3）：28–29.
[51] 姜丽，霍卫.2013年1—6月份中药商品进出口分析[J].中国现代中药，2013（8）：698–700.
[52] 蒋金华.通信整合网络营销[J].现代商业，2008（9）：218–219.
[53] 蒋玲.试论中国药品的价格形成机制和价格管理[J].湖南农业大学学报：社会科学版，2006，7（4）：38–41.

[54] 蒋敏捷，蒋伟哲，付书婕．西部地区药学研究生教育发展策略［J］．教育教学论坛，2018（17）：114–116.

[55] 金融界．倡导构建“互联网 + 医药”新生态“十四五”医药工业发展规划正式发布．https://baijiahao.baidu.com/s?id=1724270980078389669&wfr=spider&for=pc.2022-02-09.

[56] 敬志红．绿色营销与农业可持续发展问题研究［D］．长沙：湖南农业大学［2023-07-29］.

[57] 李常洪，梁嘉骅，范建平，等．企业合作复杂性与企业合作生态系统研究［J］．管理学报，2008，5（4）：483.

[58] 李刚．我国中药出口贸易现状与对策研究（Ⅲ）［J］．中国中医药信息杂志，2004（12）：1035–1037.

[59] 李刚．我国中药出口贸易现状与对策研究（Ⅴ）［J］．中国中医药信息杂志，2005（2）：2–6.

[60] 李光斗．王老吉比可口可乐运气差［J］．现代企业文化旬刊，2009（7）：79–79.

[61] 李季芳．我国企业关系营销存在的问题与对策［J］．经济纵横，2004（10）：49–51.

[62] 李军德，黄璐琦，李哲，等．我国现代大中药产业链发展现状与问题［J］．中国科技投资，2010（3）：26–29.

[63] 李君实．非一线城市背景下房地产企业营销策略研究［J］．商，2015（42）：94.

[64] 李俊，胡明霞．高职高专“网络营销”实验教学内容浅谈［J］．电子商务，2009（9）：85–86.

[65] 李磊．六大因素制约中药产业快速发展［J］．中国软科学，2005（5）：42–44.

[66] 李妙然，李桂荣．浅谈品牌延伸的得与失［J］．商场现代化，2006（2）：102–103.

[67] 李鹏飞，刘智利，李业巍．通化市中药产业的发展现状与前景展望［J］．人参研究，2007，19（2）：29–30.

[68] 李荣敏．试论企业招商策略的选择与招商流程［J］．现代商业，2021（15）：22–25.

[69] 李笋林．浅析关系营销战略之要素［J］．湖南大学学报：社会科学版，2002（S2）：93–95.

[70] 李铁，孙红叶. 基于 PDCA 模型的马拉松运动医疗救护工作实践［J］. 体育成人教育学刊，2012，28（4）：50-52.
[71] 李为民. 中小企业的蓝海商机［J］. 企业改革与管理，2008（8）：74-75.
[72] 李文策. 中药制品前景广阔［J］. 化工文摘，2002（2）：42.
[73] 李晓鸿. 虚拟经营下我国企业的品牌管理体制研究［D］. 西安：西北工业大学，2005.
[74] 李艳辉. 浅谈功能食品的评价［J］. 价值工程，2010，29（4）：44.
[75] 李志华. 把握好终端建设策略　做好 OTC 市场［J］. 医药产业资讯，2005（4）：74-77.
[76] 李志华. 运用品牌战略提升医药企业竞争优势［J］. 中国医药导报，2005（3）：66-69.
[77] 李宗友，李琳. 我国中医医疗、教育、科技资源的配置与利用分析研究［J］. 中医药管理杂志，2003，13（6）：9-11.
[78] 利嘉伟，周岚，朱伟，等. 战略供应商关系：中国企业应该如何管理？［J］. 河北企业，2004（1）：2.
[79] 梁旦. 目的论视角下中成药品名称的翻译［J］. 广西教育学院学报，2015（5）：85-87.
[80] 刘冬梅，马涛，海振瑾. 关于工程项目质量管理 PDCA 循环的思考［J］. 产业与科技论坛，2007（10）：99-100.
[81] 刘芳. 电子商务网站营销初探［J］. 中小企业管理与科技，2011（8）：282.
[82] 刘文娟. 企业对企业营销［D］. 北京：首都经济贸易大学，2007.
[83] 刘扬. 同仁堂国药：为世界人民健康贡献中医药力量［J］. 中国报道，2022（12）：76-78.
[84] 刘则伯 .WHO 最新结核病报告公布，2021 年 160 万人死于结核，中国结核发病率全球第三 . 医师报 .https://aiqicha.baidu.com/yuqing?yuqingId=544c67fbd0a8c9204651d17eae127f5c&type=report.2022-10-28.
[85] 娄向鹏. 中国医药广告十大突围［J］. 大市场 · 广告导报，2001（8）：102-109.
[86] 陆金国. 中药生产与研究存在的问题和对策［J］. 环球中医药，2009，2（5）：368-370.
[87] 罗洁红. 浅析中小企业竞争战略选择［J］. 时代经贸：学术版，2008，6（23）：63-63.
[88] 吕世辉. 试论供应商市场反向营销策略［J］. 物流工程与管理，2008，30

（1）：91–92.
［89］彭海生，阮敏，季宇彬．绿色营销的新思考——中药国际化的拓展战略［J］．哈尔滨商业大学学报（社会科学版），2003（1）：94–96.
［90］彭艳，田欣．对中药新药开发思路和发展方向的思考［J］．时珍国医国药，2006，17（12）：2636–2637.
［91］前瞻产业研究院．2023 年中国中药企业大数据全景图谱．https://www.qianzhan.com/analyst/detail/220/230410–9da03359.html.2023–04–10.
［92］搜狐网．2019 年中国茶饮料行业发展现状及未来发展趋势分析．https://www.sohu.com/a/365490311_418299.2020–01–08.
［93］孙中真．传统竞争战略与新战略的整合——以春秋航空为例［J］．河北联合大学学报（社会科学版），2013，13（1）：31–34.
［94］汤晶晶．中药出口战略分析［J］．中国现代中药，2005，7（10）：40–43.
［95］汤敏华，林江．中医药在中国—东盟自由贸易区发展的对策研究（Ⅱ）——中医药发展面临新机遇和新挑战［J］．广西中医药大学学报，2007，10（3）：163–166.
［96］王安琪．服务型企业体验营销战略研究［D］．北京：北京工业大学，2006.
［97］王二丽，何荣和．中药材和中药饮片概念之浅见［J］．海峡药学，2007，19（9）：147–149.
［98］王雅飞．信息安全企业的渠道战略（下篇）［J］．信息安全与通信保密，2005（1）：25–28.
［99］王志宏．长江科学院发展战略与管理模式分析［D］．武汉：武汉理工大学，2003.
［100］吴楚升．影响药品定价制度的相关因素分析［J］．中国现代中药，2004，6（9）：14–17.
［101］吴春英．竞争战略导向下的营销策略研究［J］．全国流通经济，2007（5）：43–43.
［102］吴强华．“取消中医”：一场“闹”中取“进”的现代化反思［J］．中国高校科技，2006（11）：44–49.
［103］吴智高．中药制剂开发与利用［J］．海峡药学，2002，14（6）：108–110.
［104］武铁生．成都中汇制药有限公司东北地区营销策略研究［D］．哈尔滨：哈尔滨工程大学，2005.
［105］央视新闻．截至 2022 年 12 月 我国网民规模达 10.67 亿．https://baijiahao.

baidu.com/s?id=1759249041283568666&wfr=spider&for=pc.2023-03-02.

[106] 杨莉，李野，刘晶. 医药企业的品牌延伸［J］. 医药世界，2004（9）：28-30.

[107] 药通网. 2021年1—9月中药材进出口贸易分析.https://www.catcm.org.cn/newsmain.asp？ id=12133.

[108] 医馆界. 中医药市场规模高速增长 2025年有望达4.8万亿.https：//www.163.com/dy/article/GO2HOBTB0514E3P4.html.2021-11-05.

[109] 原始药终. 中药生产企业全国共有4318家，其中饮片企业2140家，截至2021年年底.https://mp.weixin.qq.com/s?__biz=MzI5OTU1ODkyMA==&mid=2247521594&idx=2&sn=06d9d4e0d705a994b5b8e93d20baa7cd&chksm=ec96645ddbe1ed4b827f89716b94f129969abbb48b62ec1c76b04edf30ba02ea2989d9dbc531&scene=27.2023-01-31.

[110] 张立，魏冬.WTO与我国企业全球营销战略调整［J］. 西藏民族学院学报（哲学社会科学版），2002，23（1）：57-60，92.

[111] 张敏. 用人性化设计"点燃"药品包装［J］. 中国包装工业，2011（7）：34-35.

[112] 张晓娟，周丽敏. 我国实施绿色会计的必要性及可行性分析［J］. 内蒙古财经学院学报，2005（5）：104-107.

[113] 张亚莉. 中国原料药行业的海外市场分析及营销策略研究［J］. 中国市场，2013（9）：44-45.

[114] 赵素艳. 中药新药研究及开发的思路与方法探讨［J］. 航空航天医学杂志，2007，18（3）：184-185.

[115] 郑丽君. 中药国际化的问题和策略研究［D］. 济南：山东中医药大学，2018.

[116] 智妍咨询.2021年中国药品销售规模分析：销售额达17747亿元.https://m.163.com/dy/article/HA30B20E055360T7.html.2022-06-17.

[117] 中国经济网. 我国老年人口总数达2.64亿人，占总人口的18.7% 拿什么守护"夕阳红".https://baijiahao.baidu.com/s?id=1714541221791912098&wfr=spider&for=pc.2021-10-25.

[118] 中国企业联合会中国企业家协会课题组. 中国大企业发展：趋势，挑战与对策［J］. 中国经济报告，2022（5）：73-82.